Hud a Lled

HUNANGOFIANT

EIRIAN WYN

GYDAG ALED ISLWYN

yLolfa

Gyda diolch o galon i Aled Islwyn
am ei gymorth diflino gyda'r gyfrol hon.

Argraffiad cyntaf: 2018

Dymuna'r cyhoeddwyr gydnabod cymorth ariannol
Cyngor Llyfrau Cymru

Llun y clawr: dimitris@athena-pictures
Cynllun y clawr: Y Lolfa

Rhif Llyfr Rhyngwladol: 978 1 78461 418 8

Cyhoeddwyd, rhwymwyd ac argraffwyd yng Nghymru gan
Y Lolfa Cyf., Talybont, Ceredigion SY24 5HE
gwefan www.ylolfa.com
e-bost ylolfa@ylolfa.com
ffôn 01970 832 304
ffacs 832 782

Cyflwyniad

Y Parch. Irfon Roberts

Tebyg a ſwrw ar wahân a'r gwahanol a dynn at ei gilydd. Pan gwrddon ni'n dau â'n gilydd am y tro cyntaf roedden ni mor wahanol â Fo a Fe – Eirian yn debycach i Twm Twm a minnau, mewn rhai ffyrdd, i Ephraim Hughes.

Gwisgai Eirian yn wahanol i'r rhelyw o weinidogion eraill ac roedd ei wallt bron hired â gwallt Samson. Anodd credu, mi wn, ond bu ganddo wallt ar un adeg! Yn weinidog ifanc yn Sir Benfro, roedd ei hoffter o yrru ar hyd ffyrdd culion y fro a'u cloddiau uchel ar gefn beic modur pwerus yn destun siarad i saint parchus yr ardal. Credaf hyd y dydd heddiw mai Eirian Wyn oedd yr *Hairy Biker* gwreiddiol. Yr hyn edmygwn fwyaf yn ei gylch o'r dechrau oedd ei barodrwydd i fod yn ef ei hun ac i herio confensiwn. Er yn geidwadol o ran diwinyddiaeth ni dderbyn o gwbl ei labelu na'i osod mewn gwersyll. Eirian fu Eirian erioed a neb arall – ffaith y mae ffyddloniaid Seion Newydd, Treforus, ac eglwysi eraill ei ofal yn ei derbyn ac yn ei gwerthfawrogi.Byddai unrhyw ymgais i'w ffrwyno a'i newid yn gamgymeriad gan iddo gael ei eni i fod yn enaid rhydd.

Ei *fan club* mwyaf o'r dechrau fu ei deulu. Roedden nhw'n meddwl y byd ohono ac maent wedi ei ganlyn a'i gefnogi'n ffyddlon ar hyd y daith. Cofiaf yn dda ei rieni, William a Megan, a'u balchder digywilydd ohono. Cyn falched oeddynt fel i ddiacon fy rhybuddio cyn ymweld â'u haelwyd am y tro cyntaf, "Cofiwch mai Eirian Wyn, i'r rhain, yw'r peth gorau i ddigwydd i enwad y Bedyddwyr ers dyddiau William Carey."

Cewch ddarllen yma ei hanes o'r dyddiau cynnar ym Mrynaman, ei frwydr ag afiechyd pan oedd yn blentyn ac am y dyslecsia sydd, ar ei gyfaddefiad ei hun, wedi peri cryn anhawster iddo. Y mae'n dyst i'w ddewrder iddo lwyddo i oresgyn y ddau. Daw i'r amlwg ei aml ddoniau, ei hiwmor iach, ei deyrngarwch i deulu, bro a chenedl, ei gariad at iaith, ei ddiddordeb mewn pêl-droed, ei gonsýrn am bobl ifanc, ei hoffter o blant a theithio, ei ymroddiad i ddysgu iaith ychwanegol, ei ddaliadau gwleidyddol a chrefyddol. Ac yntau'n gymeriad chwareus, llawn direidi rwyf wedi chwerthin fwy na'm siâr yn ei gwmni. Mae'n dynnwr coes heb ei ail ac yn abl i ddifyrru â'i driciau yn gwbl ddirybudd, fel yr adeg mewn cyrddau sefydlu gweinidog newydd pan dynnodd o'r salad, er braw i'r merched oedd yn gweini, fys bawd. Bawd ffug, diolch i'r drefn, ond pwy wyddai hynny ar y pryd?

Gobeithio wrth ddarllen, y darganfyddwch yr Eirian difrifol yn ogystal – yr Eirian mae ei enaid gymaint ar dân dros Iesu Grist a'i Achos; yr Eirian a garai wneud gwahaniaeth i fywydau pobl; yr Eirian nad anghofiodd mai ei waith yw canmol Duw, nid ei hunan.

Y mae'n ddyn teulu a chanddo feddwl y byd o'r ddwy ddynes brydferth a thalentog yn ei fywyd, ei briod Helen a'i ferch Fflur: Helen wedi sefyll yn gadarn wrth ei ochr, yn ddoeth ei chyngor a'i chyfarwyddyd iddo, a Fflur yn gannwyll llygad y ddau.

Sut hoffai Eirian gael ei adnabod a'i gofio? Ai fel y consuriwr, Rosfa? Os credwch hynny, methoch ei adnabod. Yr Eirian go iawn yw'r bachgen o'r Aman, balch o'i fagwraeth, gŵr Helen, tad Fflur a chyfaill Iesu Grist – yr Eirian y bu i mi lawer gwaith chwerthin ac weithiau rannu dagrau yn ei gwmni. Nid cyfaill neb heb rannu ambell ddeigryn wrth gyd-deithio.

Mwynhewch y darllen!

Magwrfa

Y dechrau'n deg

Y tric cynta wnes i erio'd, mae'n debyg, oedd ca'l 'y ngeni – a des i ddeall yn gynnar fod y digwyddiad wedi bod yn dipyn o syrpréis i fy mam yn ogystal. Os byth y bydden ni'n dou'n dadlau dros rywbeth neu'i gilydd, a hithau'n dechrau blino ar y coethan, mi fyddai hi'n codi'i bys, ei bwyntio ata i a dweud, "Bydd dawel, gwd boi. Mistêc o't ti i ddechre!" Fe wyddwn i bryd 'ny fod yn well imi gau 'ngheg.

Hiwmor fel'na oedd gan Mam. Roedd hi'n ddeugain oed pan ges i 'ngeni, a 'Nhad yn 43. Felly hawdd deall i 'nyfodiad annisgwyl i achosi peth cyffro yn eu bywydau. Fi oedd y pumed o'u pump plentyn. Y cyw melyn ola, ys gwetson nhw. Cefais fy enwi ar ôl y bardd, Eirian Davies, oedd yn byw ym Mrynaman ar y pryd ac yn weinidog ar Moreia, eglwys y Presbyteriaid.

William a Megan Jones oedd fy rhieni, i roi iddyn nhw'u henwau swyddogol. Mae gen i frawd a chwaer, John Danville a Gaynor Denise. Roedd Danville eisoes yn 17 pan ges i 'ngeni a Gaynor yn bedair. Mi fydde 'da fi frawd a chwaer arall hefyd petaen nhw wedi cael byw, ond bu farw'r ddau cyn imi gyrraedd – fy chwaer Marvis pan oedd hi'n ddwy a deufis, a 'mrawd Peter pan oedd yntau'n naw mis oed.

Fy mrawd mawr, Danville (fel y caiff ei alw'n gyffredin o fewn y teulu, er taw John yw e i lawer o bobol er'ill), oedd

7

y cynta i ddod i 'ngweld. Newydd ymuno â'r Merchant Navy oedd e ar y pryd, ac ychydig oriau'n unig oedd 'na cyn iddo hwylio bant i Qatar, ac yna yn ei flân i Awstralia.

13 Gorffennaf 1953 oedd hi pan gyrhaeddais y byd, ac ro'n i'n fabi mawr, yn pwyso dros ddeg pwys ar 'y ngenedigaeth. Rai blynyddoedd wedyn, a ffilm o enedigaeth ar fin cael ei dangos ar ryw raglen deledu neu'i gilydd, mynnodd Mam 'mod i'n dod i eistedd gyda hi i'w gwylio.

"'Na shwt dda'th Danville a Gaynor i'r byd," dywedodd ar y diwedd – a rhaid dweud i hynny'n ypseto i braidd ar y pryd.

"Ond beth amdana i?" gofynnais.

"O, wel, o't ti'n sbesial, ti'n gweld," ges i'n ateb. A dyna shwt y ces i wybod taw trwy ddull Caesarian y ces i 'ngeni. Doedd dim byd na châi ei drafod yn tŷ ni.

Rwy wastad wedi teimlo'n ffodus iawn imi ddechrau bywyd yno wrth droed y Mynydd Du, mewn bwthyn bychan to fflat ar dir fferm Tad-cu ym Mrynaman Uchaf. Dyma Rhosfa – enw sydd, mewn gwahanol ffyrdd, wedi aros gyda fi gydol fy oes. Ychydig dros flwydd oed o'n i pan symudon ni fel teulu o Rhosfa i lawr i fyw ar y Banwen. Fe barhaodd Rhosfa yn gartref i 'Nhad-cu a 'Mam-gu wrth gwrs, ynghyd â thair o chwiorydd fy nhad, Mary, Elizabeth a Hannah, oedd yn byw yno hefyd.

I'r rhai ohonoch sydd ddim mor gyfarwydd â'r ardal, fe ddylwn egluro bod dwy ran gydnabyddedig i bentref helaeth Brynaman – neu Bry'man, fel y byddwn ni frodorion yn ei ddweud gan amla. Mae Brynaman Uchaf yn rhan o Sir Gaerfyrddin a Brynaman Isaf yn yr hen Sir Forgannwg. Yr 'Upper japs' yw'r enw lleol glywch chi ar frodorion Brynaman Uchaf, gyda'r 'Lower japs' yn byw ym Mrynaman Isaf. O hyn mlân, un o'r 'Lower japs' fyddwn i, gan taw rhan o Frynaman Isaf yw'r Banwen. Er inni adael Rhosfa, fe ddaw'n amlwg i'r hen gartref barhau'n ganolbwynt i'n bywyd ni fel teulu – ac mewn sawl dull a modd.

Bendithion byw ar y Banwen

Ar 29 Hydref 1954 symudon ni i'n cartref newydd ar y Banwen. Prin bymtheg mis oed o'n i ar y pryd, ond o fewn blwyddyn neu ddwy ro'n i'n gallu manteisio ar fendith annisgwyl a ddaeth i'm rhan oherwydd inni symud. Edrychai ffenestri ffrynt y tŷ mas ar y cae lle byddai Ffair y Gwter yn cael ei chynnal ddwywaith bob blwyddyn, ym misoedd Ebrill a Hydref. Mi fyddai carafanau teulu'r Booths yn parcio reit o'n blaenau, a chan fod gyda ni lwybr yn rhedeg i lawr wrth y talcen, gyda thap tu fas, rownd y cefen, byddai fy rhieni'n gadael iddyn nhw ddefnyddio'r dŵr a'r tŷ bach oedd yno. O ganlyniad, ro'n i'n siwr o gael ambell reid am ddim – a thales i erio'd am yr un *hot dog* na *toffee apple*. Bargen, yn wir, i grwtyn bach fel fi.

Câi'r ffair ei hadnabod fel Ffair y Gwter am mai'r Gwter Fawr oedd yr hen enw ar Frynaman. Dyna alwod George Borrow'r lle yn ei gyfrol enwog *Wild Wales* (1862). Arhosodd dros nos yn nhafarn y Farmers ger y bont. Saif yr adeilad o hyd, ond mae bellach yn gartref i'r Clwb Rygbi.

Teulu'r Studts oedd yn rhedeg y ffeiriau hyn. Nid teulu cynhenid o Frynaman, ond hyd y dydd heddi ma 'da nhw ganolfan yno, ar waelod y tyle sy'n arwain i lawr o Frynaman Uchaf i Frynaman Isaf. Erbyn hyn, un o ferched y teulu yw cyd-berchennog tŷ bwyta adnabyddus Demiro's ym Mae Caerdydd, gyda'r gantores a'r actores achlysurol, Lynda Jenkins. (Flynyddoedd wedi dyddiau mebyd, fe chwaraeodd Lynda ran fach, ond allweddol, yn 'y mywyd i – ac fe ddown at hynny hefyd yn y man.)

Bendith arall a ddaeth o fyw ar y Banwen – ac un sydd wedi profi'n fwy arwyddocaol a pharhaol na'r *hot dogs* a'r afalau triog rhad ac am ddim rheini (er cystal eu blas ar y pryd) – oedd ein bod fel teulu yn byw rhwng dau gapel. Yn sefyll fel dwy gofgolofn y naill ochr a'r llall i'r tir comin lle câi'r ffair ei chynnal mae capel Siloam a chapel Ebeneser. Bedyddwraig oedd Mam ac i Siloam yr âi hi, ergyd carreg yn unig o'r tŷ. Ar y llaw arall, Annibynnwr oedd Dad, ac roedd yntau wedi cadw'i aelodaeth ym Methania, Rhosaman – y capel lle cafodd ei fagu, nid nepell o Rhosfa.

Fel arfer ar y Sul, awn i Siloam gyda Mam, am ei fod mor agos. Ond ar y Suliau pan fydden ni i gyd draw yn Rhosfa gyda'r teulu, Bethania amdani, am fod Tad-cu'n ben-diacon yno. Yn yr un modd, pan fyddwn i ar wyliau gydag Anti May ac Wncwl Hywel ar Hewl Cwmgarw ym Mrynaman Uchaf, i Fethania yr elen ni i addoli. Awn 'co hefyd gyda 'Nhad ar gyfer unrhyw achlysur neu ddathliad arbennig fydde'n cael ei gynnal yno. Heb os, fe chwaraeodd y ddwy eglwys ran allweddol yn fy mhrifiant, fel y daw'n amlwg maes o law.

Teulu Rhosfa

Nid enw ar hen ffermdy'r teulu'n unig yw Rhosfa. Dyna hefyd enw'r ardal honno o Frynaman lle y saif. Yn wir, 15 Rhosfa Road yw'r cyfeiriad post swyddogol – ffaith na wyddwn i mohoni nes dechrau gwneud peth ymchwil ar gyfer yr atgofion hyn. I fanylder fy nhad mae'r diolch fod 'ymchwil' o'r fath yn bosib – ac i Gaynor, fy chwaer. Trwy dwrio yn atig ei chartref yn Nhreorci y daeth hi o hyd i'r hen ddyddiaduron adawodd e ar ei ôl. Trysorfa yn wir. Wrth bori trwy'r cyfan fe ddysgais lawer na wyddwn o'r blân am 'yn hunan, fy nheulu ac yn wir am rai o bobol barchus Brynaman. Ond sdim rhaid i neb bryderu. Mae cyfrinachau pawb yn saff – ar wahân i'r rhai rwy'n barod i'w datgelu yma, wrth gwrs!

O'r gair 'Arosfan' y tarddodd yr enw, mae'n debyg. Y ddamcaniaeth a glywais i oedd y byddai defaid yn ymgasglu yn y llecyn hwnnw slawer dydd – er na chas 'nhad-cu erio'd fawr o lwc gyda defaid. Gwartheg oedd yn pori tir Rhosfa yn ei ddyddiau e. Erbyn fy nghyfnod i, Rhosfa Dairy oedd enw llawn y fferm, ac fel mae hwnnw'n awgrymu, nid hwsmona'r anifeiliaid yn unig wnâi Dad-cu (neu Data fel y byddwn i'n ei alw fel arfer). O fewn yr ardal, roedd yn fwy adnabyddus fel Dan Rhosfa neu Dan Lla'th am fod 'dag e hefyd rownd laeth, a honno'n gwasanaethu ardal eang – Brynaman, Y Waun a hyd yn oed rhannau o Gwm-gors os cofia i'n iawn. Er mai ceffyl a chart fyddai wedi gwneud y cario ar un adeg mae'n siŵr, roedd oes y cludiant hwnnw wedi dod i ben cyn 'y nyddiau i. Fan ddefnyddiai Rhosfa Dairy i ddosbarthu'r lla'th o dŷ i dŷ. Roedd Data ar flân y gad ym mhob peth bron. Cymrai ddiléit mawr taw fe oedd y cynta yn yr ardal i gael car, neu ffôn, neu set deledu.

Flynyddoedd yn ôl bellach, pan fu'n rhaid i 'Nhad a Danville a minnau wacáu'r tai mas ar ôl iddo farw, fe ddaethon ni ar draws llond gwlad o hen fyllt, nyts, sbanyrs a phob math o offer fferm. Roedd llwyth 'co, o bob maint a siâp. *Hoarder* oedd Data, heb os. A rhaid 'mod i wedi etifeddu'r un diddordeb, achos rwy innau'n lico casglu *gadgets* o bob math.

Ond nid y pethe bach yn unig fyddai'n mynd â'i fryd. Roedd e'n un am yr offer diweddara, sdim ots pa seis. Ac roedd e'n ddiarhebol o dda am ddod o hyd i fargen. Rwy'n cofio tractor Fordson Major na welais i e erio'd yn cael ei ddefnyddio i weithio'r tir. Ar y cyd gyda 'nhad, fe gododd sied yn gartref i'r hen beth, a thrwy weithio strapen ledr rownd rhyw declyn oedd ar y peiriant ac yna'i gysylltu â llafn llif, fe greodd y ddau felin goed fach unigryw at eu defnydd eu hunen.

Gallaf hefyd gofio fod yno dractor Americanaidd, Allis Chalmers. Ro'n i'n cael cyfle i yrru'r tractorau hyn ambell waith, gan dynnu'r gambo wrth 'y nghwt – a bois bach, rhaid 'mod i'n teimlo'n dipyn o fachan wrth wneud. Ond fe ddois i ddeall nad oedd brêcs rhy dda arnyn nhw. Un tro, rwy'n cofio gwasgu ar y pedal, a gwasgu drachefn sawl gwaith, a chael nad oedd yr injan yn gwrando dim arna i... a'r tractor yn dal i symud yn ei flân. Daeth i stop yn y diwedd, diolch i'r drefen. Da o beth taw dim ond ar dir gwastad ro'n i'n ca'l cymryd at y llyw.

Ond yna un diwrnod, a minnau tua'r un ar bymtheg oed, fe ddywedodd Dad wrtha i y cawn i fynd mas i ladd gwair ar gae oedd ar dipyn o lethr. Dyna'r unig dro y galla i gofio bod ag ofn wrth drin unrhyw offer ar y fferm. Roedd y tir yn serth ac fe allwn i'n hawdd fod wedi moelyd. Gwyddai 'nhad y gallai fod yn beryglus achos, fel arfer, fe'n unig fyddai'n cael gweithio'r cae hwnnw. Doedd dim cabanau bryd 'ny, na dim o'r mesurau diogelwch gewch chi heddi. Ond roedd y ffaith ei fod wedi rhoi'r cyfle imi wneud y gwaith y diwrnod arbennig hwnnw yn ddigon i ddweud wrtha i ei fod e nawr yn ystyried 'mod i'n ddyn.

Cafodd Data a Mam-gu chwech o blant i gyd. Collwyd Alys yn ifanc iawn, o epilepsi, os cofia i'n iawn. Ar wahân i'r tair chwaer a grybwyllwyd eisoes, roedd gan fy nhad frawd o'r enw Hywel, oedd yn gweithio i'r Bwrdd Trydan. Ei gyfraniad e i ffyniant Rhosfa oedd y ffaith taw fe fyddai'n gyfrifol am 'wneud y llyfre'. (Ymhen amser wedyn, daeth ei fab, Desmond, yn brifathro Ysgol y Strade.)

Bu farw fy mam-gu a finnau'n dal yn ddim o beth, a phrin yw'r cof sda fi ohoni. Mary, yr hyna o'r tair merch, fyddai'n cymryd gofal o'r cartre, tra byddai Elizabeth yn cymryd yr awenau tu fas, gyda gwaith y fferm. Cymaint oedd ei hymroddiad i waith y fferm a'r anifeiliaid byddai Mam weithiau'n tynnu fy nghoes trwy honni 'mod i wedi arfer credu nad yn y tŷ roedd Anti Elizabeth yn byw, ond yn y beudy!

Yn rhyfedd iawn, yr unig agwedd ar y tŷ oedd yn mynd â'i bryd hi oedd y ddresel fawr yn y stafell fyw. Roedd hi'n feddiannol dros ben o honno ac yn ofalus o bob eitem oedd wedi'i gosod arni, achos nid llestri i'w defnyddio bob dydd oedd y rhain o bell ffordd – o na! Casgliad o Swansea Pottery a addurnai'r ddresel, a doedd fiw imi gyffwrdd â dim. Wrth gwrs, a finne'n grwtyn bach, roedd y demtasiwn i chwarae'r gŵr drwg yn mynd yn drech na fi'n amal. Ond os feiddiwn i symud modfedd ar gwpan neu soser, gallwch fentro y byddai hi'n gwbod yn syth.

"Bysedd bach pwy sydd wedi bod fan hyn 'to?" gawn i.

"Pa ots yw e, wir?" fyddai ymateb Mary, gan wfftio gofal eithafol ei chwaer dros yr hen ddodrefnyn.

Ond mynnu cadw at ei goruchwyliaeth wnaeth Elizabeth tan y diwedd.

Yn Rhosfa y bu'r ddwy fyw gydol eu hoes, ond maes o law, a

hithau'n tynnu at ei chanol oed, fe briododd Hannah, yr ienga o'r tair, â Stanley, mab fferm Y Pia Bach, nad yw ymhell o'r Rhosfa, ger nant wrth odre'r Mynydd Du.

Melys iawn yw'r atgofion sydd gen i o'n amser yn Rhosfa – yr hafau braf a'r ffordd y byddai'r cymdogion i gyd yn cyd-dynnu a rhoi help llaw i'w gilydd amser lladd gwair ac ati. Mae'r ymdeimlad o gymdogaeth wedi newid heddi, gyda phawb am fod yn annibynnol.

Ro'n i'n meddwl y byd o Data ac mae ei ôl a'i ddylanwad arna i yn sicr – ond mae ei ôl a'i ddylanwad i'w weld ar y fro gyfan. Y fe gododd festri capel Bethania, Rhosaman; adeilad sylweddol tu hwnt sydd bron cymaint o faint â'r capel ei hunan. Agorwyd y festri'n swyddogol ar Fai y 29ain, 1958, a chyflwynwyd allwedd aur iddo fel arwydd o ddiolch. Rwy'n falch o allu dweud bod y trysor teuluol hwnnw yn dal yn fy meddiant.

Crochenwaith Abertawe

Stori arall yw hi pan ddown at y llestri rheini a roddai shwt ddiléit i Anti Elizabeth. Fe ddiflannon nhw o'r ddresel ers llawer dydd. A thrist dweud iddyn nhw fynd o'r teulu hefyd. Adeg gwerthu Rhosfa, penderfyniad Danville, Gaynor, fy nghefnder Des a minnau oedd taw'r peth doetha fyddai gwaredu llawer o'r cynnwys trwy ocsiwn ac yna rhannu'r elw rhyngom.

Erbyn y cyfnod 'ny, ro'n i eisoes yn briod, ac fel fy modryb gynt, roedd Helen, fy ngwraig, yn edmygu ceinder y llestri ar y seld. Cyrhaeddodd diwrnod yr arwerthiant a draw â fi i Landeilo, gyda'r bwriad o weld a oedd modd imi eu prynu. Yn anffodus i mi, roedd un o Gymry amlwg Abertawe yno hefyd, ac yn ddiweddarach, des i ddeall fod y wraig dan sylw'n gasglwr brwd o Swansea Pottery. Aeth yn frwydr fidio rhyngddi hi a fi, nes inni gyrraedd yr uchafswm fedrwn i ei fforddio. Chodais i mo 'mraich wedi 'ny ac aeth hithau yn ei blân i gipio'r llestri.

Flynyddoedd wedyn, digwyddais sôn am ddyheadau Helen wrth Danville.

"Bachan!" meddai'n syth. "Pam 'set ti ddim wedi gweud ar

y pryd? Bydden ni i gyd wedi gad'el i Helen eu cael nhw. Ro'n i'n meddwl ar y pryd gwaith mor wych o't ti'n ei neud yn yr ocsiwn, yn bido fel'na er mwyn hwpo'r pris lan."

"Na, na!" protestiais innau. "Rhaid o'dd bod yn deg â phawb."

A dychwelyd i ddinas eu gwneuthuriad fu ffawd y llestri, er nad oes syniad 'da fi ble maen nhw erbyn hyn.

Un o'r agweddau trista ar y natur ddynol sydd wedi amlygu'i hunan imi fwy nag unwaith trwy fy mhrofiad fel gweinidog yw fel y bydd teuluoedd yn cwmpo mas yn dilyn profedigaeth – hyd at chwalu'n yfflon ambell waith. Testun balchder yw gallu dweud na fu'r un digofaint erio'd rhyngo i a 'mrawd a'n chwaer, naill ai pan ddaeth yn amser gwerthu Rhosfa nac yn dilyn dyddiau ein rhieni.

Roedd elfen gref o dristwch o weld yr hen gartre'n mynd o'n gafael fel teulu, yn naturiol, ac ar ryw olwg, gallwn ddweud 'mod i'n difaru, ond mae'n gysur imi taw Cymraes leol, Helen Wyn – ond nid fy Helen Wyn i! – sydd nawr piau'r lle. Y tro dwetha imi fod yno roedd gwaith ar droed i addasu'r tai mas yn aneddau gwyliau. Magu ceffylau sy'n mynd â bryd y perchennog erbyn hyn a da deall fod erwau sydd wedi golygu cymaint imi yn dal i gael eu defnyddio mewn ffordd sy'n harddu'r fro yn hytrach na'i hagru.

'Nhad a 'Mam

Roedd Dad, fel ei dad yntau, yn ddyn o aml ddoniau. Fel colier yr oedd yn ystyried ei hun yn bennaf. Ond gallai droi ei law at unrhyw beth. Un o'r ychydig bethau rwy'n difaru yw na wnes i ei ddilyn yn hynny o beth. Mi allai drwsio tractorau a cheir a chodi adeiladau. Os y cofia i'n iawn, y fe gododd y byngalo lle ces i 'ngeni. Flynyddoedd wedyn, pan oedd angen troi garej y tŷ ar y Banwen yn *granny flat* ar gyfer Marvis, fy nghefnither, a'i mam, fy Anti Fran, fe gafodd yr adeiladwyr drafferth dychrynllyd wrth bwnio un o'r walydd i lawr.

"Pwy gododd hon? Mae'n solet fel byncyr!" medden nhw.

Pryd bynnag byddai 'nhad yn troi'i law at wneud dim, roedd e'n amlwg yn disgwyl iddo bara am byth!

Pan oedd ar fin cyrraedd adre o'i waith, byddwn wastad yn gwbod mlân llaw, achos roedd y cinio y byddai Mam wedi'i baratoi ar ei gyfer yn cadw'n gynnes yn y Rayburn. Y funud y clywen ni'i chwibanu'n dod rownd y gornel, mi fyddai hi'n cael y platied mas yn barod a'i roi ar y bwrdd, gyda'r grefi'n grofen drosto. Roedd Dad yn dwli ar 'ny. Wrth gwrs, fel bachgen mowr, byddai'n rhaid i minne wedyn gael yr un peth yn gwmws â 'nhad, gan fynnu fod crofen dew o grefi dros 'y mwyd inne.

Cyn dyddiau cael bàth ym mhob tŷ, na hyd yn oed *pit-head baths* yn y pwll, rhaid oedd dibynnu ar yr hen dwba sinc o flân y tân os am ymolchi. Ac mae gen i gof da o 'Nhad yn dilyn y ddefod honno'n rheolaidd. Wedi 'molchi, byddai'n ei throi hi am Rhosfa. Er taw newydd orffen shifft o waith dan ddaear oedd e, yn amlach na pheidio, fe âi wedyn lan i'r fferm i helpu Data.

Y fe oedd *calming influence* y teulu, tra bo Mam, ar y llaw arall, ddim hanner call a dwl. Rwy eisoes wedi cyfeirio at ei hiwmor unigryw ac fe fyddai hi lan i bob math o ddrygioni a thynnu coes. Roedd ganddi storfa dda o ddywediadau na chlywais i o enau neb arall. Mae dweud fod rhywun yn 'mynd fel cath i gythrel' yn ymadrodd digon cyffredin, ond sôn amdanyn nhw'n 'mynd fel y diafol â'i din ar dân' wnâi Mam bob amser.

"Nawr bo ti'n dod mlân yn iawn yn y coleg 'na," meddai hi wrtha i wedyn un tro, a finne gartre ar wyliau, "ma'n rhaid fod dy Gymrâg di'n lled dda. Shwt wyt ti ar yr hen dreigliade 'na?"

Atebais innau fod fy nhreigliadau'n bur dda, wir, diolch. Neb wedi cwyno.

"A'r llythyren gynta sy'n treiglo bob tro, ife?" holodd wedyn. A finnau'n ei sicrhau ei bod hi'n iawn i dybio hynny.

"Wel! Gwed wrtha i nawr 'te, pa ddou air Cymrâg sydd â'u llythrenne ola'n treiglo o flân rhywbeth?"

Dyma finne'n dal pen rheswm am funud neu ddwy, gan ddadlau nad llythrennau ola geiriau oedd yn cael eu heffeithio gan dreigliadau. Ond fe wyddwn, wrth gwrs, taw ildio fyddai raid. Ac roedd yr ateb a roddodd i'w phos ei hun yn anfarwol pan ddaeth:

"Ma 'diawl' yn troi'n 'diawch' ac 'uffern' yn troi'n 'uffach' o flân gweinidog!"

Oedd, roedd hi'n gymeriad a hanner! Byddai'n actio mewn dramâu yn gyson a bu'n aelod ffyddlon yn Siloam trwy gydol ei hoes. Er ei bod wedi ei chladdu ers dros ddeg mlynedd ar hugain, mi fydd pobol sy'n ein nabod ni fel teulu yn dal i sôn amdani wrtha i bob yn awr ac yn y man.

Gyda dyfodiad y teledu i'r aelwyd, daeth ffenest newydd i'w bywydau. Hyd y dydd heddi, gwylio'r bocs yn y gornel yw un o fy hoff ffyrdd innau o droi bant oddi wrth ofalon y dydd ac ymlacio – ac rwy'n dwli gwylio cyfresi bywyd gwyllt, yn union fel y gwnâi Dad. Gallaf gofio eistedd wrth ei ymyl yn blentyn, yn rhyfeddu, ac yntau'n dweud yn gyson mai dau ddyhead mawr oedd ganddo – mynd ar saffari yn Affrica, a hedfan. Nid hedfan fel fflio ar awyren oedd 'dag e mewn golwg, ond hedfan fel aderyn. Bob tro y bydda i'n eistedd i lawr o flân rhaglen o'r fath, fe alla i glywed ei eiriau, a'r deisyf yn ei lais.

Mi fydda i'n aml yn trial dychmygu tybed ble fydden nhw arni petaen nhw'n ifanc nawr, yn ein dyddiau ni. Cyfleoedd gwahanol a chymdeithas sy'n wahanol iawn i'r un geson nhw'u magu ynddi. A fyddai'u deallusrwydd a'u doniau wedi'u harwain i gyfeiriadau tra gwahanol? Siŵr o fod. Cynnyrch y cyfnod a'r amgylchiadau y cawn ni'n hunain ynddyn nhw 'yn ni i gyd. Dim ond 71 mlwydd oed oedd Mam yn marw, a 'Nhad yn 73.

'Troseddau' ieuenctid!

Pan ddele hi'n amser gwyliau ysgol, draw yn Rhosfa y byddwn i'n treulio'n amser bron i gyd. A golygai hynny helpu gyda'r rownd la'th, gan godi am 4.30 y bore. Fe fydden ni ar yr hewl yn dosbarthu o dŷ i dŷ erbyn pump o'r gloch. Un tro, rwy'n cofio gofyn i 'nhad-cu pam oedd raid inni fod mas ar ben rhewl mor fore. Fe gododd e'i fys i gyfeiriad fy nhair modryb – Hannah, Elizabeth a Mary.

"Ti'n gweld y tair 'na?" atebodd. "Ti'n gwbod shwt ma nhw'n lico clebran. 'Sen ni'n mynd mas wedi i bobol gwnnu, fydde'r rownd ddim yn cwpla tan fore tranno'th!"

Nid yn unig y dringais i sedd tractor yn gynnar iawn, ond ro'n i hefyd mas yn gyrru ar yr hewl yn go ifanc. Ac i'r rownd la'th mae'r diolch am 'ny. Ymhell cyn oes y camerâu CCTV a phan mai peth digon prin oedd gweld cerbydau ar yr hewl – yn enwedig am bump o'r gloch y bore – mi fyddwn i'n cael cymryd at olwyn lywio'r fan la'th yn bur aml. Byddai Data a fy modrybedd yn ôl a mlân rhwng y fan a'r tai yn cario'r poteli angenrheidiol at bob drws, tra byddwn innau'n cymryd at y llyw ac yn cripian y fan yn ei blân, rhyw ddeg neu ugain llath ar y tro, er mwyn gwneud y gwaith yn haws iddyn nhw. Petai rhyw blismon a chanddo lygad barcud wedi digwydd bod ambythdi'r lle'n lled fore, mi allai hi wedi bod yn stori wahanol arna i, wrth gwrs... a theg dweud na fydden ni'n meiddio gwneud shwt beth heddi.

Er y 'gwersi' gyrru cynnar hyn ar dractorau a fan la'th, ar yr ail gynnig y llwyddais i i basio'r prawf gyrru. Cymerais y prawf cynta rhyw dair wythnos ar ôl cyrraedd fy mhen-blwydd yn 17. Camgymeriad. Yn Rhydaman oedd hynny, a phan edrychodd yr arholwr ar y ffurflen, fe dynnodd sylw at y ffaith taw newydd droi 17 o'n i.

"Shwt wyt ti'n disgwyl pasio ar ôl cyn lleied o gyfle i ddysgu?" meddai.

Doedd fiw imi ei oleuo am y boreuau cynnar dreuliais i'r tu ôl i'r olwyn ar hyd strydoedd Brynaman, na'r caeau yr es i'n ôl a mlân ar eu hyd ar gefn tractor. Rhaid oedd derbyn mai methu wnes i.

Erbyn yr eildro, ro'n i'n fyfyriwr ym Mangor ac yn berchen ar Austin Mini 7 melyn. Dydd Ffŵl Ebrill 1971 gyrrais o

Frynaman i'r gogledd gyda fy ffrind Bleddyn Rogerson – y diweddar Bleddyn Rogerson erbyn hyn, ysywaeth. Trannoeth oedd diwrnod y prawf. Gyda'r prawf ymarferol drosodd a ninnau'n ôl yn y ganolfan, dyma'r arholwr yn sylwi'n sydyn ar 'y nghyfeiriad cartref. Gofynnodd shwt o'n i wedi llwyddo i gyrraedd yno yr holl ffordd o berfeddion y sowth, ac atebais innau 'mod i wedi gyrru lan yr holl ffordd y diwrnod cynt.

"Chi eich hun ddaru yrru'r holl ffordd?" holodd yn syn.

"Ie," atebais innau'n onest.

"Wel, os lwyddoch chi i ddreifio'r holl ffordd yma eich hun, rhaid eich bod chi'n ddigon da i haeddu trwydded!" dyfarnodd.

A hynny a fu.

Nagw i'n difaru dysgu sgiliau sylfaenol gyrru cerbyd mor ifanc. A rhywbeth arall nad wy'n difaru imi ei wneud yn blentyn, er na wnawn i byth mohono heddi, yw sleido ar draws yr hewl fawr sy'n croesi'r Banwen. 'Nôl yn y '50au roedd cyn lleied o draffig yn pasio heibio fel y bydden ni blant yn gwneud hynny'n rheolaidd. Ochr arall y ffordd safai tip glo a'n sbort ni blant oedd dringo i'w ben yn cario shîten o haearn rhychiog (*corrugated iron*). Yna, eisteddem ar y shîten a sleido i lawr, ar draws y ffordd a glanio ar laswellt y Banwen. (Yn dilyn trychineb Aberfan yn 1966, gwastadwyd ugeiniau o dipiau ar draws de Cymru – gan gynnwys hwnnw roddodd gymaint o bleser i ni'n blant.)

Dyna lle y smoces i gynta erio'd. Ar ben y tip hwnnw. Ar Stryd y Parc – neu Park Street, fel mae pobl Brynaman yn ei weud – nad oedd ymhell i ffwrdd, roedd 'na stafell filiards fyddai'n gwerthu'r sigaréts i ni blant, un ar y tro.

Yn ystod 'yn amser yn yr ysgol uwchradd, mae arna i gywilydd cyfadde y byddwn i hefyd yn gwerthu sigaréts i 'nghyd-ddisgyblion, fesul un. Trwy brynu pecyn cyfan ac yna'u gwerthu nhw fel'na, roedd modd gwneud elw! Fi oedd Del Boy'r Banwen!

Afiechyd

Yr unig gymylau amlwg dda'th i daflu'u cysgod dros 'y mhlentyndod delfrydol oedd y cyfnodau hirion dreuliais naill ai mewn ysbyty yn rhywle, neu gartref ar wastad 'y nghefn. Sda fi fawr o gof teimlo'n chwerw chwaith. Adlewyrchiad o'r gofal ges i, o bosib. Neu o lawenydd cariadus, cynhenid y teulu, a fyddai'n lliniaru pob rhwystredigaeth yn gyson.

Dioddefwn o'r fogfa o oedran ifanc iawn, a chofnoda 'Nhad yn ei ddyddiadur imi gael y pas (*whooping-cough*) am y tro cynta ar 10 Rhagfyr 1955 – ac fe fues yn bur wael yn ôl y sôn. Yn deillio o 'ny, rwy'n tybio, y dechreuais i ddiodde anhwylder ar y frest tra o'n i yn yr ysgol gynradd. O ganlyniad, treuliais gyfnod hir yn Ysbyty Treforus – a hynny mewn stafell yn gyfan gwbwl ar 'y mhen 'yn hunan. Doedd bron neb yn cael dod at fy nghyfyl. Hyd y dydd heddi, wy'n dal ddim yn gwbod pam yn gwmws.

Drwy gydol fy mlynyddoedd cynnar, sdim dowt na ddes i'n gyfarwydd iawn ag Ysbyty Treforus. Rhwng y 4ydd a'r 11eg o Fedi 1959, treulais wythnos gron gyfan yno, *under observation*, am eu bod nhw'n amau 'mod i'n diodde o lid y pendics. Doedd dim problem prinder gwelyau yn y Gwasanaeth Iechyd bryd 'ny, mae'n amlwg. Go brin y câi plentyn ei gadw i mewn dros nos y dyddiau hyn. Ond yno y bues i ar 'y mhen 'yn hunan bach drachefn, gan weld fy rhieni yn ystod yr oriau ymweld cyfyng yn unig. Erbyn heddiw, tynnu'r pendics yn syth y caiff y claf boenau yw'r arfer. Gallaf gofio bod y boen yn ddirdynnol a ches fy rysho i'r sbyty gyda'r un symptomau ar achysur arall hefyd. Ond waeth faint o *observation* gadwon nhw ar fy mhendics, mae'n amlwg imi gael ei gadw, achos mae'n dal 'da fi hyd y dydd heddi!

Cawr o ddyn o'r enw Dr Warner oedd ein meddyg teulu ni bryd hynny – a Gwyddel o dras. Un tro, fel rhan o 'ngwellhad ar ôl pwl o ryw anhwylder ar y frest, ges i dabledi i'w cymryd ganddo. A dyma finne'n gwrthod eu llyncu. Pawb yn trial 'y nghymell i'w cymryd a finne'n stwbwrno ac yn dal i wrthod yn lân. O'r diwedd, fe ddywedodd y doctor os nad o'n i'n barod i'w llyncu nhw 'te, mi fydde'n rhaid imi gael *suppository*. A dyma ddechrau arni. Ond wedi hir a hwyr ac ymdrechion glew y doctor yn dal heb ddwyn ffrwyth, fe ebychodd yn uchel, "Bloody hell! He not only closes his mouth, he closes his arsehole as well!"

Chofia i fawr am y bennod honno, mewn gwirionedd, ond bu Mam wrth ei bodd yn fy atgoffa ohoni am flynyddoedd. Y cyfan wn i yw imi gymryd y tabledi yn y diwedd – er na chofia i trwy ba ben!

Rywdro arall, cafwyd canlyniadau tipyn mwy difrifol wedi imi ddychwelyd i'r tŷ un dydd ar ôl bod mas yn chwarae yn y cae gyferbyn, a Mam a 'Nhad yn sylwi arna i'n cloffi. Rhaid taw Dr Warner a alwyd unwaith eto a minnau'n cael fy nanfon i weld yr arbenigwr, Dr Rowley, yn Ysbyty Treforus drachefn. Arweiniodd hynny at gynnal pob math o brofion. Pennwyd yn y diwedd mai clefyd Perthes oedd arna i. O'i egluro'n syml, mae'n aflwydd sy'n effeithio ar gymal y glun – dyw'r belen ddim yn ffito'r soced yn iawn, gan greu gofod. Petawn i ddim wedi derbyn y sylw cyflym a'r driniaeth ges i, y tebyg yw y byddwn i wedi bod yn gwisgo esgid drwchus weddill fy oes.

Treuliais bum wythnos yn Ysbyty Abertawe – mewn adeilad sydd bellach wedi'i droi'n fflatiau. Pan es i yno gynta, ar 12 Hydref 1961, gallaf gofio'n iawn cael fy rhoi mewn stafell fach ar 'y mhen 'yn hunan... drachefn! Nawr, fel mae'n digwydd, dros dro yn unig o'n i yno, tra'u bod nhw'n cael gwely'n barod ar 'y nghyfer ar ward y plant. Ond do'n i ddim i wbod 'ny ar y pryd. Doedd fy rhieni ddim i wbod 'ny chwaith. Pan ffarwelion nhw â fi yn y prynhawn, dyna lle'r oedd y tri ohonon ni'n torri ein calonnau, gan feddwl bod pethau am fod fel y buon nhw arna i yn Ysbyty Treforus. O'n i ar fin cael 'y ngadael ar 'y mhen 'yn hunan bach unwaith 'to?

Ond pan ddychwelon nhw amser ymweld y noson honno, y cyfan allen nhw'i glywed wrth ddynesu at y ward oedd 'yn llais i, yn chwerthin ac yn siarad ffwl pelt. Erbyn 'ny, roedd y ddwy goes yn hongian yn yr awyr, gyda phwli yn hongian ohonyn nhw a phwysau ar waelod y gwely. Rhaid ei bod hi'n dal yn olygfa reit ofidus i Mam a 'Nhad, ond o leia do'n i ddim yn unig ac ro'n i'n llawn bywyd.

Felly y buodd hi arna i am bump wythnos! A dau atgof cryf sy'n aros yn 'y nghof o'r cyfnod. Un ohonyn nhw yw'n atgasedd tuag at la'th twym. Mi fydden nhw'n dod â pheth inni'n ddyddiol ar y ward ac rwy wedi'i gasáu byth ers hynny. Fel mae'n digwydd, ro'n i wedi dechrau dod i'w gasáu o 'mhrofiad ar y rownd la'th, achos nid pawb fyddai'n golchi'r poteli gwag cyn eu rhoi mas ar garreg y drws i ni eu casglu. Wrth roi 'mysedd yn eu gyddfau i'w codi oddi ar y rhiniog, byddai gwynt yr hen la'th oedd wedi dechrau suro ar y gwydr yn aml yn codi i'm ffroenau, ac yna'n aros ar fy mysedd. Mae meddwl amdano'n ddigon i droi arna i hyd yn o'd nawr.

Yr ail atgof byw yw o ferch na chofia i mo'i henw ac na wn i ddim beth ddaeth ohoni. Roedd hi'n iau na fi ac yn uniaith Gymraeg, fwy neu lai. Gan 'mod innau'n siarad Cymraeg, fe gafodd ei rhoi yn y gwely nesa ata i. Ydy'r Gwasanaeth Iechyd mor hyfyw i anghenion cleifion Cymraeg eu hiaith heddiw, tybed? Ro'n ni'n amlwg yn gwmni i'n gilydd o dan yr amgylchiadau a byddai galw arna i weithie i gyfieithu ambell beth iddi pan fyddai'r meddygon a'r nyrsys yn tendio iddi. Pa bynnag driniaeth roedd hi wedi ei dderbyn, nid pwythau oedd wedi eu defnyddio i gau'r clwyf ond clipiau. Pan ddaethon nhw i dynnu'r clipiau, gan ddefnyddio siswrn mawr i'w torri nhw bant, dechreuodd y ferch, druan, sgrechen dros y ward. Fe dries innau'i chysuro trwy ddweud pethe fel, "'Na ti! Fyddan nhw ddim yn hir nawr!" neu "Tria fod yn ddewr! Mi ddoi di'n well nawr cyn bo hir!" Profiad digon dirdynnol a dweud y gwir, achos fedrwn i'n bersonol weld dim o'r hyn oedd yn digwydd ochr arall y llen, dim ond dychmygu!

Tybed pwy oedd hi a ble mae hi nawr? Ydy hi'n darllen hyn o atgof, sgwn i? Pwy a ŵyr?

Cadair olwyn… a chodwm!

Ar ddiwedd y pump wythnos ar wastad 'y nghefn yn Ysbyty Abertawe, ces i'n rhoi yn yr hyn a elwir yn *frog plaster*. Roedd y ddwy goes yn llydan ar led, gyda bar pren – fel coes brwsh – ar draws i'w cadw felly a phlastar ar y ddwy goes, o ben y glun reit lawr i'r sawdl. Felly y buodd hi arna i am bymtheg mis. Mewn cadair olwyn. Doedd e ddim yn amser hawdd, ond o edrych yn ôl, mae'n rhyfeddod i mi mor ddiddig o'n i, o ystyried yr amgylchiadau.

Yn ystod y cyfnod hwn daeth Miss Thurston yn rhan annatod o batrwm bywyd. Menyw allai fod yn eitha strict ei ffordd oedd Miss Thurston, fel yr awgryma'i henw, efallai. Ond serch hynny, teg nodi imi ei chael yn garedig bob amser ac ati hi yr awn i pan ddeuai'n amser mynd i'r Adran Orthopaedig yn Abertawe i dynnu'r plastar a gosod un newydd. Byddai cyflwr y plastar yn dirywio gydag amser, ac wrth gwrs, rhaid cofio 'mod i ar 'y mhrifiant!

Gallaf gofio'n iawn fod yr adeilad lle gweithiai Miss Thurston gerllaw Gorsaf yr Heddlu a rhywbeth arall sydd wedi aros yn glir yn 'y nghof i yw'r clipyrs anferth a ddefnyddiai i ryddhau plastar y ddwy goes. Dechreuai lan wrth y glun a thorri sha lawr, at y sawdl. Bu'n rhaid imi ddysgu cysgu ar wastad 'y nghefn yn y cyfnod hwn. Rwy'n dal i allu gwneud 'ny'n ddigon rhwydd – 'blaw fod perygl imi gael pwnad gan Helen os byth y gwna i, am 'mod i'n chwyrnu'n drymach nag arfer bryd 'ny, yn ôl y sôn.

Ar 28 Tachwedd 1961 dyma fi'n dychwelyd i Ysgol Gynradd y Banwen, a finne bellach mewn cadair olwyn. Gyda 'nwy goes yn hongian ar led o 'mlân i, nid gwaith hawdd oedd trio dod o hyd i ffordd gysurus o eistedd wrth 'y nesg drwy'r dydd, bob dydd. Doedd dim byd gan yr ysbyty i'w gynnig i leddfu'r sefyllfa, a'r hyn wnaeth Dad oedd adeiladu rhywbeth tebyg i focs i'w roi ar flân y gadair olwyn, fel 'mod i'n gallu pwyso'r baryn pren arno. Fe hwylusodd hynny bethe'n fawr imi yn yr ysgol, er ei bod hi'n gallu bod yn ddigon lletchwith arna i o hyd, rhwng y grisiau oedd yno a'r ffaith taw rhiw go serth yw Hewl yr Ysgol. Roedd galw am rywun go gyhyrog i 'nghael i yno bob dydd ac i ddod i'n hebrwng i sha thre bob prynhawn.

I fynd lan y rhiw roedd angen bôn braich i wthio, mae'n amlwg. Ond roedd hi bron yn anoddach fy nhywys i lawr, gan fod angen rheolaeth lem yn ogystal â chryfder corfforol i ddal gafael ar y gadair. Heb y cyfuniad hwnnw, fe allai droi'n draed moch arna i. Ac yn wir, un dydd, fe wnaeth!

Fel arfer, cyfrifoldeb dyddiol Dad, neu Wncwl Bryn (brawd Mam) oedd fy nghael yn ôl a mlân i'r ysgol yn ddiogel. Ond pan ddaeth y gwersi i ben ar 7 Chwefror 1962, dyma ddwy ferch oedd yn yr un dosbarth â fi – Ann Davies ac Eireen Smith (neu Eireen y Crown, fel y bydden ni'n ei galw) – yn penderfynu y licsen nhw 'ngwthio i sha thre. Chafwyd dim trafferth yn y byd i 'ngwthio ar draws y buarth gwastad, na hyd yn oed i 'nghael i dros y ris neu ddwy oedd yn arwain i lawr at y palmant. Ond yna'n sydyn, roedden ni mas ar ben rhewl – ac ar ben tyle Hewl yr Ysgol. Ar y llaw dde imi roedd wal gerrig anferth yn cydredeg â thiriogaeth yr ysgol. O'n blaenau, y palmant serth yn ymestyn sha lawr.

"Ni'n ca'l gwaith cadw gaf'el arnot ti, Eirian!" clywais lais wrth fy nghlust.

Yn dod tuag atom o waelod y stryd, gallwn weld 'Nhad, oedd newydd droi'r gornel ar ei ffordd lan i'r ysgol i fy nôl i. Gallai weld mor argyfyngus oedd y sefyllfa a dechreuodd redeg. Dechreuodd y gadair gyflymu. Rhedodd Dad yn gynt.

"Ni'n ffaelu dala ti ddim mwy!" daeth y floedd i 'nghlyw.

Finnau'n dala'n dynn yn y gadair, gan fethu gwneud dim i achub 'yn hunan, wrth i'r olwynion droi yn gynt ac yn gynt. Ac roedd y gadair yn gogwyddo'n agosach at y wal gyda phob eiliad a âi heibio.

A dyna ni... crash! Fe darodd 'y nghoes ar garlam yn erbyn y wal, gan dorri 'mhigwrn dde yn rhacs.

'Nôl â fi i'r ysbyty. Y tro hwn, wedi iddyn nhw dynnu'r hen blastar oddi ar y goes dde, gosodwyd yr un newydd o ben y glun yr holl ffordd lawr at y bawd. Rhaid oedd trwsio'r pigwrn.

Cwt cas y Meccano

Fel y soniais, fe etifeddais hoffter Data o chwarae â phethe mecanyddol – wastad yn awyddus i wneud pethe 'da 'nwylo. Ro'n i wrth 'y modd gydag Airfix, er enghraifft, ac wedi bod yn creu modelau o wahanol awyrennau a llongau ers pan o'n i'n ddim o beth. Ac roedd gen i set Meccano hefyd. Daeth honno'n handi iawn un diwrnod pan ddechreuodd man jyst uwchben cyhyr croth fy nghoes grafu'n ddychrynllyd. Wrth gwrs, oherwydd y plastar, allen i ddim plygu lawr i'w gyrraedd, fel unrhyw blentyn arall. Yr hyn na'th y peiriannydd yno' i oedd troi at y set Meccano a chreu teclyn bach unigryw i'w estyn lawr rhwng y plastar a'r croen, i wneud y crafu drosta i.

Yn ei hanfod, yr hyn oedd e oedd stripyn hir o fetal, gyda winsh ar ei ben a dolen, fel y gallwn i ei ollwng i lawr rhwng y cnawd a'r plastar a'i droi'n ôl a blân er mwyn lliniaru'r union fan oedd yn achosi'r poendod. Nefoedd ar y ddaear! Ond ymhen cwpwl o wythnose, fe ddechreuon ni sylwi ar wynt rhyfedd yn codi o'r goes a lawr â ni'n syth i weld Miss Thurston unwaith eto. Prin ei bod hi wedi cael ei siswrn mas a dechrau tynnu'r plastar bant, na allen ni i gyd wynto'r drewdod mwya afiach yn codi i'n trwyne. Nid yn unig rown i wedi bod yn crafu 'nghoes wrth droi dolen fy nyfais fach, daeth yn amlwg 'mod i hefyd wedi bod yn torri trwy'r croen ac i mewn i'r cnawd. Dyna lle'r oedd y cwt melyn gwyrdd-frown mwya salw ac afiach yr olwg.

Y flaenoriaeth nawr oedd cael y clwy i gau a gwella. Allen nhw ddim rhoi'r goes yn ôl mewn plastar. Cafodd mowld aliwminiwn ei greu i fynd rownd y goes ac fe ddefnyddion nhw fandej wedyn i'w lapio rownd iddo i'w gadw yn ei le. O ganlyniad, fe allen i nawr gael bàth – y tro cynta imi fynd i mewn i'r dŵr ers misoedd. Ar ben hynny, doedd dim angen imi nawr gysgu gyda'r hen beth amdana i. Cawn gysgu gyda 'nghoesau gyda'i gilydd. Ond deilliodd un ffaith ryfedd o'r fendith hon – pan fyddwn i'n dihuno bob bore, arferai'r coesau fod yn llydan ar led drachefn, fel ro'n nhw wedi bod ers misoedd. Roedd fy nghorff wedi dod i arfer â chysgu fel'na i'r fath raddau fel taw dyna'r norm iddo, mae'n rhaid.

Pan fydda i'n adrodd y stori hon wrth siarad â gwahanol gymdeithasau menywod, mi fydda i'n gorffen trwy ofyn iddyn nhw a licsen nhw weld y graith a adawodd y cwt a achoswyd gan y Meccano. Wedyn mi fydda i'n jocan dechrau dadwneud gwregys 'y nhrowsus, fel 'sen i am eu tynnu nhw i lawr. Trwy lwc, fe alla i arddangos y graith trwy godi godre'r trowsus yn unig. Ond am eiliad neu ddwy, mi fydda i'n synhwyro rhyw gynnwrf bach chwerthingar yn gafael yn y gynulleidfa. Amrywiaeth bach chwareus ar 'dynnu coes'!

Trist gweud mai byr fu'r cyfnod hwnnw o ryddid cymharol, achos fe wellodd y clwy yn weddol glou. Dychwelyd at y plastar fu hi wedyn, a chafodd e mo'i dynnu'n derfynol tan 28 Tachwedd 1962. Ro'n i wedi byw trwy bymtheg mis pan na chawn gerdded cam.

Y rhwystredigaeth fwya yn ystod yr holl gyfnod hwn oedd gweld ffrindiau mas yn joio ar y Banwen, neu'n chwarae pêl-droed ar fuarth yr ysgol. Ond fel arall, roedd 'yn rhieni i mor wych, theimlais i erio'd 'mod i'n colli mas ar ddim. Fe greodd Dad focs pren pwrpasol arall i'w ddefnyddio yn ein Ford Prefect, car y teulu ar y pryd. Galluogodd hwnnw fi i deithio i bobman ar y sedd gefn, gyda'r ddwy goes ar led a'r bar pren rhyngddyn nhw'n pwyso ar y bocs.

Gartref yn y tŷ, naill ai yn fy nghadair neu ar y llawr ar fy mhen-ôl y byddwn i'r rhan fwya o'r amser. Dysgais yn glou taw llusgo'n hunan o fan i fan oedd y ffordd hawsa imi symud o gwmpas. Yn yr ysgol hefyd, roedd pawb yn barod i helpu. Mewn rhai amgylchiadau, gallai manteision ddeillio o'r aflwydd. Ges i'n sbwylo. Er enghraifft, pan aeth yr ysgol ar wibdaith i Faes Awyr Llundain ar 22 Mehefin 1962, fi oedd yr unig blentyn gafodd fynd lan i'r tŵr rheoli i weld y rhai oedd yn gyfrifol am gael yr awyrennau i godi'n ddiogel o'r llain lanio a dychwelyd yn ôl drachefn wrth eu gwaith.

Cyffro bach annisgwyl oedd cael gweld eraill yn hedfan

bant ar eu gwyliau, ond yn gorfod derbyn na allwn i'n bersonol gymryd cam ar 'y mhen 'yn hunan i unman.

Dysgu cerdded drachefn

5 Rhagfyr 1962 oedd hi pan roddwyd y caliperau am fy nghoes am y tro cynta. Roedd Mam eisoes wedi bod â fi lawr i Ysbyty Singleton i gael fy mesur ar eu cyfer rai wythnosau ynghynt, ac ar gyfer yr esgid arbennig y byddai'n rhaid imi ei gwisgo am chwe mis arall. Prin fod angen i neb fy atgoffa fod pymtheg mis wedi mynd heibio heb imi allu chwarae na phêl-droed na rygbi na chriced. Y syndod yw imi ddod yn gyfarwydd â sefyll ar 'y nhraed 'yn hunan drachefn yn weddol ddidrafferth. Fe ges i rai sesiynau o ffisiotherapi, mae'n wir, ond yn fwy na dim, i'n afiaith cynhenid 'yn hunan mae'r diolch, rwy'n meddwl, am 'yn rhoi i'n ôl ar ben rhewl. Ro'n i'n ysu i ailymroi at bopeth.

A finne heb fod eto'n ddeg oed, rhaid fod y pymtheg mis hwnnw wedi ymddangos fel oes. Ond theimlais i erio'd yn grac, nac yn chwerw, nac yn hunandosturiol, hyd y galla i gofio. Fe wnes i dderbyn y drefn fel roedd yn rhaid iddi fod, ac unwaith eto, alla i ddim ond diolch i'n rhieni am hynny. Rwy wastad wedi teimlo'n freintiedig iawn o fod wedi eu cael nhw – ac o fod wedi 'ngeni i'r teulu rwy'n rhan ohono. Fe ges i'n sbwylo, do. Ond do'n i ddim yn *spoilt*!

Ysgol y Banwen

Gŵr o Gwmllynfell, Mr David Jones, oedd prifathro'r ysgol gynradd. Fel 'Jones yr *Head*' roedd e'n cael ei adnabod fynycha, gan y plant a'r rhieni. Heb os nac oni bai, dyma ddyn o flân ei amser. Roedd wedi sylwi fy mod i ymysg y cynta i godi 'mraich yn y dosbarth i ateb cwestiynau ac ati, ond taw stori wahanol oedd hi pan ddeuai'n fater o ddarllen llyfr neu ysgrifennu. Ro'n i ymhell ar ôl y plant er'ill bryd 'ny.

"Dyw Eirian chi ddim yn dwp," meddai wrth fy rhieni pan

alwodd i'w gweld i drafod y mater. "Ond mae rhywbeth yn ei ddala fe'n ôl."

Roedd wedi darllen am *word blindness* mewn erthygl yn rhywle. O'i enau e y clywais i'r term gyntaf. O ganlyniad i ddiddordeb y prifathro, aethpwyd â fi at y doctor drachefn – ac yntau yn ei dro yn fy nanfon i weld seiciatrydd. Erbyn heddi, mae hynny'n ymddangos yn gam rhyfedd i'w gymryd, ond rwy'n sôn am 1963 a dim ond megis dechrau oedd ein dealltwriaeth o'r hyn sydd nawr yn cael ei alw'n ddyslecsia. (Prognocis y seiciatrydd hwnnw oedd y byddwn i'n debyg o ddod i ddarllen yn iawn naill ai pan gyrhaeddwn i un ar ddeg neu ddeunaw oed!)

Y gorau ddois i at fod yn 'ddarllenwr brwd' yn ystod fy mhlentyndod oedd gyda chomics. Mi fyddwn i wrth fy modd yn pori trwy bob un y cawn i afael arno, o glawr i glawr – gan gynnwys *Bunty* Gaynor, fy chwaer! Yn y cyfnod pan fues i'n gaeth i 'nghadair olwyn, mi fyddai naill ai Mam neu 'Nhad yn aml yn gorwedd ar y gwely gyda fi i ddarllen hanesion Desperate Dan ac ati. Roedd Dad, yn arbennig, yn hoff o ddarllen popeth oedd wedi ei gofnodi yn y swigod oedd yn cyd-fynd â'r lluniau, a byddai'n yngan pob "Crash! Bang! Wallop!" yn uchel ar fy nghyfer – er mawr ddifyrrwch i Mam a Gaynor, fyddai'n amal yn eu dyble'n chwerthin yr ochr arall i'r drws.

Yn dilyn y ddamwain gydag Ann ac Eireen y Crown a'r pigwrn a dorrwyd, camodd yr awdurdodau i mewn gan ddweud na chawn i fynd i'r ysgol ddim mwy. Erbyn mis Hydref 1962 y trefniant oedd fod Anti Beti, athrawes deithiol drwyddedig, yn dod i'r tŷ am awr ar y tro i roi gwersi imi. Beti Isaac oedd ei henw llawn, ond gan ei bod yn gymdoges gyfarwydd iawn imi, fel Anti Beti y byddwn i'n cyfeirio ati ar y pryd, a dyna sut y bydda i'n ei chofio byth.

Er 'mod i'n amlwg yn colli cwmni ffrindiau, ar ddiwedd pob diwrnod ysgol, deuai criw draw i alw amdana i – ac fel arfer mi gawn wedyn fy ngwthio mas i ymuno yn y chwarae, hyd y gallwn i.

Fe amharwyd yn fwy ar fy addysg na 'mywyd cymdeithasol

– er nad o'n i'n llwyr ymwybodol o'r golled honno ar y pryd, efallai. Rhwng y ffaith imi gael fy amddifadu o fynd i'r ysgol am gyfnod a'r broblem ddarllen, dyw hi fawr o syndod imi fethu'r Eleven Plus pan ddaeth yn amser i'w gymryd. A chyda hynny, daeth fy nghyfnod yn Ysgol y Banwen i ben – a chyfnod hapus fu e hefyd, er gwaetha'r salwch a'r maglau eraill a ddaeth i'n rhan. Ond yr oedran 'ny, prin y byddwn i wedi oedi i ystyried nad oedd taith bywyd ond megis dechrau.

Addysg ac ambell wers yn ysgol profiad

Ysgolion uwchradd

Dwy flynedd yn unig fûm i yn Ysgol Uwchradd Fodern Gwauncaegurwen (neu 'Sec Mod y Waun' fel y câi ei hadnabod). Ar ddiwedd fy mlwyddyn gyntaf, y fi oedd yr ail yn y dosbarth. Perthynas imi o'r enw Roy Lewis oedd yr un uwch fy mhen ar y rhestr ac o ganlyniad y fe gafodd ei drosglwyddo i Ysgol Ramadeg Ystalyfera. Bachgen hyfryd oedd Roy, ac yn ddiweddarach bu'n chwarae rygbi i dîm Castell-nedd, ond mae bellach wedi'i gladdu, druan.

Flwyddyn yn ddiweddarach, fy enw i oedd ar frig y dosbarth a 'nhro i oedd i'w throi hi am ysgol ramadeg. Ymhen tair blynedd, roedd gen i chwe Lefel O – Cymraeg, Saesneg, Ysgrythur, Arlunio Peirianneg, Gwaith Metel a Gwaith Coed.

Nodwedd fach anghyffredin am ein teulu ni yw'r ffaith i'r tri ohonon ni blant – fy mrawd, fy chwaer a finnau – oll fynd i ysgolion gramadeg gwahanol. Pan aned Danville, Rhosfa, yn Sir Gaerfyrddin oedd cartref y teulu ac felly i Ysgol Ramadeg Rhydaman yr aeth e. Erbyn amser Gaynor roeddem wedi hen gyrraedd y Banwen, ac Ysgol Ystalyfera amdani, fel oedd yn gyffredin i ddisgyblion Brynaman Isaf. Ond pan ddaeth fy amser i i drosglwyddo o Sec Mod y Waun i ysgol ramadeg, doedd dim lle yn Ystalyfera, a ches i'n anfon i Ysgol Ramadeg Pontardawe.

Yr enwog Eic Davies oedd Pennaeth yr Adran Gymraeg yno, ac fe wyddai am y dyslecsia, wrth gwrs. Roedd hefyd yn ffrindiau gyda Mam a 'Nhad.

"Megan a William," ebe fe wrthyn nhw ryw dro, "ma Eirian chi'n ysgrifennu fel mae e'n siarad."

Roedd e'n iawn hefyd. Nid 'gorau' ond 'gore' fyddwn i'n ei ysgrifennu a mynd lan 'y tyle' fydden i bob amser, nid lan 'y rhiw'. Tueddiad sydd wedi para hyd y dydd heddi, fel y gwelwch chi!

Unwaith eto, fe ges i fod yr athrawon i gyd yn amyneddgar wrtha i. Un o'r bendithion eraill a ddaeth yn sgil mynd i'r Ysgol Ramadeg oedd 'mod i nawr yn cael chwarae chwaraeon. Ar ôl blynyddoedd o ffaelu cymryd rhan, roedd 'da fi dipyn o ffordd i fynd i ddala lan 'da rhai o'r cryts eraill. Er mor frwdfrydig o'n i, roedd 'da fi ffordd bell i fynd i ddysgu'r holl sgiliau angenrheidiol i fod yn dda. Pan ges i'n newis i fod yn un o'r *possibles* i chwarae rygbi yng nghategori'r *schoolboys*, ro'n i'n hynod o browd. Cofiwch, mi fyddwn i wedi bod yn falchach byth o fod ymhlith y *probables*! O edrych 'nôl, rwy'n meddwl taw cymryd trueni arna i wnaeth Bill Sam, yr athro Ymarfer Corff. Y fe ddysgodd Gareth Edwards. (Erbyn hyn, mae'n dad yng nghyfraith i'r arbenigwr llygaid a'r nofelydd, Dylan Jones.)

Yn byw gyferbyn â ni bryd hynny roedd merch o'r enw Mair Donovan. A'i ffrind penna hi oedd Mary Hopkin – hithau hefyd yn ddisgybl yn Ysgol Ramadeg Pontardawe. Serch ei bod hi dair blynedd yn hŷn na mi, gallaf ei chofio'n iawn ym Mrynaman, gan y byddai'n dod lan yn aml i ymweld â Mair. Yn ystod oriau ysgol un diwrnod, daeth galw ar Eic Davies i fynd draw i swyddfeydd Recordiau Cambrian i gasglu llond bocs o'i EP. Roedd hyn beth amser cyn iddi ennill *Opportunity Knocks*, a hon oedd ei record Gymraeg gynta – ei record gynta mewn unrhyw iaith mewn gwirionedd. Ces innau fynd gydag Eic am sbin.

Achlysur arall y galla i ei gofio o fod yng nghar Eic oedd adeg rhyw etholiad. VW Beetle oedd ganddo, gyda tho y gallech chi'i dynnu'n ôl. Tra oedd e'n gyrru, dyna lle'r o'n i'n dal yn dynn ar bolyn, gyda baner y Ddraig Goch y pen arall iddo yn cyhwfan tu fas yn y gwynt. Ro'n i'n meddwl y byd o Eic.

Ymhlith yr athrawon eraill y mae gen i gof da amdanynt o'n amser yno mae 'Williams Wood', neu Mr Williams yr athro Gwaith Coed i fod yn barchus tuag ato, Ken Evans ('Ken Bach'), yr athro Daearyddiaeth, a Gwyn Davies yr athro Ysgrythur, a oedd hefyd yn bregethwr lleyg. Sulwyn Lewis oedd y prifathro ac ro'n i'n meddwl y byd ohono yntau hefyd. Y '60au oedd hi, wrth gwrs, ac er nad o'n i wedi ystyried fod 'y ngwallt i'n arbennig o hir, rwy'n ei gofio'n gweiddi arna i yn y coridor un dydd, "Hey! You there, boy! Go to the barber's. Get your hair cut. Whilst you're there, get it cut twice!"

Ganddo fe y ces i'r slipyr – yr unig dro imi gael cosb gorfforol yn ystod fy nyddiau ysgol. Roedd un o'r bechgyn eraill wedi bod yn bwlian rhywun neu'i gilydd a dyma griw ohonon ni'n penderfynu dysgu gwers iddo trwy ei chwistrellu â chynnwys un o'r diffoddwyr tân oedd hwnt ac yma o gwmpas yr ysgol. Geson ni'n dal a dyna arweiniodd at y gosb. Na, do'n i ddim yn angel, ond o leia fe alla i gymryd cysur o wbod 'mod i wedi bod yn ddrwg am reswm da.

Er ei ddisgyblaeth lem, tystiodd angladd Sulwyn Lewis i'r parch a'r hoffter oedd gan bobol tuag ato. Roedd y lle dan ei sang ac amryw wedi dychwelyd o bellter byd er mwyn bod yno.

Perfformio

Un peth sda fi ddim cof imi ei wneud erio'd yn Ysgol Ramadeg Pontardawe yw ymddangos ar lwyfan i wneud dim yn gyhoeddus, sy'n od, a dweud y gwir. Alla i ddim â chredu mai diffyg hyder oedd i gyfrif. Y tebyg yw imi ganolbwyntio'n ynni a'n amser ar ddala lan 'da 'nghyfoedion. Wedi'r cwbwl, ro'n nhw i gyd wedi bod yno ddwy flynedd cyn i mi gyrraedd. Y gwir yw imi hen arfer â bod o flân cynulleidfa ers pan o'n i'n ddim o beth; cymaint felly, fel na chofia i ddim pryd nac yn lle yn gwmws y camais i mas ar unrhyw fath o lwyfan i berfformio am y tro cynta un.

Fe grybwyllais eisoes fel y byddai Mam yn cymryd rhan yng nghynyrchiadau gwahanol gwmnïau drama'r ardal yn gyson, a rhaid fod y gynneddf o allu teimlo'n gartrefol o flân pobol yn y gwaed. Ar ben hynny, rhaid cofio nad cwmnïau drama oedd yr unig arwyddion o ddiwylliant yr ardal. Roedd 'da ni hefyd gorau a band pres go enwog. Roedd y fro'n ferw o gyngherddau, eisteddfodau a dramâu bryd 'ny. Eisteddfod Capeli Brynaman, er enghraifft. Digwyddiad o bwys yn yr ardal yn ei ddydd. Mi fyddwn i'n cystadlu ar ganu ac adrodd yn rheolaidd, ac yn cymryd rhan yn y gân actol. Hwb sylweddol i hunanhyder plentyn, yn ddi-os, a meithrinfa naturiol i un â pherfformio yn ei waed.

Yn Eisteddfod Capeli Brynaman a gynhaliwyd ar 19 Ionawr 1959, mae 'nhad wedi cofnodi i Gaynor gipio'r wobr gynta am ganu'r piano – tra bu'n rhaid i'w brawd bach fodloni ar ddod yn ail am adrodd!

Cofiwch, doedd dysgu darn cyfan o farddoniaeth ar fy nghof ar gyfer llefaru ddim yn waith hawdd imi bryd 'ny, oherwydd y dyslecsia. Ond o edrych yn ôl, synnwn i fawr na fu'r ddisgyblaeth yn help imi hefyd. Wnes i erio'd ddefnyddio dyslecsia fel esgus dros fethu, na chymryd yr agwedd, "W! Ma hyn a'r llall yn rhy anodd i fi. Alla i mo'i neud e!" Oedd, roedd problemau'n codi'n amal. Ond rhaid oedd cario mlân. A chyda brwdfrydedd y teulu a'r gymdeithas yn gefen parhaus, mi fyddwn i'n llwyddo i dynnu trwyddi bron yn ddi-ffael. Fuodd rhoi'r ffidl yn y to erio'd yn opsiwn.

Rhaid talu teyrnged i'r Aelwyd yma. Meithrinfa arall a fu'n gynhaliaeth i sawl cenhedlaeth o frodorion Brynaman ac rwy'n falch iawn o ystyried fy hun yn eu mysg. Ar wahân i'r cyfleoedd i berfformio a magu hyder ges i yno, roedd yr Aelwyd hefyd yn bur unigryw am ei bod yn uno'r pentre cyfan. Er taw ym

Mrynaman Uchaf roedd yr adeilad wedi'i leoli, bydden ni o Frynaman Isaf yn mynd i gymdeithasu'n llawen gyda'r 'Upper japs' mewn ffordd nad oedd yn digwydd yn amal. Yn wir, ymysg plant a phobol ifanc y fro – yn ymestyn o Frynaman Uchaf i lawr i'r Waun – gallai'r ysbryd cystadleuol cryf droi'n gryn elyniaeth ambell dro.

Un adeg o'r flwyddyn pan fyddai'r marwor hwnnw troi'n fflamau go iawn oedd Noson Tân Gwyllt. Dros y dyddiau yn arwain at y noson fawr, câi coelcerth anferth ei pharatoi ar y Banwen. Unwaith eto, gan fod ein tŷ ni'n wynebu'r llain hwnnw o dir, roedd gennym *ringside seat* ar gyfer y sioe pan ddeuai. Ond gallai fod yn dân gwyllt yno ymhell cyn Tachwedd y 5ed!

Y gofid oedd y gallai ambell giwed o Frynaman Uchaf neu'r Waun ddod liw nos a chynnau'r goelcerth cyn y noson benodedig, gan ladd y sbort ar y Banwen cyn ei ddechrau. Bydden ni blant hyd yn oed yn cymryd ein tro i aros ar ein traed tra gallen ni i warchod y goelcerth – rhag ofn i ryw *saboteur* ysgeler o un o'r cymunedau cyfagos ddod â matsien a'i difetha'n gynamserol.

O'i gymharu â'r hyn glywch chi heddi am *gang warfare* yn rhai o ddinasoedd mawr y byd, diniwed iawn oedd ein drygioni ni fois Brynaman a'r cylch mewn gwirionedd – ond serch dweud 'ny, roedd yn ddigon cyffrous yn ei ddydd. A rhaid diolch drachefn fod yr Aelwyd rywsut wedi llwyddo i godi uwchlaw'r fath ddiawlineb tiriogaethol. Pawb i gydweithio'n hapus gyda'i gilydd oedd hi yno, diolch i'r drefn!

Cymraeg oedd iaith gweithgaredd Aelwyd Amanw, wrth gwrs, ac un o'r profiadau mwya cofiadwy ges i yno oedd cymryd rhan mewn cynhyrchiad o ddrama gan Elfyn Talfan Davies. Yna, yn Sec Mod y Waun, chwaraeais ran Wncwl Max mewn cynhyrchiad o *Sŵn y Miwsig*, sef fersiwn Gymraeg o *The Sound of Music*.

Milwr o'n i mewn drama o'r enw *Rhian Perlog Li* a gynhyrchwyd ar gyfer Gŵyl Ddrama Abertawe yn 1968, gyda Glynog Davies yn chwarae rhan milwr arall ynddi. Yn y cyfnod hwnnw, roedd hon yn ŵyl flynyddol, uchel ei pharch. Yn y prif rannau roedd Victoria Plucknett (ddaeth yn adnabyddus yn ddiweddarach ar *The Duchess of Duke Street* ac ar *Pobol y Cwm*) a'r diweddar Barch. Elfed Lewis. Emily Davies oedd yn cyfarwyddo a chafwyd perfformiad bob nos rhwng 28 Hydref a 2 Tachwedd – cyfanswm o chwe noson yn ddi-dor.

Oedd, roedd profiadau newydd yn dod i'm rhan ar bob llaw, a ches y fraint o weithio ochr yn ochr â phobol ddawnus a phrofiadol. Ond ar y pryd, y tebyg yw 'mod i'n rhy fishi'n joio i lwyr sylweddoli mor lwcus o'n i i fod yn rhan o'r fath ferw creadigol. Erbyn hyn, mae'n haws gwerthfawrogi. Heb os, bu llu o ddylanwadau blynyddoedd fy mhrifiant yn gynhaliaeth imi gydol fy oes – ac ar fwy nag un llwyfan.

Capel Siloam a chapeli eraill

Amhosib sôn am gynhaliaeth bore oes a bod o flân cynulleidfa heb roi lle canolog i fy mam eglwys, yr un lle'm magwyd, a lle bu Mam a'i theulu'n addoli'n selog gydol eu hoes. Roedd cyfrannu at oedfaon yno – boed yn Gwrdd Plant, Cwrdd Chwarter neu'n wasanaeth cyffredin ar y Sul – yn rhan annatod o 'mhlentyndod.

Yno hefyd y ces fy medyddio, a digwyddodd hynny ar 15 Chwefror 1970. Ro'n i'n un o nifer o aelodau ifanc yr eglwys a ddewisodd gael eu bedyddio gan ein gweinidog, y Parch. Môn Williams, y bore hwnnw. Y cof sy 'da fi yw ei bod hi'n ddiwrnod oer ofnadwy, gydag eira ar lawr. Eto i gyd, pan ddes i mas o'r dŵr – mae'r cof mor glir – ro'n i ar dân. Rhyw gynhesrwydd drwydda i, yn codi oddi mewn. Profiad unigryw ac un rwy mor falch o fod wedi mynd trwyddo.

Yn ysbrydol, fe brofodd 1970 yn flwyddyn go dyngedfennol yn 'yn hanes i a chwaraeodd Siloam ran sylweddol yn y cyfan. Yn ogystal â chael fy medyddio, dyma hefyd y flwyddyn pan fu farw Wncwl Jac. Fel Jac yr Hendre y câi ei adnabod yn gyffredinol a fe oedd brawd yng nghyfraith Mam. Amal i dro, ar ôl mynychu oedfa lle'r o'n i'n cymryd rhan yn blentyn, byddai'n tynnu 'nghoes trwy ddweud, "Jiw! Mi wnei di weinidog da un dydd!" Fy ateb innau bob tro oedd i wfftio'r fath syniad. "Nagw i, wir! Sa *i*'n mynd i'r weinidogaeth."

Bu farw'r haf hwnnw, a chynhaliwyd ei angladd ar yr 11eg o Orffennaf – a finnau o fewn dyddiau i fod yn ddwy ar bymtheg. Wrth gwnnu'r bore hwnnw, do'n i ddim i wbod y byddai'r diwrnod yn chwarae rhan allweddol yn yr alwad a arweiniodd fi at y weinidogaeth. Derbyniais wahoddiad chwaer mam, Anti Liza (neu Anti Byffi i'r teulu agos), i ddarllen yn y gwasanaeth yn y tŷ ac ro'n innau'n falch o gael gwneud. Ond fe ddigwyddodd rhywbeth digon rhyfedd wrth imi draethu o'r Ysgrythur y diwrnod hwnnw. Chlywais i'r un llais, na dim byd tebyg. Dwi erio'd wedi cael 'tröedigaeth' fel y cyfryw, er 'mod i'n parchu didwylledd pobol eraill sy'n tystio iddyn nhw gael profiad o'r fath. Yn fy achos i, nid rhyw brofiad 'ar y ffordd i Ddamascus' oedd e. Tebycach i deimlad yn dod trosta i. Yno, yn angladd Wncwl Jac, y dechreuais i dderbyn 'mod i'n ystyried mynd i'r weinidogaeth ac er ei bod hi'n anodd egluro'n iawn shwt deimlad oedd e, roedd fel petai rhyw bwysau mawr wedi ei gymryd oddi ar 'yn ysgwyddau i. Fel 'se rhyw ryddhad yn dod yn sgil y penderfyniad.

Soniais am fy mwriadau wrth fy ngweinidog, y Parch. Môn Williams, a'u trafod hefyd gyda'r Parch. Walford Jones, gweinidog eglwys Annibynnol Ebeneser, Brynaman. Yn y man, trefnwyd imi gyfarfod â swyddogion Coleg y Bedyddwyr ym Mangor. Ond yn hytrach na gorfod teithio'r holl ffordd yno, daeth dau neu dri ohonyn nhw i lawr i Ebeneser, capel y Bedyddwyr yn Rhydaman yr hydref hwnnw i 'nghwrdd i a llanc ifanc arall â'i fryd ar fynd i'r weinidogaeth, Olaf Davies. Tad Olaf oedd y Parch. DJ Davies, gweinidog Calfaria, y Garnant – gŵr arall y mae gennyf goffadwriaeth dda amdano. Cawsom ar ddeall taw'r drefn oedd fod disgwyl i'r ddau ohonom bregethu yn ein mam eglwysi, ac yna mewn tair eglwys arall o fewn y Gymanfa yn ystod yr wythnosau i ddilyn. Wedi'r oedfaon hynny, byddai galw ar i swyddogion yr eglwysi dan sylw ddanfon gair at y Gymanfa

i'n cymeradwyo fel darpar fyfyrwyr – neu i'w hysbysu nad
oedden nhw'n meddwl bod deunydd gweinidogion yn y naill
neu'r llall ohonon ni, wrth gwrs!

Dydd Sul, 7 Medi, oedd hi pan gynhaliais oedfa yn Siloam,
o flân fy 'nghynulleidfa gartref' fel petai. Cofiaf yn dda taw
testun y bregeth gynta imi ei thraddodi erio'd oedd 'Amos
yn casglu'r ffigys gwylltion' – er na alla i yn fy myw gofio'i
chynnwys. Owen Jenkins oedd fy nghynigydd, gyda Rheinallt
Thomas yn eilio. Dywedodd Môn Williams air o gyflwyniad.
Dros y pythefnos canlynol, traddodais dair pregeth arall – bore
13 Medi yn Beulah, Cwm-twrch, a Chalfaria'r Garnant gyda'r
hwyr, ac yna'r ola ym Methesda, Glanaman, ar yr 17eg. (Do'n
nhw na fi i wbod hynny ar y pryd, ond ymhen amser fe ddois
yn weinidog ar y ddwy eglwys ola hyn.)

Ymhen hir a hwyr, hysbyswyd Olaf a finnau ein bod wedi
ein derbyn i'r Coleg Gwyn. Prin wedi dechrau ar 'y mlwyddyn
gynta yn Chweched Dosbarth yr ysgol ramadeg o'n i, ond fe
wyddwn yn fy nghalon fod yr amser wedi dod i ganu'n iach â
Phontardawe a throi 'ngolygon tuag at y llwybr ro'n i wir am ei
ddilyn mewn bywyd.

Saif Coleg y Bedyddwyr (neu'r Coleg Gwyn fel y caiff ei
adnabod, am ei fod wedi'i godi o frics gwyn) lan set o risiau ar
dipyn o fryn, drws nesa at Goleg Bala-Bangor, yr Annibynwyr.
Rhannai'r ddau sefydliad eu hadnoddau'n rhyfeddol – ac wedi
cyrraedd yno, darganfyddais taw yn adeilad Bala-Bangor
y byddwn i'n lletya. Arhosais yn yr un stafell am fy mhedair
blynedd gynta, gan dreulio'r flwyddyn ola yn rhannu tŷ yn
Rachub, ger Bethesda.

Y diwrnod y cyrhaeddais Fangor gyntaf, teithiais yno gydag
Olaf, mewn car A35 roedd ei dad wedi ei brynu iddo – er taw
'nghof penna yw o orfod pwsio'r cerbyd y rhan fwya o'r ffordd
yno. Serch hynny, cyrraedd wnaethon ni yn y diwedd!

Wrth inni ddod â'r car i stop ar ymyl yr hewl, edrychodd y
ddau ohonon ni lan tua'r ddau adeilad. Yr hyn a welem oedd
cawr o foi mawr, gyda gwallt a mwstásh coch, yn edrych i lawr,
yn dyst i'n dyfodiad. Dau cymharol fyr yw Olaf a fi, ond roedd

hwn dros chwe troedfedd o daldra. Rhys Tudur oedd e; mab yr Athro Tudur Jones, prifathro Coleg Bala-Bangor. Roedd yntau eisoes yn astudio yno a buan iawn y daethom oll yn ffrindiau. Fe'i cymerwyd oddi wrthym yn llawer rhy gynnar a da yw fy nghoffadwriaeth amdano. Erys y ddelwedd honno ohono'n edrych arnom yn cyrraedd y coleg yn rhan annatod o'r cof sydd gennyf o'r diwrnod hwnnw – ac ohono yntau.

Y Coleg Gwyn a rhai o 'nghyd-fyfyrwyr

A bod yn onest, tan hynny do'n i erio'd wedi meddwl y byddwn i byth yn mynd i goleg. Wrth dyfu lan, fy nhybiaeth oedd taw dilyn fy nhad a 'nhad-cu fyddwn i, gan fyw trwy ennill bywoliaeth â 'nwylo. (Yn ystod y gwyliau coleg dyna'n gwmws beth wnawn i, trwy weithio yn Southern Welding yn dysgu sgiliau weldo a thrin metal.)

Prifathro Coleg y Bedyddwyr pan gyrhaeddais yno gynta oedd yr Athro GRM Lloyd ac roedd e a'i wraig Fay yn gefnogol iawn i ni fyfyrwyr. Os byth y byddai'r gair ar led fod un ohonon ni'n sâl, mi fyddai hi'n siŵr o ddod i'r coleg i'n gweld, gan ddod â phowlen o'i chawl cartref gyda hi. Yr unig drafferth oedd, roedd hwnnw'n drychinebus o ddiflas!

Pan ymddeolodd GRM Lloyd, dyrchafwyd yr Athro D Eirwyn Morgan yn Brifathro a daeth George John atom yn Athro. Mair oedd enw gwraig D Eirwyn Morgan ac roedd hithau hefyd yn annwyl iawn ac yn uchel ei pharch yn ein plith ni fyfyrwyr. Cadwodd hithau'r traddodiad yn fyw o ddod â phowlen o gawl at wely pob claf – ond trwy lwc, fe geson ni i gyd dipyn mwy o flas ar yr un a ddarparai hi.

Sylweddolais yn ddigon clou ar ôl cyrraedd 'mod i yng nghanol cwmni brith a difyr. Ymhlith fy nghyd-fyfyrwyr roedd Peter Thomas, cyn-Ysgrifennydd Cyffredinol Undeb Bedyddwyr Cymru; Huw Tudur Jones, aeth mas i Ganada'n weinidog – a lle bu farw rai blynyddoedd yn ôl; Alwyn Daniels, sy'n weinidog yn Sir Benfro; Dafydd Densil Morgan a Hywel Tomos, neu'r Hwntw Swnllyd fel y byddai'n cael ei adnabod.

(Brodor o Gwmafan nad oedd taw ar ei gleber oedd Hywel. Yn ystod y blynyddoedd diwetha, bu'n gweithio yn swyddfa'r Undeb, gyda'i wraig, y Parch. Jill Tomos. Erbyn hyn, mae hi wedi ymddeol o'i swydd yno ac yn weinidog yn ardal Llanybydder.)

Oherwydd ei wallt, a'r ffaith ei fod eisoes yn bur adnabyddus fel canwr, mae'n debyg mai'r un sy'n sefyll mas yn fwya amlwg yn y llun sydd gennyf o'r cyfnod yw Tecwyn Ifan. Bu Olaf, Tecs a finne'n rhannu stafell am flwyddyn. Yna, un tro, pan ro'n i'n Llywydd y Coleg, aeth e a fi a'r prifathro, Dr D Eirwyn Morgan, lan i Lundain i gyfarfod o Undeb Bedyddwyr Prydain. Yn ystod yr ymweliad, fe gymeron ni fws i rywle, gyda chondyctor o dras Caribïaidd yn gwneud ei ffordd i'n cyfeiriad, gan alw "Fares!" Wrth ddal sylw ar Tecwyn, yn eistedd yno'n flew i gyd, ychwanegodd yn soniarus, "Pay up, Moses!" Mawr fu'r sbort, a byddai Eirwyn yn dyfynnu'r frawddeg am flynyddoedd wedyn.

Fedrai hwnnw ddim gyrru ac yn ddiweddarach, a finnau wedi cael mini bach erbyn 'ny, fe fyddwn i'n cymryd fy nhro i roi lifft iddo i gadw cyhoeddiadau ar y Sul neu ar noson waith. Un tro, ar y ffordd i Oedfa Ddiolchgarwch – er na chofia i ddim ym mhle – tynnais mas yn go sydyn i oddiweddyd y car o 'mlân. Yn y sedd wrth fy ymyl yr eisteddai yntau, gan bwyso mlân a'i ddwylo'n gorffwys ar ddolen ei ymbrela. Y cyfan glywais i'n dod i 'nghlyw yn dawel bach oedd, "Eirian, tro nesa chi'n oferteco, gadewch paent y car ar ôl!"

Stori ddoniol arall am fod mewn car gydag athro coleg yw honno am Alwyn Charles (oedd yn Athro yng Ngholeg Bala-Bangor). Yn wahanol i Eirwyn, roedd hwnnw'n gallu gyrru – o fath! Tlawd iawn oedd ei olygon a bydden ni fyfyrwyr wastad yn bryderus iawn o orfod mynd gydag e i unman, oherwydd gallai fod yn beryg bywyd. Beth wnaeth e o'i le y diwrnod arbennig hwn i gorddi'r fath ymateb, sai'n cofio, ond roedd y dicter a enynnodd yn ei gydfforddolyn yn amlwg – i fi, o leiaf! Cododd rhyw yrrwr ddau fys arno, ar ffurf y llythyren V.

"Jiw! Tybed pwy oedd hwnna?" holodd Alwyn. "Rhywun sy'n 'y nabod i, mae'n rhaid. Ro'dd e'n wafo arna i'n frwd."

Ond o 'nyddiau cynta yno, daeth yn amlwg imi nad oedd bywyd coleg am fod yn fêl i gyd. Ochr yn ochr â'r difyrrwch, rhaid oedd ymdopi ag ambell broblem go ddwys yn ogystal. Y bennaf o bell ffordd oedd 'mod i heb sôn gair am y dyslecsia wrth neb o blith awdurdodau'r coleg. Am dair blynedd a mwy, wydden nhw ddim cymaint o dreth arna i oedd llunio traethodau a'r gofyn oedd arna i i wneud nodiadau wrth ddilyn darlithoedd. Doedd y gwrando a'r deall a'r ymresymu yn peri dim pryder o gwbwl. A doedd llunio a thraddodi pregeth ddim yn ofid chwaith. Gwaith llafar oedd hynny. Y talcen caled oedd yr ysgrifennu.

Yn y diwedd, bu'n rhaid imi ofyn i 'nghyd-fyfyrwyr a gawn i fenthyg eu nodiadau nhw, ac yna gwneud llungopïau er mwyn gallu'u cymhwyso i 'ngofynion 'yn hunan. Ysgafnhaodd hynny dipyn ar 'y maich a 'ngofid – oedd yn rhyddhad. Ond yn anffodus, roedd yn ysgafnhau'n sylweddol ar gynnwys fy mhoced yr un pryd, gan fod yn rhaid talu i ddefnyddio'r peiriant llungopïo mor aml. Digon isel oedd y marciau gawn i, nid oherwydd safon y gwaith ond am fod y cyflwyniad ieithyddol ar bapur yn ymddangos mor dlawd o ran cystrawen a sillafu. Er 'mod i, fel fy nghyd-fyfyrwyr, yn dilyn cwrs y brifysgol, gweithio tuag at sefyll arholiadau'r coleg wnes i, yn hytrach nag am radd. Nid fod 'ny'n ofid imi o gwbwl. Ar baratoi ar gyfer 'y ngweinidogaeth ro'n i wedi rhoi 'mryd, nid ennill cymwysterau i'w rhoi wrth gwt 'yn enw.

Dysgu byw gyda dyslecsia

Does dim gwellhad i ddyslecsia. Yn wahanol i'r fogfa neu glefyd y gwair, dyw e ddim yn gyflwr y gall plentyn dyfu mas ohono wrth fynd yn hŷn (er gwaetha'r hyn a honnodd y seiciatrydd hwnnw slawer dydd!). Y gamp yw nid gwybod sut i'w drechu, ond dysgu sut y gallwch chi fel unigolyn ddofi'r gwahanol symptomau. Nid yr un problemau'n gwmws sy'n tramgwyddo pob dioddefwr, ac felly nid yr un atebion sy'n gweithio i bawb. Erbyn hyn, rwy'n teimlo 'mod i wedi cael y gorau arno'n lled dda. Ond fe gymerodd flynyddoedd. O ran wyneb teip, Comic Sans sy'n gweithio orau i fi. Cyn darganfod hyn, byddai'r geiriau weithiau'n 'dawnsio' ar y dudalen o flân fy llygaid. Nawr, maen nhw'n llonydd – at ei gilydd. Ar ôl cryn arbrofi, fe ddes i sylweddoli hefyd fod papur (neu gefnlen ar sgrin) melyn yn sadio'r llythrennau. Trwy roi ffilm dryloyw felen dros y dudalen, mae darllen llawer iawn yn haws imi nawr, gyda'r llythrennau'n fwy llonydd.

Fel gweinidog, daw galw arna i i ddarllen yn gyhoeddus yn ddyddiol bron. Mae'n un o'r hanfodion, boed o bulpud neu ar lan bedd. Byddaf yn dilyn llif y geiriau ar draws y tudalen gyda 'mys neu ffon fesur, fel arfer. Fel arall, 'sen i byth yn meiddio codi 'ngolygon wrth ddarllen o flân cynulleidfa, am fod perygl y gallai fy llygaid droi'n ôl ac ailddarllen yr un llinell eto. Yn yr un modd, dysgais fod defnyddio gwahanol liw wrth deipio yn help hefyd.

Er i rai blynyddoedd fynd heibio cyn i'r darnau oll ddisgyn i'w lle, rwy'n diolch i Dduw 'mod i wedi llwyddo i gael meistrolaeth dda ar yr elfennau hyn yn lled ifanc. Fel arall, fyddwn i ddim wedi gallu dilyn fy ngalwedigaeth a byddai llwybr bywyd wedi bod yn hynod rwystredig a thra gwahanol.

Heb yn wybod imi bron, mi fuodd ffigyrau'n broblem imi erio'd hefyd. Hyd y dydd heddiw, pryd bynnag y bydda i'n cymryd rhif ffôn rhywun, rwy'n gofalu ailadrodd pob rhifolyn, i wneud yn siŵr 'mod i wedi'i ga'l e'n iawn. Fynycha, mi fydda i wedi cofnodi un neu ddau ohonyn nhw'n rong, neu yn y drefn anghywir. Es ar *Heno* rai blynyddoedd yn ôl i drafod byw gyda dyslecsia a chyn y rhaglen dyma ddigwydd sôn wrth arbenigwraig ar y pwnc, oedd yno i gymryd rhan gyda fi, am y drafferth gawn i gyda rhifau. Daeth yn ôl yn syth gyda rhes fechan o rifau digon syml. Fedrwn i yn fy myw eu cofio'n gywir na'u hadio – a daeth hithau i'r casgliad 'mod i hefyd yn diodde o 'dyscalciwla'. Wyddwn i ddim tan 'ny 'mod i wedi bod yn byw 'da'r broblem honno, heb hyd yn oed ystyried bod enw arni!

Arfer arall braidd yn anffodus yw'r tueddiad sy 'da fi o droi i mewn i stafell fymryn yn rhy glou ambell dro. Y canlyniad fel arfer yw 'mod i wedyn yn taro'n ysgwydd yn ymyl y drws. Dysgais fyw gyda'r lletchwithdod achlysurol hwn yn ifanc, ac felly hefyd y ffaith nad yw 'nwylo'n llwyr gydlynu bob amser. Er enghraifft, sgidiau heb garrai byddwn i'n eu ffafrio fynycha pan o'n i'n iau, er mwyn osgoi amlygu'r broblem o'u clymu. Ac ro'n i'n bur ifanc hefyd pan dderbyniais nad o'n i wedi etifeddu medrusrwydd celfydd fy nhad wrth weithio gyda'i ddwylo. Ond dim ond pan o'n i lawer yn hŷn y dywedwyd wrtha i taw'r un rhan o'i ymennydd ag sy'n gyfrifol am y dryswch darllen oedd hefyd yn achosi'r naân ddiffygion eraill 'ma.

Yn ôl yn nyddiau coleg, fe gafwyd gwaredigaeth maes o law, mewn ffordd annisgwyl, fel sy'n digwydd mor amal mewn bywyd. Un dydd Sul, a finne ar fy mhedwaredd flwyddyn, roedd Eirwyn Morgan yn llenwi'r pulpud yn Siloam, Brynaman, ac yn cael ei ginio a'i de gyda Mam a 'Nhad. Yn naturiol, ro'n nhw'n browd iawn fod ganddyn nhw fab yn ei goleg, ac yng nghanol y siarad gollyngwyd y gath o'r cwd. Am y tro cyntaf, cafodd fy mhrifathro glywed am y trafferthion ro'n i wedi'u hwynebu gyda darllen ac ysgrifennu gydol fy oes.

"Pam wnesoch chi ddim gweud wrtha i?" ges i ganddo y bore dydd Mawrth wedi iddo ddychwelyd, a finnau wedi 'ngalw'n unswydd i'w swyddfa. "Fe ddylech chi fod wedi gweud. Mi fydden ni wedi cymryd hynny i ystyriaeth."

Canlyniad hyn oll oedd i bethau newid yn ddirfawr. O hynny mlân, roedd traethodau ac arholiadau'n cael eu marcio o ran eu cynnwys, heb roi fawr o ystyriaeth i sillafu a chystrawen mynegiant. Dyblodd y marciau.

Beth amser wedyn, fe drefnwyd imi gwrdd ag awdurdod byd ar ddyslecsia a oedd ar staff y brifysgol ym Mangor ar y pryd. Buom yn trafod yn go helaeth a thalodd sylw arbennig pan ddwedais i 'mod i wedi dod i ddarllen Cymraeg yn haws ac ynghynt o lawer nag y dois i i ddarllen Saesneg. Efallai taw'r ffaith fod sillafu Cymraeg mwy neu lai yn ffonetig oedd i gyfri am 'ny, awgrymais – yn enwedig o gofio fod cyfundrefn sillafu'r iaith fain yn ddiarhebol o astrus.

41

Bachodd yr Athro Miles ar y ddamcaniaeth honno'n syth a gofynnodd a fyddai gen i ddiddordeb gwneud ymchwil ar y pwnc, gan ddefnyddio dictaffôn a theclynnau tebyg. Pe llwyddai i gael y brifysgol i'm noddi, fe allai'r gwaith arwain at radd neu ddiploma. Sai'n gwbod a wnaeth neb yr ymchwil hwnnw erio'd, sef cymharu rhwyddineb y Gymraeg i'r rheini ohonon ni sy'n ddyslecsig a dwyieithog, o'i gymharu â'n cyd-Gymry uniaith Saesneg. Rown i'n ddiolchgar iawn o'r cynnig, ond byddai wedi golygu rhai blynyddoedd ymhellach yng nghoridorau dysg. Rwy wastad wedi ystyried fy hun yn fwy o wofflar nag o academydd ac unwaith eto roedd fy mryd yn bendant ar ddilyn yr alwad. Rown i'n awyddus i symud mlân a dechrau ar fy ngweinidogaeth.

Carchar

Tair noson dreuliais i'n y carchar. Mis Ebrill 1971 oedd hi ac ymgyrchoedd Cymdeithas yr Iaith ar eu hanterth. Er taw gyda Llys y Goron Abertawe y cysylltir yr achos enwog o gynllwynio a ddygwyd yn erbyn wyth o arweinwyr y Gymdeithas, yng Nghaerfyrddin y cynhaliwyd y gwrandawiadau dechreuol, a theithiodd criw ohonon ni fyfyrwyr y Coleg Gwyn a Choleg Bala-Bangor i lawr 'co i ddangos cefnogaeth – a finne yn eu plith.

Un bore, ac yntau eisoes wedi'i chael hi'n anodd delio gyda phrotestiadau'r dyddiau blaenorol, dyma'r barnwr, Mr Ustus Howard – hen foi dros ei bedwar ugain – yn dyfarnu pawb oedd yn yr oriel gyhoeddus yn euog o ddirmyg llys, cyn i'r gwrandawiad hyd yn oed ddechrau. Gorchmynnodd ein bod ni i gyd – tua hanner cant ohonon ni – i gael ein cario mas a'n carcharu. Yng nghanol y cythrwfwl, clywais lais rhyw Sais bach oedd yn digwydd eistedd yn ymyl yn dweud, "I just came in to see what's going on!" Cymry Cymraeg oedd llawer iawn o'r plismyn a cheisiais egluro i un ohonyn nhw ro'n i'n digwydd ei nabod am bicil y dyn. Er i'r barnwr ddyfarnu pob copa wallltog yn euog, cymerodd yr heddlu drugaredd ar y truan a chafodd sleifio bant, â'i draed yn rhydd.

Nid felly'r gweddill ohonon ni. Roedd y merched i gyd i'w cludo i Risley, tra oedd y dynion hŷn i fynd i garchar Abertawe a'r gweddill ohonon ni i garchar Caerdydd. Ymhen hir a hwyr, cyrhaeddodd bws anferth i'n cludo i'r brifddinas. Geson ni i gyd ein rhoi mewn cyffion gan y sgriws. Cwbwl ddiangen, wrth gwrs. Mi fydden ni i gyd wedi mynd ar y bws tan ganu. Yn wir, pan gyrhaeddon ni tu fas i'r carchar, fe dorron ni i gyd mas i ganu, "HM Prison! Ha-ha-ha!"

"You won't be f***ing singing by the time you leave this f***ing place!" geson ni'n ymateb 'da'r pen sgriw ym mlân y bws.

Cael ein prosesu wedyn ac fe fues i'n ddigon ffodus i gael fy rhoi i rannu cell gyda Denzil John. (Y Parch. Denzil John erbyn hyn, a gweinidog y Tabernacl, Caerdydd.)

Bwced yn y gornel oedd ein tŷ bach am y tridiau ac roedd y drewdod yn ofnadwy – cymaint felly, fel i'r ddau ohonon ni ddringo i ben y bwrdd oedd yn y gell un noson. Lleolwyd ein hunig ffenest lan yn uchel, a chan ei bod wedi'i thorri, y fendith fawr wedyn oedd ein bod yn gallu mwynhau'r awyr iach ddeuai drwy'r twll.

Er na chofia i i un o'r bois gwyno iddyn nhw gael eu trin yn arw gan sgriw yn gorfforol, roedd yr iaith yn gyffredinol egr. Gallai hynny godi gwên ar brydiau. Er enghraifft, rwy'n cofio un sgriw'n dod â phlatied o *rock cakes* gan ddweud, "I f***king like you f***king boys and I've brought you these f***king rock cakes. Just don't try eating any of them or drop one, or they'll f***king break your f***king feet!"

Roedd e'n iawn. Roedd y cacs yn galed fel harn!

Serch doniolwch rhai o'm hatgofion, dysgodd y profiad imi nad yw carchar yn debyg o ddiwygio neb. Mae'n fwy tebygol o wneud y caled yn galetach a'r drwg yn waeth. Ac roedd gan y lle ei reolau caeth ei hun, nid yn unig o ran perthynas y sgriw a'r carcharorion, ond hefyd ymysg y carcharorion eu hunain.

Atgof byw a danlinellodd y gred honno imi yw'r profiad ges

i adeg un pryd bwyd. Y drefn oedd ein bod ni'n casglu'r bwyd
ac yna'i gario'n ôl i'r gell i'w fwyta. Ro'n i'n camu lan set o
risiau i gyrraedd y llawr lle'r oedd ein celloedd ac yn rhyw fân
siarad 'da'r boi oedd yn cerdded gyda fi, pan yn sydyn, baglodd
y bachan a gerddai y tu ôl inni, gan ddisgyn wysg ei gefen. Fe
droies innau, a 'ngreddf, wrth gwrs, oedd mynd i'w helpu, ond
ces fy stopo gan garcharor arall.

"He may be badly injured," meddwn i.

"Don't do that," ddaeth ei ateb i hynny. O ddeall, roedd y
dyn oedd newydd gwmpo yn y carchar am gamdrin plant. "We
may all be here for doing wrong, but we love our children."

Atgoffodd Denzil fi o ddigwyddiad arall y bues i'n dyst iddo
yn ystod fy nhridiau dan glo. Gofynnodd Caplan y carchar iddo
a fyddai'n fodlon darllen o'r Ysgrythur yn y gwasanaeth fore
trannoeth ac yn naturiol, fe gytunodd Denzil. Pan ddaeth yr
amser priodol, cododd gan ddweud, "Daw'r darlleniad y bore
'ma o'r Efengyl yn ôl Mathew…" Ond chafodd e ddim cyfle i
ailadrodd ei hun yn Saesneg fel roedd e wedi'i fwriadu, nac
ychwaith i wneud y darlleniad, er taw yn Saesneg roedd e wedi
bwriadu gwneud hynny.

"That's enough of that!" torrodd y Caplan ar ei draws. "We
don't want any Welsh."

Yn ddiweddarach yn y diwrnod, daeth i'r gell drachefn i
ymddiheuro.

Cawsom ein rhyddhau bron mor annisgwyl ag y cawsom
ein rhoi dan glo. Heb unrhyw rybudd, dyna lle ro'n ni i gyd tu
fas i'r drysau mawr. Cafodd pob un ohonom bris tocyn trên i'n
cludo'n ôl i Gaerfyrddin. Felly, des mas o'r carchar gyda mwy
o arian na phan es i mewn. Yr un prif sgriw oedd yno i ganu'n
iach i ni wrth adael ag a rois air o groeso inni wrth gyrraedd,
ac fe ganon ninnau gorws arall o "HM Prison Ha-ha-ha!" iddo
i ddangos ein gwerthfawrogiad.

Doedd e ddim yn brofiad y byddwn i byth am ei ailadrodd,
ond mae'n un rwy'n ei drysori. Roedd yn sicr yn addysg.

Torrwr bolltau yng nghist y car...

Yn nechrau'r '70au roedd sawl ymgyrch ddylanwadol a hanesyddol yn cadw aelodau'r Gymdeithas yn fishi. Yr ymgyrch dros sianel deledu Gymraeg oedd un. Brwydro i gael arwyddion ffyrdd dwyieithog oedd un arall. Unwaith eto, yn ysbryd 'Rhaid yw eu Tynnu i Lawr', fe fyddai criw ohonom yn mynd mas liw nos gyda thorrwr bolltau i wireddu geiriau'r gân, cyn mynd at orsaf heddlu a dympo'r hyn a dynnwyd ar garreg y drws.

Y tro cynta imi gael fy arestio a 'nwyn o flân 'y ngwell, dedfryd ohiriedig ges i. Erbyn 'ny, roedd yr awdudodau wedi dechrau dod yn fwy ciwt a sylweddoli po mwya llym ro'n nhw'n ymateb, mwya i gyd o gyhoeddusrwydd gâi'r ymgyrch. A thrwy gorddi'r dyfroedd, roedd y gefnogaeth gyffredinol inni'n cynyddu.

Ymhen sbel wedyn, ro'n i a nifer o gyfeillion yn dychwelyd o Landudno un min nos, pan stopiwyd ni gan yr heddlu. Dyma archwilio'r car. Doedd dim arwyddion ar gyfyl y lle, gan nad oedden ni wedi bod yn gweithredu'r noson honno – ond roedd y torrwr bolltau yn y gist. Cymerwyd ni i orsaf heddlu Llandudno i'n holi ac mae'r olygfa a ddilynodd yn dal yn fyw yn 'y nghof i – fel y bydd ambell olygfa gofiadwy o ffilm. Dychmygwch. Stafell bur dywyll. Lamp ynghyn ar y bwrdd. Llif y golau wedi'i gyfeirio'n uniongyrchol ata i. Cymro o heddwas yn fy holi.

Rown i'n dod o Frynaman? Oeddwn, atebais.

"Mae Gareth Edwards yn dod o Gwmgors, yn tydy?"

Finnau'n cytuno unwaith eto.

"Beth fasa fo'n ei feddwl ohonach chi'n mynd o gwmpas yn y nos i dynnu arwyddion?"

"Sai'n gwbod. Bydd rhaid ichi ofyn iddo fe."

Ro'n i'n adnabod Gareth. (Erbyn hyn rwy'n ei nabod yn dda ac yn dipyn o ffrindiau.) Ond wnes i ddim dangos hynny iddo fe. Fe'i gwnaeth hi'n amlwg ei fod eisoes yn ymwybodol o'r ffaith fod record 'da fi, ond gallwn eistedd yno'n dawel fy meddwl, gan 'mod i'n gwbwl ddieuog o unrhyw drosedd y noson honno.

Yno y bues i drwy'r nos – yn dal i gael fy holi, er nad oedd gen i ddim byd diddorol iawn i'w ddweud wrtho. Dim ond pan ges i'n rhyddhau fore tranno'th y sylweddolais i taw fi oedd wedi cael 'y ngadw i mewn hiraf. Am mai fi oedd piau'r car, mae'n debyg. Roedd y lleill wedi cael eu rhyddhau oriau ynghynt.

... a sgidie'n cael eu dwyn!

Cyswllt rhyfedd arall gyda'r gwasanaethau diogelwch a ddaeth i'm rhan yn fuan wedyn oedd cael fy sgidiau wedi'u dwyn gan yr heddlu cudd. Dychwelais i Goleg Bala-Bangor un dydd i glywed fod 'cefnder' imi wedi galw ac wedi gwneud ei ffordd yn syth i'n stafell i. Roedd hynny'n ddigon i godi amheuaeth yn syth, gan nad oedd yr un cefnder imi'n agos i'r lle. Es i'r stafell heb wbod yn iawn beth i'w ddisgwyl. A'r dirgelwch mawr yn fy nisgwyl oedd, "Ble ddiawch aeth 'yn sgidie i?"

Rhaid oedd gadael i'r prifathro wybod eu bod nhw wedi'u dwyn. Aeth yntau'n gynddeiriog, gan fynd i swyddfa'r heddlu'n syth i gofrestu'i gŵyn. Nid yn unig roedd rhywun wedi cael mynediad i adeilad preifat trwy wneud honiadau ffug, ro'n nhw hefyd wedi archwilio stafell heb warant ac wedi dwyn pâr o sgidiau. Mynnodd gael ymddiheuriad a dychwelyd y sgidiau ar fyrder. Fe ges ymddiheuriad maes o law, er y bu'n rhaid imi deithio draw i Gaernarfon i gael y sgidiau'n ôl. Yr un peth na ches i erio'd oedd eglurhad am y digwyddiad.

Yr ail dro imi gael fy nghyhuddo o dynnu arwyddion, ces fy nwyn wyneb yn wyneb â'r fainc ym Mangor ar 7 Mai 1971. Pan ofynnodd yr ynadon a oedd gen i unrhyw ddyfarniadau blaenorol yn 'yn erbyn, tybiais ei bod hi wedi canu arna i. Rhaid 'mod i ar fin cael 'yn hela'n ôl i garchar ar 'y mhen. Wedi'r cwbwl, onid cwta fis oedd 'na ers fy nghael yn euog o ddirmyg llys ac ar ben 'ny roedd gen i eisoes record o ddifrodi arwyddion ffyrdd? Ond ateb Clerc y Llys oedd nad oedd dim wedi'i gofnodi yn 'yn erbyn. Fe fues i'n pyslo tipyn dros 'ny. Oedd y twrw gododd Dr Tudur Jones rai wythnosau ynghynt wedi arwain at ryw ddêl o ryw fath? Ches i erio'd ateb i'r dirgelwch.

Nid dyna'r tro ola imi fod yn weithgar gyda Chymdeithas yr Iaith, ond dyna'r tro ola imi sefyll yn y doc. A'r tro ola i neb ddwyn fy sgidie!

Martial Arts

Yn ystod fy nghyfnod yn y Coleg Gwyn y dechreuais i fynd i'r afael go iawn â chrefftau ymladd y dwyrain – neu Martial Arts fel y'u gelwir fynycha. Dechreuodd y diddordeb yn fy arddegau. Pan ddwedwyd wrtha i ei bod hi'n saff imi ailgymryd â chwaraeon, yn dilyn blynyddoedd y gadair olwyn, ro'n i'n amlwg yn awchu i droi'n llaw drachefn at dipyn o bopeth.

Ond nid yr elfen gorfforol yn unig oedd wedi tynnu'n sylw i. Ar lefel ddiwylliannol hefyd, ces fod llawer am yr Orient yn fy nenu – megis y steil a'r pwyslais ar barch ac anrhydedd sy'n rhan mor annatod o ddraddodiadau'r dwyrain. Darllenais dipyn am hen ddefodau'r Shogun yn Japan a disgyblaethau tebyg o fewn diwylliannau eraill. I ni yn y gorllewin, mae'r elfennau creulon sy'n rhan o hanes rhai o'r gwledydd hyn yn amal wedi cael mwy o sylw na'r rhinweddau.

Roedd y ddisgyblaeth a'r gosgeiddrwydd yn bendant at 'y nant i, a'r pwyslais ar ffitrwydd wrth gwrs. O gofio'r cyfyngu a fu arna i wrth dyfu lan, dyw hynny fawr o syndod. Er enghraifft, mae Shotokan Karate yn arbennig o dda ar gyfer cryfau'r coesau a'u cadw'n heini, ac yn ystod fy ail flwyddyn ym Mangor, dechreuais fynychu dosbarthiadau yn y gelfyddyd honno. Do'n i wir ddim yn meddwl yn arbennig am amddiffyn 'yn hunan.

Mewn gwahanol neuaddau ar hyd a lled y ddinas a'r cyffiniau y byddai'r sesiynau ymarfer yn cael eu cynnal, a hynny'n gyson. Gwn imi fynd dros y bont am Sir Fôn hefyd ambell dro – gan fod 'da fi gof da o fynychu sesiynau ym Miwmares.

Sensei yw'r term am athro mewn karate a daw o'r Japaneg am 'wedi ei (g)eni o'm blaen'. Rhaid nad o'n i'n rhy ffôl fel disgybl, achos ymhen amser ces 'yn nyrchafu i wregys gwyrdd.

Ac yna'r gwregys du

Ychydig flynyddoedd wedyn y cyrhaeddais i lefel gwregys du – ond mewn disgyblaeth wahanol oedd hynny, sef taekwondo. O Corea y daw'r gelfyddyd hon ac ystyr taekwondo yn llythrennol yw 'Celfyddyd (*Do*), dwylo (*tae*), a choesau (*kwon*)' – h.y. y gelfyddyd o ddefnyddio dwylo a choesau.

Erbyn imi ddechrau ymhél â hi, ro'n i'n byw yn Sir Benfro, a dyddiau Bangor, pan o'n i'n ymarfer karate yn gyson, y tu cefn imi. Mi fues i'n meddwl am sbel y dylwn i ailgydio mewn rhyw ddiddordeb i gadw'n heini, a phan ddigwyddodd rhywun sôn un diwrnod ei bod yn mynd i ddosbarthiadau taekwondo yng Nghaerfyrddin, fe gynheuodd fy chwilfrydedd yn syth.

Ddwywaith yr wythnos roedd y gymdeithas yn cwrdd, a bues i'n mynychu'n gyson, gan ddod yn ysgrifennydd arni am bron i ddeg mlynedd.

Des ymlaen yn dda dros ben gyda'r hyfforddwr, ond nid mater iddo fe oedd pennu ein graddfeydd. Bryd hynny, roedd y gymdeithas yng Nghaerfyrddin yn aelod o'r UKTA (United Kingdom Taekwon-Do Association) ac roedd y corff hwnnw'n rheoli'n llym iawn. (Erbyn hyn, daeth tipyn o 'wleidyddiaeth' i chwarae rhan yn rheolaeth y gamp ac mae sawl corff llywodraethol mewn bodolaeth, mewn cystadleuaeth â'i gilydd.)

Rhee Ki Ha yw'r meistr o Corea fyddai'n dod ryw ddwywaith y flwyddyn i faintioli'r holl aelodau a mesur ein cyraeddiadau ni. Roedd yn un o ddeuddeg 'meistr' y gamp yn Ne Corea ac yn cael ei gydnabod fel 5ed *dan* pan ddaeth i fyw ym Mhrydain gynta yn 1967. Rhyw bymtheg mlynedd wedi hynny y cofia i e'n dod i Gaerfyrddin gynta. Erbyn 'ny, roedd yn 6ed *dan*, ac o

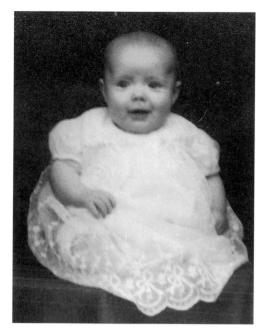

Fi'n fabi.

Yng nghôl Gaynor, fy chwaer, yn fabi bach.

Ysgol Gynradd y Banwen, gyda Miss Morwen Even a Mr David Jones, yr *Head*, a finne nesaf at y Prifathro.

Gaynor, Danville a fi.

Gaynor a fi.

Dad a Mam, Danville, Gaynor a fi.

Mam, fi ac Anti Mary. Tybed beth o'dd yn y ddou fag?

Priodas Danville a Mair – a finne'n edrych yn *dapper* dros ben, os ca i ddweud!

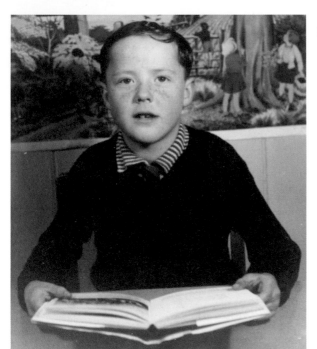

Fi'n mynd i'r af'el â llyfr.

Darllen comic ac wrth
fy modd.

Yn y gadair olwyn – ond yn dal i wenu.

Sgilie taekwondo ar waith – torri darn o bren â 'nhroed.

Derbyn gwobr oddi wrth Rhee Ki Ha.

'Nhad, Hannah, Elizabeth, Mary a Hywel yn sefyll y tu ôl i Data a Mam-gu.

Fy wncwl, Jac yr Hendre, a welodd ddeunydd gweinidog ynddo i'n gynnar, gyda ffag ar ei wefus ac Anti Byffi (Liza, chwaer Mam) wrth ei ochor.

Data gyda'i fan la'th gyntaf erioed. Cas y gaseg ymddeol!

Holl deulu'r Rhosfa gynt ynghyd. Data a Mam-gu gyda'u plant a'u hwyrion.

Mam a 'Nhad (ill dau yn pwyso ar y zimmer) gyda'r teulu estynedig o'u cwmpas – ar wahân i fi, a dynnodd y llun.

Anti Elizabeth ac Anti Mary.

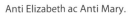

Anti Fran a Marvis yn 2004.

Diana, Steve a finnau yn cael hwyl rhyw Nadolig.

Gyda 'mrawd a'm chwaer a 'nghyfnither Marvis yn 2010.

Fy nghyd-fyfyrwyr yn y coleg gyda'r ddau Athro.

Myfyriwr smart dros ben, ym mlesyr y Coleg Gwyn, ddechrau'r '70au.

Llun annwyl iawn o fi a Mam.

Helen a fi ac aelodau o Aelwyd yr Hendy ar daith i Wlad Belg (1979).

Criw ohonom o eglwysi Hermon a Star yn Langton, Sgleddau.

Yr un goeden, criw gwahanol. Pobol ifanc o ardal y Meinciau y tro hwn.

Tîm Rygbi Diwinyddion Bangor.

Fi gyda fy Helen hardd, mewn
ffoto bwth yn rhywle.

Llun hyfryd o Mam a Helen. Os
am lun da, ewch i ffoto bwth!

Priodas Helen a fi – diwrnod bythgofiadwy.

Y teulu oll ynghyd yn ein priodas.

Helen a fi gyda fy nai, Emyr, crwt Gaynor.

Teulu Helen.

Mam yn agor ei phresant fore Nadolig 1980... ac o'r diwedd yn cyrraedd y bocs bach lleia – a derbyn y newydd da.

Dau'n troi'n dri – Helen, fi, a Fflur yn fach.

Fflur yn taro'r nodyn cywir
yn ei *baby bouncer*.

Un o fy hoff lunie o Fflur.

Pedair cenhedlaeth – Fflur gyda'i mam, ei nan a'i nana.

Bedydd Fflur yn 2012.

Llun clawr taflen fy
nghyfarfod sefydlu yn Seion
Newydd yn 2002.

Ymddiriedolwyr
Seion Newydd adeg
ailagor y capel.

edrych ar y we, gwelaf ei fod bellach yn 9fed *dan*. Ymgartrefodd yn Glasgow, mae'n ymddangos, ac erbyn heddiw mae'n 79 oed. Caiff ei gydnabod yn 'Grandmaster Taekwondo Prydain'. Sai'n synnu dim. Roedd ei ymarweddiad wastad yn urddasol ac yn mynnu rhyw barchedig ofn o'r foment y byddai'n camu i'r stafell. Ar gyfer ei ymweliadau asesu, rhaid oedd ei letya mewn gwesty o safon a llogi neuadd fawr bwrpasol er mwyn i ni, yn blant ac oedolion, gael mynd drwy ein pethe o'i flân. Tipyn o achlysur.

Erbyn heddi, yr hyfforddwyr lleol sy'n asesu'r rhai sy'n dysgu'r grefft ac yn penderfynu a yw rhywun wedi cyrraedd y safon ar gyfer gwahanol wregysau ai peidio. Dyrchefir o un gwregys i'r nesa yn gynt o lawer heddiw na'n ôl yn 'y nyddiau i. Enillais fy ngwregys gwyn (y lliw cynta a ddyfernir yn *kup*, sef yr ystod o liwiau mewn taekwondo) yn nechrau'r '80au a chyrraedd y gwregys du yn 1987 – sy'n gyfystyr â bod yn *First Dan*.

Un ffaith fach ddiddorol arall ichi am Rhee Ki Ha: y fe ddysgodd imi shwt i ddefnyddio *chopsticks*! Ar ôl diwrnod o gael ein graddio ganddo un tro, aethom oll allan am bryd o fwyd 'da'n gilydd. Doedd dim shwt beth â thŷ bwyta Coreaidd yng nghyffiniau Caerfyrddin bryd 'ny – sai'n siŵr oes 'na un yno byth! – felly swper Tsieineaidd amdani. Bob tro ro'n i wedi bwyta bwyd Tsieineaidd cyn hyn, byddwn yn cael cyllell a fforc. Ond daeth ei law i lawr yn gadarn ar y bwrdd i atal y fath ryfyg. Na, wir! Dim cyllyll a ffyrc. Rhaid oedd bod yn driw i ddiwylliant y bwyd a dysgu ymdopi gyda'r offer cywir.

Hyd y dydd heddi, pryd bynnag y bydda i'n bwyta pryd Tsieineaidd, *chopsticks* amdani! Rwy'n dal i gofio shwt i ddal y teclynnau traddodiadol a'u defnyddio'n gywir. Oedd, roedd Rhee Ki Ha yn hoffi ymarweddu'n swrth ac yn awdurdodol, er mwyn creu'r ddelwedd ohono'i hun roedd e am ei chyfleu, ond serch 'ny, mi fydd 'da fi wastad barch mawr tuag at y dyn.

Cochyn!

Hen ystrydeb ddigon cyfarwydd yw credu y gall pob copa walltog a fendithiwyd â gwallt cringoch droi braidd yn 'ymfflamychol', gawn ni ddweud. Byr ei amynedd! Tymhestlog! Mynd i dop y caetsh am y peth lleia! Shwt bynnag chi am ei ddweud e, fe alla i ymfalchïo yn y ffaith na wnes i erio'd golli 'nhymer yn wirionedd gas 'da neb erio'd. Ac eto, rwy wastad wedi bod yn ymwybodol fod y tueddiad tanllyd hwnnw yn'o i yn rhywle – yn enwedig pan o'n i'n iau.

Chwaraeodd y karate a'r taekwondo eu rhan i liniaru tipyn arno. Gollyngfa dda i unrhyw ynni wast, a disgyblaethau sy'n help i ddofi pob gwylltineb.

Er na welodd neb fy llid ar ei waetha, daeth yn amlwg ar brydiau fod rhai o 'nghwmpas yn rhyw ofni y gallwn i ffrwydro o dan yr amgylchiadau cywir. Dyna pam, efallai, y ces i gysgu'n hwyr un bore yng nghartref y Parch. DT Evans, oedd yn weinidog capel Minny St, Caerdydd ar y pryd. Non, ei ferch e a Mrs Evans, oedd fy nghariad ar y pryd, ac roedd hithau fel finnau'n fyfyriwr ym Mangor. Roedd hi hefyd yn delynores ddawnus a gallaf gofio deithio draw i Gastell Caldicot amal i noson, am ei bod hi'n perffornio yno. Er inni fod 'da'n gilydd am sbel go dda, ymhen blwyddyn neu ddwy o adael y coleg ro'n i'n briod â Helen, a phriododd Non ei gŵr Neville.

Ta waeth! Y bore arbennig dan sylw, dyma fi'n dihuno a darganfod ei bod hi eisoes bron yn ganol dydd. Rown i'n amlwg wedi cysgu'n hwyr. Lawr llawr â fi gan ymddiheuro a holi pam nad oedd neb wedi fy nihuno ynghynt. 'Na pryd y ces i ar ddeall fod George Thomas wedi galw 'co y bore hwnnw. Ef oedd Ysgrifennydd Gwladol Cymru ar y pryd, ac arch elyn Cymdeithas yr Iaith. (Dyrchafwyd ef i'r teitl ysblennydd Is-Iarll Tonypandy cyn diwedd ei oes.) Chofia i ddim beth yn gwmws oedd y cyswllt rhyngddo a rhieni Non – rhywbeth i'w wneud â'i fam a'r capel, rwy'n meddwl – ond roedd DT Evans a'i wraig yn amlwg wedi bod o'r farn taw doethach gadael imi gael *lie-*

in na pheryglu cael cweryl gas ar eu haelwyd y bore arbennig hwnnw.

Yr unig beth a ddwedwyd wrtha i oedd i'r Is-Iarll wneud rhyw sylwadau neu'i gilydd pan welodd fathodyn Tafod y Ddraig ar fy nghar. Sdim bathodyn ar 'y nghar i bellach... diflannodd y rhan fwya o'r gwallt o dop 'y mhen... ac fe newidiodd yr hyn sy'n dal ar ôl ei liw! I ble'r aeth y cochni, tybed?

Ac i ble'r aeth y Jones?

Dyma gwestiwn arall mae amser yn rhan allweddol o'i ateb. Wedi'r cwbwl, dechrau'r '70au oedd dyddiau'r Coleg Gwyn i mi, a dyna pryd y des i i gael fy adnabod fel Eirian Wyn. Roedd hi'n ffasiwn bryd 'ny i'r cyfenwau Saesneg traddodiadol ddiflannu o gwt enwau pobol, yn enwedig ymhlith rhai fel fi oedd yn frwd dros yr iaith a phethe Cymrâg. (Roedd y bathodyn a gythruddodd George Thomas wedi tystio i wirionedd hynny.) Ar ben 'ny, roedd 'na ddau ohonon ni gyda'r enw Eirian Wyn Jones yn rhan o'n gylch ffrindiau – er fod fy nghyd-enwraig yn sillafu ei henw canol hi yn Wynne.

Er hwylustod, penderfynais droi'n Eirian Wyn. Ar y dechrau'n deg, roedd Mam braidd yn anfodlon, yn ofni 'mod i'n amharchu enw teuluol fy 'nhad. Ond roedd Dad yn gwbwl hapus.

"Enw Cymrâg da. Ma'r crwt yn iawn," barnodd.

Ac felly, Eirian Wyn fues i byth ers hynny – er mai fel 'Jones Bach' y bydda i'n dal i gael fy nabod gan Olaf, Alwyn, Tecs a llawer o'r hen griw coleg. Yn wahanol i wallt y pen, rhyfedd fel mae rhai arferion yn gallu bod yn gyndyn iawn o ildio'u lle!

Bwrw iddi – bwrlwm bywyd!

Helen

Helen yw fy ngwraig ers dros ddeugain mlynedd. Cymar bywyd, ym mhob ystyr y gair. Mwy hudolus na dim y gallwn i na'r un consuriwr arall byth ei greu! O'r gore, gwamalu ydw i nawr, efallai! Ond, a ninnau wedi ddathlu ein Priodas Ruddem ers dros flwyddyn bellach, erys y ffaith taw hi yw'r graig sydd wedi bod wrth fy ochr gydol y daith, trwy'r lleddf a'r llon.

Ar ei blwyddyn gynta yn y brifysgol oedd Helen pan gwrddon ni – a finne ar fy mhumed yn y Coleg Gwyn. Os oes modd dweud i unrhyw fendith ddod i'm rhan o fod yn ddyslecsig, dyma hi. Heb y cyflwr hwnnw, y tebyg yw y byddwn wedi cwblhau fy nghwrs o fewn tair blynedd, fel y rhan fwya o fyfyrwyr. A wedyn, fydden ni'n dau ddim wedi cwrdd.

Roedd pedair merch yn ffrindiau penna – yn wir, maen nhw'n dal yn glòs dros ben; yn cwrdd am bryd o fwyd yn lled amal ac yn mynd bant gyda'i gilydd unwaith y flwyddyn yn ddi-ffael. Mair Heulyn Roberts yw un o'r bedair, o ardal Synod Inn yng Ngheredigion. Janice Brown yw un arall – mae ei gŵr newydd ymddeol o fod yn brifathro Ysgol Bro Myrddin. A'r drydedd yw Gwen Jones, fu'n gweithio gyda'r BBC a darlledwyr eraill. Hap a damwain llwyr oedd hi i'r bedair gael eu hunain yn Neuadd John Morris Jones ac yn lletya mewn tair stafell nesa at ei gilydd – Helen a Janice yn rhannu un, a Mair a Gwen am y wal, bob ochr iddyn nhw.

Gyda Gwen y dois i'n ffrindiau gynta – mewn ffordd gwbwl blatonig. Roedden ni'n bwrw mlân 'da'n gilydd yn dda ac rwy'n dal i'w hystyried yn un o'n ffrindiau penna. Fe feddwais i gymaint un noson, nes cwmpo i gysgu ar lawr ei stafell ac yno y ces i fod ganddi tan y bore.

Y mae teb i her ges i gan un o 'nghyd-fyfyrwyr o'n i pan ofynnais i i Helen ddod mas 'da fi y tro cynta hwnnw. (Er nad wy erio'd wedi ystyried 'yn hunan yn fachan arbennig o olygus, ches i erio'd drafferth cael dêt.) Ond fuon ni ddim yn hir cyn cael ein hystyried yn 'eitem'. Yn weddol glou wedi inni ddechrau caru, roedden ni mewn dawns yn y coleg un noson, pan anelodd rhyw fachan eiddil yr olwg ddyrnod i 'nghyfeiriad. Prin i Helen sylwi. A finne eisoes wedi ennill sawl gwregys mewn karate erbyn 'ny, fe allwn fod wedi'i lorio'n hawdd. Ond troi'r foch arall wnes i – yn llythrennol, gan gario mlân i ddawnsio. Arwydd o ddylanwad da Helen arna i, falle. Ac enghraifft arall o 'ngallu i gadw 'nhymer dan reolaeth, noder!

Wrth i ddiwedd y bumed flwyddyn honno agosáu, fe wyddwn i'n iawn ei bod hi'n bryd imi ddechrau ar fy ngweinidogaeth. I mi, golygai hynny flwyddyn arall o fod yn hen lanc a gadael Bangor am eglwysi Hermon a Star, yn ymyl Crymych. I Helen, symud mlân i ail flwyddyn ei chwrs gradd BMus. oedd o'i blân – ac aros ym Mangor hebdda i. Wynebai'r ddau ohonom gyfnod o fod ar y ffordd rhwng de a gogledd yn go gyson. Es i lan i'w gweld hi'n amal a byddai hithau'n gwneud y daith i lawr i Sir Benfro. Fe ddyweddïon ni ar Ddydd San Ffolant 1976.

Pryd bynnag roedd hi lawr yn aros 'da fi ar ôl imi symud i'r Mans, byddai Iola ac Iwan, plant y cymdogion, yn dod i fwrw'r noson hefyd. O, fel mae'r oes wedi newid! Go brin y byddai neb yn meddwl am drefnu *chaperones* heddiw. Ond roedd y ddau fach wrth eu boddau bob tro – yn joio cael mynd bant ar eu gwyliau, hyd yn oed os nad o'n nhw wedi mynd dim pellach na drws nesa!

Cafodd Helen ei magu ergyd carreg o'r ffin â Lloegr, ar fferm gymysg Y Bedlwyn, Treuddyn, ger yr Wyddgrug. Ei chwaer yw'r cynllunydd setiau, Carys Tudor, ac mae ei brawd, Gwyndaf, yn dal i fyw yn y cyffiniau. O dir Y Bedlwyn ceid golygfeydd anhygoel draw at Gilgwri a Lerpwl ac ar ddiwrnod clir, gallech weld tŵr Blackpool, medden nhw. Cawsom wyliau yno'n amal, fel y gallwch ddychmygu, a gallaf gofio synnu a rhyfeddu ar un o'n ymweliadau cynhara, a hithau'n dymor wyna, cymaint o efeilliaid gâi eu geni i'r defaid. Cannoedd ohonyn nhw. Anhygoel!

Gwraig â gwreiddiau ei theulu yn Swydd Stafford a Swydd Caer oedd Kathleen, fy mam yng nghyfraith – ond roedd ei Chymraeg cystal fel 'mod i wedi ei chyfarfod cwpwl o weithiau cyn dod i lwyr sylweddoli'i thras. Ar ochr ei thad hithau – sef tad-cu Helen – perthynai i'r Stoddards, teulu digon adnabyddus yng ngogledd-ddwyrain Cymru, am eu bod nhw berchen cwmni tarmaco llwyddiannus iawn yn yr ardal. Gofynnais i dad Helen un tro pryd oedd hi wedi dod i ddysgu cystal Cymraeg a'r ateb ges i oedd, "Wedi imi'i phriodi hi, mi wrthodish i siarad gair o Saesneg efo hi. Wedyn mi fuo rhaid iddi ddysgu Cymraeg, yn do?"

Digwyddodd rhywbeth tebyg rhwng Helen a minnau. O'n herwydd i y bu'n rhaid iddi ddysgu Hwntŵeg!

Ein mis mêl

Fe'n priodwyd ar ddydd Sadwrn, 16 Gorffennaf 1977, ym Methel, yr Wyddrug, capel sydd wedi'i ddymchwel bellach gwaetha'r modd. Yn eglwys Hermon, y Treuddyn, y maged Helen, ond doedd gan y capel bach hwnnw ddim trwydded i gynnal priodasau.

Yng ngwesty'r Waverley yn Rhuthun y treuliais i'n noson ola fel hen lanc. O ddihuno fore trannoeth a mynd mas at y car gyda'r gwas priodas, Trefor Jones Morris – y Parch. Trefor Jones Morris erbyn hyn – dyma gael fod y teiars i gyd yn fflat. Bu'n rhaid pwmpo'r rheini lan cyn dim ac fe wyddwn yn syth nad oedd popeth am fynd yn esmwyth. Dyna'r pris sydd i'w dalu am gael ffrindiau drygionus.

Ond cafwyd oedfa fendithiol, heb ddim i faglu'r trefniadau. Cymerwyd rhan gan y Parchedigion Alwyn Daniels, Eirwyn Morgan a Môn Williams, yn ogystal â Mr Pollard Jones, oedd yn bregethwr lleyg. Wedyn, mlân â ni oll i'r oruwchystafell ar gyfer y wledd. O barch i ddaliadau 'nhad, fe benderfynon ni na fyddai gwin na diod ar y byrddau. Ond erbyn cyrraedd, dyma ddarganfod fod bar ar agor yno ta beth. Felly, cafodd pawb dorri'i syched yn ôl ei ddymuniad ei hun, heb i neb fynd dros ben llestri. Pawb yn hapus – yn enwedig Helen a fi. Hwn, wedi'r cwbwl, oedd ein 'diwrnod mawr'.

Ar gyfer ein mis mêl, roedden ni wedi cael benthyg carafán gan y Parch. Hywel Jones yn Sir Benfro. O'r wledd briodas, fe aethon ni'n ôl i'r Bedlwyn i newid a llwytho'n pethe mewn i'r car, ar gyfer ein hwythnos bant yn y garafán. (Gan ragdybio y gallai fod castiau ar y gweill, fe gwaton ni'r cesys mlân llaw yn rhai o'r tai mas.) Dyma ganu'n iach â phawb ar fuarth y fferm wrth ddechrau ar ein taith sha'r de. Ond yn sydyn, fe ddechreuais ddod yn ymwybodol fod cwpwl o'r bois yn bwriadu ein dilyn.

Fe drodd y daith yn ffilm James Bond am sbel, achos buodd raid imi gymryd cwpwl o droadau troellog trwy gefn gwlad, er mwyn trial eu towlu nhw off y trywydd. Fe lwyddais hefyd – a mlân â ni am Aberystwyth, lle roedd Helen a fi wedi penderfynu torri'r siwrne trwy aros dros nos. Heb yn wybod inni, roedd rhai o'r bois wedi achub y blân arnon ni a chyrraedd Aber o'n blaenau. Welon ni mohonyn nhw'n rhodio'n braf ar hyd y prom wrth imi ddadlwytho'r car – ond fe welon nhw ni! A thrwy 'ngweld i'n cario'r cesys i mewn i'r gwesty, fe ddeallon nhw ein bod ninnau'n bwriadu bwrw'r noson yno hefyd. A dyna hau hadau mwy o ddrygioni ym meddyliau'r criw...

Erbyn cyrraedd ein stafell, dyma ni'n darganfod bod dillad isa Helen i gyd wedi diflannu'n llwyr o'n cesys. Dim un pâr o nicyrs na bra ar eu cyfyl! Y cwbwl wedi cael eu cymryd bant

55

gan rywun. A fuodd Carys, ei chwaer, yn rhan o'r cynllwyn? Ife *inside job* oedd hwn? Cadwodd pawb yn fud ar y pwnc. Ac er inni holi'n achlysurol ar hyd y blynyddoedd, cheson ni byth wbod.

Wedi brecwast bore wedyn, mlân â ni ar ein taith at gartref Hywel Jones i gasglu'r garafán. Cafwyd paned a chlonc yn gynta ac yna mas â ni i archwilio'r hyn fyddai'n gartref inni am wythnos. Ond yr hyn a'n cyfarchodd pan agoron ni'r drws oedd rhes o nicyrs a bras Helen yn hongian fel baneri ar hyd y muriau. Maes o law, fe ddaethon ni i ddeall i'r bois a'n gwelodd yn Aber y diwrnod cynt fynd yn ôl ar yr hewl yn fore a gyrru lawr i Sir Benfro, gan wybod y bydden ni'n dau'n hamddena'n braf dros ein brecwast priodasol cynta. Rhoddodd hynny ddigon o amser iddyn nhw addurno'r garafan. Synnais fod Hywel Jones yntau wedi bod yn rhan o'r cynllwyn cymhleth. Ond o leia, golygai'r olygfa na fyddai'n rhaid inni aros yn unman ar ein taith i Gernyw er mwyn mynd i siopa am fwy o ddillad isa i Helen.

Ie, yno yn Truro ro'n ni'n bwriadu cael wythnos fach i ni'n hunain, ymhell oddi wrth bawb a phopeth oedd yn gyfarwydd inni. Wedi cyrraedd y maes priodol, rhaid oedd datgysylltu'r garafán oddi wrth y car a'i diogelu. A finne wrthi'n fishi'n gwneud 'ny, dyma fi'n galw ar Helen.

"Helen," meddwn i. "Fi'n gallu clywed Cymrâg. Ac yn fwy na 'ny, fi'n gallu clywed Cymrâg Bry'man!"

Pwy oedd yn aros yno, mewn carafán dwy bant o'n hun ni, ond Jean, perthynas imi, gyda'i gŵr a'u dau blentyn. Daeth pawb mlân fel y boi, wrth gwrs, gan dreulio tipyn o amser yng nghwmni'n gilydd yn ystod yr wythnos. A'r ddau ifanc ar dân isie cysgu draw yn ein carafán ni.

"Ni isie aros 'da Helen ac Eirian!" fyddai'r gri bob nos.

A'u mam yn gorffod ateb, "Na, so chi'n ca'l!", ond heb fynd i fanylu pam.

Gwely roedd yn rhaid ei ostwng o'r wal oedd yn y garafán, a'r noson gynta gysgon ni yno, yr hyn ddatgelwyd wrth ei dynnu i lawr, yn gymysg â'r clustogau, oedd amlen fawr A4

– gyda cherdd fawreddog o'i mewn. Fiw imi ddyfynnu gormod, ond y cwpled mwya cofiadwy oedd:

Cans cysga'r nos gyntaf yn fin wrth fin –
Ymhen blynyddoedd, bydd yn din wrth din!

Cywaith oedd y gerdd, gan weinidogion di-enw gogledd Sir Benfro. Digon yw dweud mai wherthin ein ffordd i'r gwely wnaeth Helen a fi y noson honno.

Yr ofalaeth gyntaf

Yn 1975, derbyniais alwad i fod yn weinidog ar eglwysi'r Bedyddwyr yn Hermon a Star yn Sir Benfro – a hynny ar gyflog o £1,100 y flwyddyn. O fewn dyddiau, daeth galwad arall i gymryd gofal dwy eglwys yn Nhyddewi a Solfach, ond a finne newydd dderbyn yr alwad gynta, rhaid oedd gwrthod yr ail. Ac ro'n i'n berffaith fodlon 'da 'ny. (Bedair blynedd yn ddiweddarach, daeth Capel Ainon, Gelli-wen dan fy ngofalaeth hefyd.)

Roedd hi'n amlwg fod fy amser fel myfyriwr yn ara ddirwyn i ben a theithiais i lawr i gwrdd â Gwilym Reynolds, Ysgrifennydd y Star, a Ben John, Ysgrifennydd Hermon (y ddau wedi'n gadael erbyn hyn), ar 27 Mawrth, gyda golwg ar wneud y trefniadau ar gyfer y cyfarfodydd ordeinio a sefydlu. Fe'u cynhaliwyd ar 16 Gorffennaf 1975, a noda 'Nhad yn ei ddyddiadur fod y ddau gapel yn orlawn ar gyfer pob oedfa. Daeth dau lond bws o Frynaman ac un o'r Garnant.

Gwyddwn cyn symud i ymgymryd â'r alwad na fyddai'r Mans yn y Glog yn barod imi allu symud i mewn iddo'n syth. Lletya yn ffermdy Coedllwyd amdani felly. Yno bûm i am fy chwe mis cynta, yn mwynhau croeso Mrs Jenkins, gwraig weddw a chanddi ddau fab, Dai a Vic; ill dau'n hen lanciau. Wedyn, dyma fi'n treulio cyfnod pellach ar fferm Nantycastell gyda Sal a Pic Thomas a'u plant, Brian, Gaynor a Huw. Cymeriadau annwyl o'n nhwythau hefyd, gyda'r amser a dreuliais ar eu haelwyd yn ddifyr tu hwnt, serch y ffaith na chawn i drochi 'nwylo i wneud fawr ddim byd ymarferol ar y fferm. Do'n nhw ddim i wbod ar y dechrau 'mod i wedi cael fy magu 'da gwynt fferm Rhosfa yn 'yn ffroenau'n ddyddiol bron. Ond hyd yn oed ar ôl dod i ddeall 'ny, digon cyndyn fu Sal o adael imi helpu mewn unrhyw ffordd, gan taw fi oedd y gweinidog.

Roedd parch neilltuol yn cael ei ddangos tuag at weinidog bryd hynny, yn enwedig mewn ardal wledig fel'na. Ma 'da fi gof da o gael 'y nhywys o gwmpas i gwrdd ag aelodau capel Hermon, gan yr Ysgrifennydd, Ben John. Dyn ffein ac addfwyn dros ben oedd Ben, ond gallai bod yn ei gwmni fod fel eistedd nesa at botel o *tranquilisers*. Bob tro y bydden ni'n cyrraedd fferm neu dyddyn byddai'n fy nghyflwyno i'r trigolion ac yna'n cynnau'i getyn wrth wneud ei hun yn gysurus ar y setl neu gadair ger y tân. Ar ôl taflu ambell i boerad i lygad y tân, byddai'n dechrau pendwmpian, gan 'y ngadael iddi, i ddod i adnabod yr aelodau ar 'y mhen 'yn hun.

Achos ei fod e mor jacôs, ele diwrnod cyfan heibio weithiau, a ninne ond wedi llwyddo i gyrraedd dau neu dri chartref. Un groesawus a hawddgar iawn oedd ei wraig hefyd, a thrigai'r ddau yn y Tŷ Capel. Y si a glywais i o fwy nag un ffynhonnell yw i WJ Gruffydd seilio'i greadigaethau enwoca, y cymeriadau Tomos a Marged, ar y ddau.

WJ Gruffydd oedd 'yn rhagflaenydd i yn Hermon a Star, ac ro'n i'n ymwybodol o'r diwrnod y cyrhaeddais i 'mod i mewn olyniaeth dda. Fel WJ Gruffydd y Glog y câi hwnnw'i adnabod, wrth gwrs, ac yn ddiweddarach, yn 1984, cafodd ei ddyrchafu'n Archdderwydd o dan ei enw barddol, Elerydd. Pan ddaeth y Mans (neu Glyn-coed, i roi i'r tŷ ei enw cywir) yn barod, fis Mai 1976, fe symudais innau i mewn a dod yn un o drigolion swyddogol pentre'r Glog o'r diwedd. A phwy feddyliech chi a'm holynodd yn yr ofalaeth pan ddaeth yn amser imi symud mas drachefn? Neb llai na WJ Gruffydd! Er ei fod wedi ymddeol erbyn 'ny, dychwelodd i ofalu'n rhan-amser am ei hen eglwysi. Y fi oedd y llenwad yn y frechdan, a fe oedd y ddwy dafell, y naill ochr a'r llall i mi.

Un stryd hir oedd y Glog, gyda Glyn-coed un pen iddi a chartref gweinidog capel Brynmyrnach, yr Annibynwyr, y Parch. Lloyd Harris, ar y pen arall. Cymeriad ffraeth oedd Lloyd a byddai'n amal yn galw'r Glog yn Holy Street.

"Ni'n dou fel dou fugail bob o ben iddi, a'r praidd rhyngddon ni, yn y canol."

Ymhen amser, daeth ei fab yn adnabyddus fel y darlledwr, Hefin Wyn. Mae yntau erbyn hyn yn fwy adnabyddus fel awdur, efallai. (Hefin Hapus yw ei lysenw ymysg ei gydnabod!)

Fis union wedi'r cyfarfodydd sefydlu ac ordeinio cafwyd achos arall i wenu a dathlu. Rwy'n sôn am 16 Awst, a minnau'n cael y fraint o briodi Glan a Maureen Evans. Cofiaf yr achlysur cystal am taw honno oedd y briodas gynta imi erio'd ei chymryd a phryd bynnag y gwela i'r ddau hyd y dydd heddi maen nhw'n siŵr o'n atgoffa i o'r ffaith.

"Chi yn cofio mai ni yw'r ddou gynta briodoch chi, on'd y'ch chi?"

Bu'n rhaid imi aros bron i flwyddyn – tan 15 Gorffennaf 1976 – cyn cael y fraint o fedyddio neb, a Sheila Hughes oedd honno. Ymhen blynyddoedd, byddwn yn dod ar draws Sheila ar strydoedd Aberteifi o bryd i'w gilydd. Gweithiai yno fel warden traffig a bu'n garedig iawn wrtha i amal i dro, trwy adael imi wybod lle oedd yn saff imi barcio, heb redeg y risg o ga'l tocyn ganddi!

Bedyddio

Dros flwyddyn wedi achlysur hapus bedydd Sheila, daeth bedydd arwyddocaol arall i'm rhan – cans fi fedyddiodd Helen, fore Sul, 20 Medi 1977. Cwta ddeufis oedd 'na ers ein priodas a phenderfyniad Helen, a Helen yn unig, oedd iddi gael ei bedyddio ai peidio. Roddais i erio'd bwysau ar neb i gael ei fedyddio. Ac o gofio'n ôl i'r bore oer hwnnw yn Siloam pan ges i 'medyddio, pwy gredai y byddwn i, ymhen blynydde, yn bedyddio 'ngwraig 'yn hunan yn y bedyddfan agored yn Hermon?

Ac i ychwanegu at y rhyfeddod, pwy ddychmygai y byddwn i un dydd yn bedyddio fy merch hefyd? Fel gyda Helen, roddais i erio'd unrhyw bwysau ar Fflur chwaith. Mater iddi hi fel oedolyn oedd e, a thrafodon ni fawr ar y peth pan oedd hi'n ei harddegau. Yna'n annisgwyl, pan oedd hi wedi troi'r deg ar hugain oed, fe ddwedodd un diwrnod, "Dad, licen i ga'l 'y medyddio."

Ac felly y buodd hi. A dewisodd gael ei bedyddio yn yr awyr agored, mewn afon ger Pedair Heol.

Pryd bynnag y bydda i'n cynnal bedydd yn yr awyr agored, mae'n mynd â fi'n ôl yn syth i'r bore y ces i'n hunan 'y medyddio – a'r wefr o deimlo ar dân dda'th trosta i, fel rhyw gynhesrwydd neilltuol o'm mewn.

Y troeon cynta imi fedyddio neb yn Sir Benfro, fe wisgais i'r dilledyn du un darn fyddai gweinidogion yn arfer ei wisgo'n draddodiadol. Ond dysgais yn ddigon clou fod twll yn yr un oedd 'da fi! Ro'n i'n wlypach wedi dod mas o'r dŵr na 'sen i heb ei wisgo o gwbwl. Felly, trowser du a chrys gwyn amdani, a chyda daps ar 'y nhraed, dyna shwt rwy wedi 'ngwisgo wrth fedyddio byth ers 'ny. Rwy wastad yn mynnu fod y sawl sy'n cael ei fedyddio'n gwisgo gwregys, a'i bod nhw'n dala'n dynn yn 'y nwylo i. Boed aea neu ha, mi fydda i'n eu tynnu nhw'n ddwfn i'r dŵr, er mwyn gallu'u codi drachefn, yn gymeriad newydd yng Nghrist. Dyna symbolaeth y drochfa.

'Nôl drachefn i ddyddiau Hermon a Star, a bedydd arall rwy'n ei gofio'n dda yw un Eileen Elias. Er fod Dewi, ei gŵr, yn ddiacon yn Star, doedd hi ddim yn aelod. (Trwy gyd-ddigwyddiad, brawd Dewi, sef y diweddar Barch. George Elias oedd gweinidog eglwys Ebeneser, Rhydaman, pan gafodd Olaf a finnau gyfweliad i fynd i'r Coleg Gwyn.) Serch hynny, byddai'n wrandawraig bybyr ar bob pregeth ac yna'n ddisymwth iawn, dewisodd gael ei bedyddio. Gan ei bod hi gefn gaea a bedyddfan capel Star tu fas, wrth y fynedfa, fe ddwedais innau, "O, 'na fe 'te. Pan ddeith yr ha nawr, fe drefnwn ni."

"Na, na," mynnodd. "Wy moyn neud e nawr, cyn newidia i 'meddwl!"

Pan gyrhaeddodd y bore Sul, roedd eira ar lawr, fel ag y buodd y bore y 'medyddiwyd innau. Ond y gwahaniaeth mawr y tro hwn oedd ein bod ni i gyd fel cynulleidfa tu fas yn yr oerfel. Daeth Dewi â llond sawl *churn* o ddŵr poeth i lenwi'r bedyddfan. Wnaeth e fawr o wahaniaeth. Es i mewn hyd at 'y mhengliniau, a waw!, roedd e'n rhynllyd o o'r. Gan fod Eileen yn ei phumdegau, fyddwn i ddim wedi gweld bai arni 'se hi wedi penderfynu gohirio'i bedydd. Ond na, fe ymunodd â fi, gan gamu i mewn i'r dŵr.

Yno, gyda'r eira gwyn o'n cwmpas, cyflawnwyd y sacrament. Tystiodd hithau i'r cynhesrwydd a deimlwn innau, a chamodd mas tan ganu "Dilyn Iesu, dilyn Iesu…". Er ei llawenydd, crocsawodd y tywel a lapiwyd amdani wrth gamu o'r dŵr. Arhosais innau man lle'r o'n i.

"Chi wedi bod yn dystion i fedydd Eileen," anerchiais. "Os o's rhywrai garai ddilyn yr Arglwydd Iesu drwy'r dŵr yn yr un modd, ma croeso ichi ymuno â fi nawr."

Wnaeth neb. Ond ces 'y nghynnal drwy weddill y bore gan y cynhesrwydd 'na oedd wedi gafael yno i mas fan'co yn yr eira, ar y bore rhynllyd hwnnw. Ro'n i ar dân unwaith 'to. A licsen i 'se pawb yn gallu ca'l yr un profiad, unwaith yn ei fywyd.

Tatws, cwrw, shrwmps… a phicalili!

Ces flas ar fyw yn Sir Benfro yn ddi-os. Adawodd dim a brofes i yno flas cas yn 'y ngheg i erio'd. Wrth gwrs, mae'r sir yn enwog am ei thatws newydd, a gallwn werthfawrogi pwysigrwydd y 'cynhaeaf' arbennig hwnnw â'm llygaid fy hun, yn enwedig dros y misoedd y bûm i'n byw yn Nantycastell, cyn priodi. Dyna oedd prif gynhaliaeth y fferm, a byddai 'tato newy' Sal a Pic yn cael eu gwerthu'n helaeth, nid yn lleol yn unig, ond ledled y wlad. Dechreuais besgi ar y ciniawau mawr fyddai Sal yn eu paratoi ar gyfer pawb, yn deulu a gweision… ac yn weinidogion!

Ond er fod y cynnydd yn nifer y modfeddi rownd fy nghanol yn dyst i'r ffaith 'mod i'n joio 'mwyd, profodd ambell bryd yn annisgwyl o heriol i fachan o Frynaman fel fi. Ac nid y bwyd yn unig. Un o ddanteithion enwoca Sir Benfro, wrth gwrs, yw'r cwrw macsu, a chan Eric Davies, Trysorydd y Star, y ces i 'mlas cynta arno. Stwff cryf, fel y profais un min nos a minnau wedi galw arno! Chofia i ddim yn iawn shwt y cyrhaeddais i'n ôl i'r Mans yn ddiogel y noson honno. Digon yw dweud imi gysgu fel twrch!

Yna, un diwrnod, yng Nghoedllwyd, gofynnodd Mrs Jenkins imi o'n i'n lico madarch – neu 'shrwmps' fel y galwai hi nhw. Cododd darlun yn 'yn feddwl i'n syth o shwt y byddai Mam yn gweini madarch, sef gyda chig moch, wy a thatws newydd gan amla. Gallwn sicrhau Mrs Jenkins fy mod wrth fy modd gyda shrwmps.

Buodd Dai a Vic mas yn y caeau'n fore i gasglu'r madarch a phan ddaeth amser swper, rown innau'n edrych mlân at bryd swmpus, amrywiol ei flasau. Ond yr hyn gyrhaeddodd y ford oedd tiwrin mawr o fadarch. Popeth yn iawn, meddyliais. Rhaid fod y cig moch a'r wyau a'r tatws newydd ar eu ffordd o'r gegin unrhyw eiliad nawr. Ond na, buan iawn y gwawriodd hi arna i taw'r shrwmps, a'r shrwmps yn unig, fyddai'r gynhaliaeth y noson honno. Cafodd y pedwar ohonom bob o fforc a phlât a dyna lle buwyd yn estyn am un fadarchen ar ôl y llall, cyn eu cnoi gyda bara menyn. Fel gweinidog ifanc cwrtais, rhaid oedd bwrw iddi i gladdu'r wledd, heb ddangos dim o'm syndod na'm siom.

Achlysur arall a alwodd am dipyn o ddawn actio a dyfeisgarwch oedd pan wahoddodd Gwilym Reynolds a'i wraig, Iris, fi draw am swper am y tro cynta. Ffermwyr o'n nhwythau hefyd, ac wrth inni fynd trwodd o'r gegin at y bwrdd bwyd yn y stafell fyw, sylwais ein bod ni'n cerdded heibio stafell fach arall gyda rhes o gigoedd ysblennydd yn hongian o'r nenfwd. Digon o ryfeddod yn wir. Roedd y cig moch ro'n ni ar fin gwledda arno yn amlwg wedi dod o stoc Clun-gwyn ei hun. Ond yn syth y cyrhaeddodd y tefyll y ford gallwn weld fod arnyn nhw lawer mwy o fraster na chnawd – gwahanol iawn i'r hyn gelen i fel arfer gartre 'da Mam. Fues i erio'd yn hoff o fraster cig moch ers yn blentyn, a byddwn yn ei dorri bant fel arfer. Ond cyw gweinidog ifanc o'n i nawr. Do'n i ddim am dramgwyddo ysgrifennydd un o'r eglwysi dan fy ngofal.

"Eirian, byt e!" dwedais wrtho'n hunan.

Rhaid oedd taclo'r hyn a roddwyd ar 'y mhlât gydag awch. Ond shwt gelen i'r holl fraster 'ma lawr 'yn llwnc heb ormod o drafferth? Gorfodwyd fi i feddwl yn glou.

Daeth achubiaeth o jar oedd yno ar y bwrdd, o dan fy nhrwyn. Picalili cartre. Drwy gael dogn go helaeth o hwnnw yn 'y ngheg wrth gnoi, gallwn gwato blas ac ansawdd y braster. Canmolais flas y ddau gyda'r un brwdfrydedd ac erbyn diwedd y pryd, roedd y potyn gwydr fu'n llawn picalili yn wag.

Gydag amser, daeth yn amlwg fod fy hoffter o'r danteithfwyd hwnnw wedi cael ei gofnodi, achos rhyw bum mlynedd yn ddiweddarach, a'r amser wedi dod imi ganu'n iach â'r Glog, beth ges i'n anrheg ffarwél gan Iris Reynolds ond sawl jar o'i phicalili cartre!

Irfon a Mair Roberts

Yn ystod fy mlynyddoedd yn fyfyriwr ym Mangor y cwrddais i â'r Parch. Irfon Roberts gynta, ac allai'r un cofnod o 'mywyd fod yn gyflawn heb dalu teyrnged deilwng i'r gŵr arbennig hwn, a fu yn ei dro yn fentor, yn ysbrydoliaeth ac yn rhywun y gwn y gallwn ymddiried ynddo gant y cant. Yn anad dim, mae wedi bod yn ffrind anhygoel gydol oes – i fi a Helen. Ac felly hefyd Mair, ei wraig.

Cymaint 'y nghyfeillgarwch gydag Irfon, mae'n berson rwy wedi dweud pethe wrtho na ddwedais wrth yr un enaid byw.

Rhaid taw yn un o gynadleddau Undeb y Bedyddwyr y daethon ni ar draws ein gilydd gynta, ond y cof cryfa sy 'da fi o ddod i'w adnabod yn dda oedd yn Langton yn Sgleddau, ger Abergwaun, lle byddai'r enwad yn cynnal penwythnosau pobol ifanc yn y cyfnod hwnnw. (Fel mae'n digwydd, dwy o'r merched a fyddai'n dod gyda fi i Langton yr holl flynydde maith yn ôl oedd y ddwy chwaer, Delyth a Meinir Jones, ac fe gewch fwy o hanes Meinir – Meinir Edwards erbyn hyn – yn nes ymlaen.)

Er fod chwe mlynedd o wahaniaeth rhyngof i ac Irfon o ran oedran, nath hynny erio'd iot o wahani'eth. Mae'n gwmnïwr heb ei ail, gyda digonedd o hwyl a sbri yn byrlymu ohono pryd bynnag y cwrddwn ni â'n gilydd. Fe awn i ymhellach na 'ny hyd yn oed. Mae Irfon yn ogleisiwr ac yn giglwr o'r iawn ryw. Dim ond dechrau giglo sydd isie iddo fe, ac fe wn i'n syth ei bod hi wedi canu arna i! Weithie, fe eith peth amser heibio a ninnau heb ddigwydd gweld Irfon a Mair ers sbel – ond wedyn, pan ddown ni i gyd ynghyd unwaith 'to, mae fel 'sen ni wedi bod yng nghwmni'n gilydd ddoe ddwetha. (Mae'r un peth yn wir am berthynas Helen a fi gyda ffrindiau da eraill, Carey a Lynette; ond mwy amdanyn nhwythau hefyd yn y man.)

Yn Y Glog y ganed Irfon, lle roedd ei dad yn weinidog ar y pryd. Ond erbyn 1975, roedd e'n weinidog ei hun, gyda gofalaeth dros Gapel y Graig, yng Nghastellnewydd Emlyn. Cyw gweinidog digon dibrofiad o'n i pan gyrhaeddais Hermon a Star. Bu gallu troi at Irfon am gyngor ac arweiniad ambell dro yn gymorth amhrisiadwy, a byth ers hynny, y fe sydd wedi pregethu ym mhob un o'n oedfaon sefydlu. Y fe hefyd gymerodd angladd Mam.

Mae un achlysur trist ac anodd o 'nyddiau cynnar yn Sir Benfro wedi aros yn y cof yn arbennig. Ces wahoddiad i gymryd angladd dyn ifanc a oedd wedi bod yn brwydro yn erbyn iselder ysbryd ers peth amser, ac oedd newydd gymryd ei fywyd ei hun. Fy ymateb cynta i oedd mynd draw i weld Irfon i ofyn am ei gyngor. Waeth faint o hyfforddiant gewch chi mewn unrhyw faes nac mewn unrhyw goleg, pan ddowch chi wyneb yn wyneb â realiti sefyllfa ddirdynnol o'r fath, mi fydd wastad yn agoriad llygad. Rhaid oedd dysgu o brofiad.

Y cyngor dderbynies i gan Irfon oedd imi awgrymu i'r teulu mai angladd breifat fyddai orau dan yr amgylchiadau. Gwasanaeth syml i goffáu einioes fer yr ymadawedig a chyfle tawel i'r teulu gael dweud eu ffarwél. Cynigiodd ddod gyda fi pan fyddwn i'n galw arnynt a theimlais innau ryddhad o'i gael yno'n gefn. Ond gwrthod yr awgrym wnaeth y teulu. Roedden nhw am roi *send off* iawn i'r crwt ac felly y buodd hi. Cafodd y trefniadau eu gwneud i wireddu dymuniadau'r teulu a daeth tyrfa dda ynghyd ar y diwrnod. Cafwyd angladd barchus. A sawl tro yn ystod y misoedd cynta rheini, fe ges innau elwa ar ddoethineb a phrofiad Irfon mewn cymaint o ffyrdd eraill hefyd.

Wedi imi briodi ac i Helen symud i mewn ata i yn y Mans, rhaid oedd ei chyflwyno i Irfon a Mair, wrth reswm – a chawsom wahoddiad i swper 'da nhw un noson. Cyn hyn, pan elen i draw atyn nhw ar 'y mhen 'yn hunan, byddai Irfon a fi'n amal yn codi o'r bwrdd wedi byta a mynd draw i Dre-fach Felindre am gêm o snwcer.

Y noson arbennig honno, dyma fi'n cnoco'r drws a hwythau ill dau yn dod i ateb.

"Mair, dyma Helen," dwedais i. "A Helen, dyma Mair. Irfon, beth am i ni'n dou fynd am gêm fach o snwcer?"

Ac fel'na fuodd hi. Gadawyd y ddwy – oedd yn gwbwl ddieithr i'w gilydd – ar eu pennau eu hunain, i ddod i nabod ei gilydd, tra aethon ni'n dau i roi'r byd yn ei le dros y bwrdd snwcer. Trwy lwc, fe ddaeth ein gwragedd mlân fel tŷ ar dân. Wedi i ni'n dau ddychwelyd, fe eisteddodd y pedwar ohonon ni wrth y bwrdd. Salad a chig oer oedd yr arlwy. Wna i byth anghofio 'ny.

Tua diwedd y pryd, fe drodd y sgwrs at hela, ac yn arbennig at yr arfer cyffredin yng nghefn gwlad o fynd mas i saethu cwningod.

"A gweud y gwir, sai'n hoff iawn o gig cwningen," mynegais innau 'marn.

Sylwais yn syth ar y wên fach wybodus rannodd Mair ac Irfon ac o'r herwydd, pan ddaeth Mair i gymryd 'y mhlât bant ychydig wedyn, doedd e fawr o syndod iddi ofyn, "A shwt enjoiest ti dy wningen heno 'te, Eirian?"

Wrth gwrs, roedd hi'n rhy hwyr imi lyncu 'ngeiriau. Ro'n i eisoes wedi'u llyncu nhw. A dweud y gwir, ro'n i hyd yn oed wedi gofyn am ail ddogn o gig yn ystod y pryd! Do, ni wedi chwerthin llawer yng nghwmni'n gilydd dros y blynyddoedd. A cholli dagrau hefyd.

Diflaniad Owain

Ochr yn ochr â'r cellwair a'r hwyl, r'yn ni hefyd wedi rhannu amserau tywyll bywyd – a go brin y gallai'r un gofid fod yn fwy ingol inni'i rannu na diflaniad Owain, mab Irfon a Mair.

Cafodd y dirgelwch gryn sylw yn y cyfryngau, fel 'sech chi'n disgwyl, ond dal i orfod byw o ddydd i ddydd heb rithyn o ateb i'w weld yn dod o unman mae'r ddau, ac Elen eu merch.

Fe welwyd Owain ddiwetha tua 11 o'r gloch y bore, 10 Mawrth 2012. Doedd e ddim yn bell iawn o'i gartre yn Aberteifi ac roedd yn cerdded i gyfeiriad Mwnt, lle roedd wedi trefnu cwrdd â'i dad. Er cael ymchwiliad manwl gan yr heddlu ac awdurdodau er'ill, chlywodd neb yr un siw na miw ganddo wedyn. Aeth y tri ohonon ni draw at Irfon a Mair yn syth y torrodd y newyddion

Rai blynyddoedd wedi ein cyfnod yn y Glog, symudodd Helen a finnau'n ôl i Frynaman a thrwy gyd-ddigwyddiad hapus, pwy oedd gweinidog Siloam, fy hen eglwys, erbyn 'ny, ond Irfon. Am gyfnod, fe fuodd e'n weinidog ar Helen a Fflur. Yna, derbyniodd alwad yn ôl i'r gorllewin, ond roedd angen i Owain aros yn yr ardal am ei fod mewn swydd ar y pryd – ac aton ni y daeth e i letya am flwyddyn.

36 mlwydd oed oedd e pan gafodd ei weld ar y bore hwnnw o Fawrth a phrin fod angen dweud fod ei ddiflaniad yn gwmwl du dros bawb oedd yn ei nabod byth ers hynny – ond neb yn fwy felly na'i fam a'i dad.

Newid eglwys, newid aelwyd

O fewn dwy neu dair blynedd i'n priodas, dechreuodd gofidiau am iechyd fy rhieni olygu bod galw arna i i ddychwelyd i Frynaman yn wythnosol. Trafododd Helen a finne'r posibilrwydd y gallai gofalaeth yn nes at y teulu fod yn fwy hwylus. Erbyn hyn, roedd hithau'n raddedig mewn Cerddoriaeth, wedi cwpla'i chwrs ymarfer dysgu ôl-radd yng Ngholeg y Drindod ac yn dysgu yn Ysgol Maridunum, Caerfyrddin.

Byddwn yn mynd yn ôl a mlân i Frynaman mor amal, fe ddechreuais i chwilio am ffyrdd gwahanol o wneud y daith, petai ond er mwyn amrywiaeth. Dyna shwt y penderfynais i un diwrnod, ar hap, i fwrw mlân o Gaerfyrddin ar hyd y ffordd i Bont-iets, a phan welais ddyn yn ffawdheglu, fe stopes y car i roi lifft iddo. Wrth inni sgwrsio, dyma ddarganfod taw John Lewis oedd enw'r dyn a'i fod yn Ysgrifennydd ar Moreia, capel y Bedyddwyr yn y Meinciau. Cyd-ddigwyddiad syfrdanol, ond roedd rhagluniaeth ar waith, er na wyddai'r naill na'r llall ohonon ni ar y pryd.

Gofynnodd imi a oeddwn i'n digwydd bod yn wag ar y dyddiad a'r dyddiad. Finnau'n gwbod bod gen i gyhoeddiad arall y Sul hwnnw. Popeth yn iawn. Dyma ni'n cyfnewid rhifau ffôn a dyna fuodd. Yna, ychydig ddyddiau wedyn, ces alwad ffôn. Nid oddi wrth y ffawdheglwr, ond ysgrifennydd yr eglwys lle roedd gen i gyhoeddiad ar y dyddiad a grybwyllwyd ganddo. Ymddiheuriadau mawr gan hwnnw, ond roedd rhyw amgylchiadau trwstan wedi dod ar eu traws fel eglwys. A fydde ots 'da fi eu bod nhw'n gorfod torri'r cyhoeddiad y tro hwn? Dwedais innau 'mod i'n deall i'r dim a chofiais taw dyna'r dyddiad a grybwyllodd John Lewis. Es ar y ffôn ato'n syth, gan ofyn oedd e wedi llwyddo i lenwi'r pulpud bellach. Doedd e ddim. A dyna shwt y des i i gymryd 'yn oedfa gynta ym Moreia, y Meinciau. Oedfa blant oedd hi a threfnwyd fod aelodau'r chwaer eglwys – Salem, Pedair Heol – yn dod i ymuno â'r gynulleidfa.

Derbyniais alwad i fod yn weinidog arnyn nhw o fewn wythnos neu ddwy, a dyna ddechrau ar gymal newydd yn fy ngyrfa weinidogaethol. Nid arian a'm denodd yno, mae hynny'n siŵr. Roedd y cyflog £5 yn llai y flwyddyn! Ond yn ymarferol, hwyluswyd pethe'n ddirfawr i Helen a minnau. Roedden ni'n nes at Gaerfyrddin i'w gwaith hi ac yn nes at Frynaman, ar gyfer cadw llygad ar fy rhieni.

Profodd ein hwyth mlynedd ymysg pobol y Meinciau a Phedair Heol yn rhai hapus, ond heriol hefyd ar brydiau. I ni fel teulu, bu'n amser o ganu'n iach a chroesawu. Yn fy hanes i'n bersonol, dyma gyfnod o ehangu gorwelion, heb os. Daeth cyfleoedd a agorodd ddrysau newydd imi, o ran cyraeddiadau a gyrfa. O edrych 'nôl nawr, hawdd gweld fel y bu'n amser hynod o fishi yn ein hanes. Ro'n i wir yng nghanol 'bwrlwm bywyd'!

Canŵio a phêl-droed

Synnwn i fawr na fydd pawb sy'n 'y nabod i'n dda yn meddwl taw fel arall rownd y dylai teitl yr adran fach hon fod. Heb amheuaeth, mae pêl-droed wedi chwarae rhan fwy allweddol yn 'y mywyd na chanŵio. Ond er fod y diddordeb mewn pêl-droed yn mynd 'nôl i pan o'n i'n fach iawn, ches i erio'd chwarae mewn tîm pêl-droed go iawn. A dyna un o'r ychydig bethe rwy'n ei ddifaru mewn bywyd.

Wrth i'r blynyddoedd fynd heibio, achubais ar y cyfleoedd a ddaeth i'm rhan i brofi pob math o gampau gwahanol, o'r Martial Arts i sboncen, ac o fadminton i hoci hyd yn oed. Pan oedd Fflur ar ei phrifiant y ces i'r cyfle i chwarae'r gêm honno. Roedd hi'n aelod o dîm hoci Ysgol Ystalyfera a byddwn yn ei gyrru hi a rhai o'r merched eraill fan hyn a fan'co i gyrraedd gwahanol feysydd chwarae. Trwy hynny y daeth y cyfle i chwarae mewn ambell gêm rhwng rhieni ac athrawon. A chael hwyl arni.

Ond antur newydd arall, o fath gwahanol eto, oedd mynd â chriw o blant a phobol ifanc mas ar y môr i ganŵio. Dyma gyfle a ddaeth i'm rhan diolch i Steve Jones, brodor o'r Meinciau ac athro yn Ysgol Maes-yr-Yrfa ar y pryd. Roedd wrth ei fodd gyda phob math o weithgaredd awyr agored, a hyd yn oed wedi adeiladu ei ganŵiau ei hunan – ac awyren! Rhwng y ddau ohonon ni, dyma daro ar y syniad o fynd â haid o blant yr ysgol Sul i ganŵio. Doedd dim un o'r cymwysterau priodol 'da fi ar gyfer y fath fenter... prin fod angen imi ddweud. Ond diolch byth, mi oedd gan Steve. Gyda'r pwyslais cyfoes ar 'iechyd a diogelwch' rwy'n amau a fydden ni'n cael rhwydd hynt i drefnu tripiau o'r fath heddiw mor ddidrafferth.

Bryd hynny, roedd llewyrch rhyfeddol ar yr ysgol Sul ym Moreia a Salem, a gweithiodd Helen yn egnïol iawn, gyda dros 80 o blant yn dod ynghyd ar fore Sul. Ar ben 'ny, cymerai ddosbarth pobol ifanc, oedd hefyd yn dipyn o sialens. Mae'r holl 'blant' 'ma wedi hen dyfu lan bellach, wrth gwrs – ac yn rhieni eu hunain gan fwya. Ond mae'r atgofion melys am y dyddie 'ny yn dal yn fyw. Pryd bynnag y do' i ar draws rhai ohonyn nhw, fel sy'n digwydd ambell dro, maen nhw'n siŵr o ddwyn i gof y sbort geson ni i gyd wrth rwyfo'n ffordd trwy'r tonnau yng Ngheinewydd a llefydd tebyg.

Yr un modd gyda'r bois a arferai ddod ynghyd ar foreau Sadwrn ar gyfer y clwb pêl-droed a sefydlais. Llwyddais i gael cit smart iawn ar eu cyfer – cit melyn a gwyrdd. Os cofia i'n iawn, penderfynwyd ar hynny am 'mod i wedi digwydd sylwi taw dyna liwiau Norwich City a meddwl ei fod yn gyfuniad nèt ar gyfer crysau pêl-droed. Noddwyd y cyfan gan Manhattan Marketing. (Fe ddes i nabod perchennog y cwmni am fod ei wraig yn aelod yn Salem. *Contacts!*)

Gallwch fentro y bydd unrhyw sgwrs gaf i heddi gyda rhai o gyn-aelodau'r tîm yn siŵr o arwain at hel atgofion am y dyddiau da hynny, dros ddeg mlynedd ar hugain yn ôl. Erbyn dechrau'r '80au, roedd llawer iawn o glybiau tebyg eisoes wedi dechrau symud eu hamser ymarfer a'u gêmau i fore Sul. Ond doed a ddelo, mynnais mai'r Sadwrn oedd diwrnod chwarae Clwb Bechgyn y Meinciau. Sonnir amdanaf a chrybwyllir llwyddiant y clwb yn llyfr Mansel Thomas, *Pentref Y Meinciau* (2011). Yn syth wedi imi adael yn '88, newidiwyd gweithgaredd y clwb i'r Sul. Aeth i'r gwynt ers blynyddoedd lawer, gwaetha'r modd. Ond 'sen i'n lico meddwl bod ambell grys gwyrdd a melyn go smart yn dal i lechu ar waelod drôr neu ddau yn yr ardal – i dystio i'r oesoedd a ddêl y gogoniant a fu!

Dilyn y Swans

Yn ôl y sôn, gas 'y nhad-cu ar ochor Mam ei eni ym Mon-y-maen. Felly, rwy wastad wedi cymryd fod tipyn o waed y Swansea Jacs yn'o i yn rhywle. 'Na pam 'mod i wedi bod yn gymaint ffan o'r Swans erio'd, mae'n debyg. Hyd yn oed pan o'n i'n weinidog ar Hermon a Star yn Sir Benfro, os oedd prynhawn Sadwrn rhydd 'da fi, gallwch fentro taw draw ar y Vetch fyddwn i – wedi gwibio'r holl ffordd 'nôl yn nes at 'y nghynefin ar gefen y moto-beic.

A moto-beics... dyna ichi ddiléit arall sydd wedi mynd â mryd erio'd. Falle y gwibia i'n ôl i ddweud mwy am hynny yn y man. Dalwch yn dynn!

Rhoi help llaw i Mr Urdd

Pan ges gynnig i weithio gyda'r Urdd, fel Swyddog Datblygu Cynorthwyol yn Sir Gaerfyrddin, fe jwmpes at y cyfle'n syth. Gwaith rhan-amser oedd e, ond ro'n i wrth fy modd yn helpu i ddatblygu sgiliau plant a phobol ifanc dros gymaint o wahanol ddisgyblaethau. Fe ddes mlân yn dda gydag Alun Stevens, ro'n i'n gynorthwyydd iddo ar y cychwyn, gan helpu i hybu gwahanol weithgareddau chwaraeon, a hefyd yn cynorthwyo i ddysgu Cymraeg mewn ysgolion. Gallaf gofio derbyn croeso arbennig gan rai o athrawon ysgolion Llanelli a'r cylch – a dyna deimlad braf oedd cael defnyddio'n sgiliau consurio i helpu dysgu'r iaith ambell dro.

Daeth Tegwen Alaw Parri yn Swyddog Datblygu wedyn ac yna Sioned Fflur a bu cydweithio hapus iawn gyda'r ddwy ohonyn nhwythe hefyd.

Gweithiais gyda'r Urdd am tua phymtheg mlynedd, ac un o'r uchelfannau blynyddol oedd fy nyletswydde y tu ôl i'r llwyfan yn yr Eisteddfod Genedlaethol. Ar ryw olwg, yr wythnos honno oedd 'y 'ngwyliau i. Yn y stafell ymgynnull o'n i fel arfer, lle byddai'r cystadleuwyr i gyd yn dod ynghyd. Cyfuniad o drefnu a bugeilio, allech chi ddweud. Byddwn yn cael gwbod ym mha drefn roedd pob unigolyn i ymddangos, ac wedyn, mater o gael pawb yn barod cyn camu mas i wneud eu pethe oedd hi.

Profodd yn rhagbaratoad amhrisiadwy, achos yn ddiweddarach ro'n i'n Rheolwr Llwyfan ar basiant mewn nifer fawr o Eisteddfodau.

Chafodd neb ei gladdu yn ystod wythnos y Steddfod!

Gofid i bob gweinidog, mae'n debyg, yw beth i'w neud os digwydd i ryw aelod ffyddlon farw tra bo chi bant ar wyliau. Fel arfer, fe fydd y teulu'n deall eich bod eisoes wedi ymrwymo i fod oddi cartre rhwng y dyddiadau rheini ac mae modd trefnu'r angladd naill ai cyn ichi fynd neu wedi'ch dychweliad. Ond fwy nag unwaith, dwi wedi dod 'nôl i gynnal angladd pan fuon ni fel teulu bant yn rhywle. Fe ddigwyddodd unwaith neu ddwy pan fydden ni'n aros gyda theulu Helen yn y gogledd, oedd yn golygu 'mod i'n gorfod diflannu am ddiwrnod er mwyn teithio'n ôl i'r de. Ac unwaith, rwy'n cofio inni fod yng ngogledd Lloegr ar wyliau pan ddaeth galwad arna i i yrru'r holl ffordd adre.

Yr unig bryd y bydda i'n ei gwneud hi'n eglur nad yw'n bosib imi dorri ar wyliau yw pan fydda i wedi mynd dramor – ac mae'r rhesymau dros hynny'n fwy i'w wneud â chost a threfniadau teithio nag unrhyw anghyfleustra personol. Ar y llaw arall, mae'n peri mwy o ben tost os daw profedigaeth i ran neb a minnau'n digwydd bod bant gyda ryw waith arall, y tu fas i ofalaeth yr eglwys. Trwy lwc, trwy gydol y cyfnod o ryw bymtheg mlynedd y bues i gyda'r Urdd, sda fi ddim cof imi erio'd orfod gadael fy nghyd-Swyddogion Datblygu i ysgwyddo'r baich y tu cefn i'r llwyfan er mwyn dod sha thre i gladdu neb. Rhyddhad i bawb!

Barabas

Un o lwyddiannau mwya ein hamser yn y Meinciau oedd sioe gerdd y buodd Helen yn benna gyfrifol am ei chyfansoddi. Hi hefyd oedd y Gyfarwyddwraig Cerdd, a finnau'n Cyfarwyddo. Daeth â phlant ardal eang ynghyd, nid o Salem a Moreia yn unig, ond eglwysi'r enwadau eraill hefyd. Hanes Barabas yn y Beibl oedd sail y gwaith, fel mae'r teitl yn ei awgrymu, a chymerwyd y brif ran gan ŵr ifanc oedd yn weithiwr cymdeithasol ar y pryd, Brenig Davies. Erbyn hyn, mae'n weinidog gyda'r Annibynwyr ar eglwys Bethlehem, Cadle, ger Fforest-fach. Elin Rhys chwaraeodd ran Mair Magdalen a hi'i hunan gyfansoddodd 'Cân Mair'. Toc wedyn, fe ddaeth hi'n gyflwynydd teledu adnabyddus, gan gyfrannu'n helaeth i ddarlledu yng Nghymru dros y blynyddoedd, fel un o gyfarwyddwyr Teledu Telesgop.

Ei thad, y Parch. Tom Morgan, Llanelli, oedd yn gyfrifol am y geiriau, ac mae wir yn drueni na chafodd y gwaith erio'd ei roi ar gof a chadw trwy record neu dâp, neu ei ffilmio. Yn 1981 ac ym Moreia, y Meinciau, y cafwyd y perfformiad cynta, a thros y misoedd a ddilynodd, fe lwyfannwyd y sioe mewn nifer fawr o gapeli ar hyd ardal eang. Dros ddeg mlynedd ar hugain yn ddiweddarach, mi fydda i'n dal i ddod ar draws rhai sy'n sôn yn frwdfrydig am y profiad, naill ai am iddyn nhw fod yn rhan o gynulleidfa a welodd y sioe, neu am eu bod nhw ymysg y bobol ifanc a gymerodd ran.

Ar wahân i deithio'r sioe honno ar hyd a lled Sir Gaerfyrddin a'r cylch, aeth cerddoriaeth Helen â ni ar gerdded i lefydd er'ill hefyd yn ystod ein hamser yn y Meinciau. Ffurfiodd grŵp o'r enw Boco gyda Gareth Williams, Lyn Scrace, Catrin Treharne a Simon Pugh Jones, ac fe gynrychiolon nhw Gymru yn yr Ŵyl Ban-Geltaidd yn Killarney ddechrau'r '80au. Gan fod Helen hefyd yn canu'r delyn yno, bu'n rhaid inni ga'l bocs arbennig er mwyn gallu cludo'r offeryn yn y bws mini ar gyfer y fordaith draw i Iwerddon. Cafodd y bocs ei ddefnyddio'n wreiddiol i gael y delyn i Frwsel, pan oedd Helen draw 'co'n cyfeilio gydag Aelwyd yr Hendy.

Rai blynyddoedd wedyn, ar ôl inni fel teulu symud 'nôl i Frynaman, atgyfodwyd *Barabas*, gyda'r Parch. Irfon Roberts yn portreadu Iesu y tro hwn a'r Parch. Meirion Morris, gweinidog

Moreia, Brynaman, yn chwarae rhan Barabas. (Erbyn hyn, mae Meirion newydd orffen fel Ysgrifennydd y Presbyteriaid.)

Soniais eisoes mai Helen oedd y gyfansoddwraig a'r Gyfarwyddwraig Cerdd, ond ym mhob un o'r rhes o berfformiadau cyson, hi hefyd oedd y cyfeilydd. Sdim dowt na fuodd 1981 yn flwyddyn fishi a chynhyrchiol iawn – a hynny mewn mwy nag un ffordd!

Dyfodiad Fflur i'n bywydau

Ar 13 Awst y flwyddyn honno, ganed Fflur, ein merch. Hyd y dydd heddiw, mi fydd hi bob amser yn mynnu mai "Merch Shir Gaerfyrddin ydw i." A phwy all wadu nad yw hi'n llygad ei lle, gan taw yn Ysbyty Glangwili y cafodd ei geni.

Rwy'n siŵr ei bod hi'n saff imi ddatgan nad oedd na thelyn na phiano yn agos at Helen y diwrnod hwnnw, ond mae'r un mor ddiogel dweud bod Fflur wastad wedi cael ei hamgylchynu gan gerddoriaeth, hyd yn oed cyn gwneud ei hentrans cynta. Ar wahân i brysurdeb dod â *Barabas* ynghyd fel sioe, a'i theithio, a'i gwaith llawn amser yn dysgu, bu cerddoriaeth yn rhan ganolog o fywyd Helen erio'd, ac o'r herwydd rwy'n siŵr i Fflur gael ei geni gyda rhythmau miwsig yn rhan o'i chyfansoddiad.

Un dydd, a hithau'n hwfro yn y lolfa ac yn cadw llygad ar Fflur yn ei *baby bouncer* yr un pryd, galwodd Helen arna i'n gyffro i gyd.

"Eirian! Eirian! Dere 'ma glou!"

Yn y stafell ffrynt o'n i ar y pryd, ac ar ganol rhyw waith neu'i gilydd. Yr unig beth a glywn i i darfu ar yr heddwch cyn hyn oedd hmmmm yr hwfer.

I mewn â fi ar hast. "Be sy'n bod, bach?"

"Sdim byd yn bod, ond gwranda ar hyn..."

A dyna lle roedd Fflur yn efelychu grwndi'r peiriant sugno llwch i'r dim. *Pitch perfect!* A newidiodd y donyddiaeth yr un mor berffaith pan wthiodd Helen yr hwfer oddi ar y carped i'r llawr teils. Fe wydden ni'n gynnar y bydde hon yn ferch a allai ddal nodyn heb drafferth yn y byd.

Yr *urban guerilla*

Un gofid bach a lechai yng nghefn fy meddwl pan oedd Fflur yn fach, oedd pa mor debygol oedd y posibilrwydd y gallai hi fod wedi etifeddu dyslecsia'i thad. Trwy lwc, chafodd yr amheuaeth hwnnw fawr o amser i fagu gwreiddiau. Dysgodd Fflur i ddarllen yn rhyfeddol o rwydd ac yn ifanc iawn. Yna, un diwrnod pan o'n i'n darllen papur dyddiol a hithau'n cwtsho yn fy nghôl – chofia i ddim pa oedran oedd hi'n gwmws, ond doedd hi fawr o beth – dyma fi'n clywed y "Da-ad!" chwilfrydig clasurol hwnnw ddaw o enau plant bach.

"Ie, bach," meddwn i'n ôl wrthi. "Be sy?"

Ond allwn i byth fod wedi dychmygu'r ateb ges i.

"Beth yw ystyr *urban guerrilla*?"

Nid yn unig roedd hi wedi dal sylw ar yr ymadrodd ar y papur, ond roedd hefyd wedi ei ynganu mewn Saesneg perffaith. Petai hi jyst wedi gwneud ymdrech i ddweud y ddau air yn ffonetig, 'sen i wedi bod yn falch ohoni. Yn naturiol, Cymraeg ei mam a'i thad yw iaith gynta Fflur, ac o gofio'i hoedran, rhyw ymgais ffonetig i ddweud y ddau air fyddwn i wedi'i ddisgwyl ar y gorau.

Nid yn amal y bydda i'n cael fy ngadael yn gegagored. Ond rwy'n meddwl iddi orfod aros am rai eiliadau cyn i mi ffeindio'r geiriau i egluro iddi beth oedd *urban guerrilla*. Rhaid fod y ddawn o allu gwahaniaethu rhwng gwahanol ieithoedd yn gynhenid ynddi – ond ar y pryd, shwt allwn i fod wedi gwbod cymaint o fendith fyddai hynny i un â'i bryd ar yrfa'n canu opera? Erbyn hyn, mae'n hen gyfarwydd â chamu ar lwyfannau'r byd a pherfformio'n gwbwl rhugl yn yr Eidaleg, y Ffrangeg a'r Almaeneg – a hyd yn oed mewn Rwsieg. A fu galw arni erio'd i fwrw'r nodyn cywir wrth ganu am *urban guerrilla*, sai'n siŵr! Bydd yn rhaid imi gofio gofyn iddi rhyw dro.

"Fflu-ur!"

Carey a Lynette Edmunds

Drwy symud i fyw i'r Meinciau, ger Pont-iets, daeth gofyn arnon ni i gofrestru gyda meddyg teulu newydd – a dyna ddechreuadau cyfeillgarwch sydd cyn gryfed heddi ag y buodd erio'd. Yn gryfach os rhywbeth. Cyfeillgarwch amhrisiadwy, i'w drysori yn wir, fel y bydd Helen yn fy atgoffa'n amal.

Meddyg ifanc oedd Carey bryd 'ny, yn dilyn yn llinach ei dad, gan fod hwnnw'n feddyg ym Mhont-iets o'i flân e. Roedd y teulu'n aelodau 'da fi yn y Meinciau. Un tro, pan gas 'nhad bwl ar y galon tra'n aros 'da ni yn y Meinciau, daeth Carey a'i dad lan i'r Mans i'w weld. Chymerodd hi fawr o dro imi ddeall tua pa adeg bob bore y byddai meddygon y feddygfa'n cymryd hoe am de, a des innau i'r arfer o bigo i lawr 'co'n achlysurol, am ddished a chlonc.

Gwahoddodd e a'i wraig, Lynette, ni draw am swper un noson – a dyna ni. Ni wedi bod yn ffrindie penna byth ers 'ny. Cafodd y ddau dri o blant maes o law, ac fe fuodd Fflur fel chwaer fawr iddyn nhw wrth dyfu lan – a hwythau fel dwy chwaer a brawd iau iddi hithau. Gallech ddweud iddyn nhw gael eu magu trwy'r trwch, gyda phawb ohonon ni'n carco plant ein gilydd yn ôl y galw. Nid yn unig mae perthynas glòs rhwng Carey a fi a pherthynas glòs rhwng Helen a Lynette, ond mae hefyd berthynas debyg rhwng Carey a Helen a finne a Lynette. Peth angyffredin iawn rhwng dau gwpwl, dybiwn i.

Sdim ots faint o bleserau'r ŵyl sy'n ein haros bob bore Nadolig – oedfa i'w chynnal, cinio i'w fwyta, anrhegion Siôn Corn i'w hagor ac ati – un traddodiad defodol r'yn ni'n siŵr o'i gadw yw bwrw noson Nadolig ym Mhont-iets gyda Carey a Lynette, ac aros gyda nhw tan y bore ar ôl Gŵyl San Steffan. Fel arfer, bydd aelodau o'u teuluoedd estynedig hwythe yno hefyd – brawd a chwaer Lynette, er enghraifft. Dathliad sy'n creu llond tŷ go iawn, yn enwedig wrth i'r blynyddoedd fynd heibio ac i'r plant i gyd dyfu lan.

Fel y dylai hi fod gyda ffrindiau o'r iawn ryw, r'yn ni wedi rhannu'r llon a'r lleddf dros y blynyddoedd. Pan oedd Owain,

75

eu plentyn hyna, tua dwy flwydd oed, fe gas e'i daro'n wael ac fe geson nhw amser gofidus dros ben. Ar y pryd, treuliais innau nosweithiau yn eu cwmni, wrth ei wely yn yr ysbyty, ac o edrych 'nôl, mae'n fy nharo taw dyna pryd, efallai, y cafodd y cwlwm oes rhyngon ni ei serio am byth.

Ond wedyn, ar nodyn hapusach, ces hefyd y fraint o briodi a bedyddio llawer o berthnasau'r ddau. Ddiwedd mis Hydref 2016, roedden ni yn Lewes, Swydd Dwyrain Sussex, ar gyfer priodas Catrin, merch Rosemary, chwaer Lynette – a finnau'n cael y fraint o weinyddu. Ers yn groten fach, roedd hi wastad wedi dweud taw fi fyddai'n cynnal ei phriodas. Dim ond tipyn o siarad plant bryd 'ny, wrth gwrs. Ond fe ges foddhad mawr o gael gwireddu ei darogan. Ac i ychwanegu at y cyswllt, fe atgoffodd Helen bawb mai fi hefyd briododd Rosemary a John, rhieni Catrin. (Y fi hefyd gladdodd ei mam-gu a'i thad-cu, sef rhieni Rosemary a Lynette, ac yn ogystal, fi gladdodd mam a thad Carey, sef Lydia a Gwyn.)

Dau gwpwl arall, a charafanét!

Wrth ddwyn i gof fy nyddiau'n canŵio ac yn teithio gyda'r sioe *Barabas*, cawsoch glywed sôn eisoes am Steve Jones a Brenig Davies. Ond mae'r ddau wedi chwarae llawer mwy o ran ym mywydau Helen a fi na hynny. Mae gan Steve a'i wraig Diana dri o feibion, a chafodd Brenig a Delyth, ei wraig yntau, hefyd dri o blant. Rhwng pawb, mi fydden 'na dri ar ddeg ohonon ni pan ddelen ni i gyd ynghyd. A byddai hynny'n digwydd yn amal. Da o beth nad oedden ni'n ofergoelus. (Gan fod penblwyddi Fflur a finnau'n disgyn ar y 13eg, d'yn ni erio'd wedi rhoi fawr o goel ar ofergoel yn ein teulu ni!)

Gyda chymorth Steve, ro'n i wedi addasu fan yn garafanét a bydden ni i gyd yn mynd bant yn amal i fwrw amser gyda'n gilydd. Cylch o gyfeillion go iawn. Ond pan ddaeth hi'n fater o fod at ddant gwybed mân, mae'n amlwg mai fi oedd yn blasu orau ohonon ni i gyd, achos pan oedden ni'n aros ger Llyn

Brianne un tro, fe gafodd bron pawb arall lonydd gan y pla, tra o'n i jyst â chael 'y myta'n fyw gan y jiawched!

Roedd Diana hefyd yn dysgu Fflur yn Ysgol Gwynfryn, Pontiets. Eglurodd Helen a finne iddi'n ofalus pam fod angen iddi gyfarch ei 'hanti' yn fwy ffurfiol yn yr ysgol na'r hyn oedd yn arferol pan fydden ni i gyd yng nghwmni'n gilydd fel arfer. Ond trodd mas i fod yn esiampl arall o ddysgu'n gynnar fod Fflur ni yn eitha *bright*. Gallai wahaniaethu rhwng yr 'Anti Diana' oedd yn ffrind i'r teulu a'r 'Mrs Jones' a safai o flân y dosbarth heb drafferth yn y byd. Rwy'n cofio dotio at y ffordd y deallodd hi ac y derbyniodd hi 'na mor rhwydd. Croten glefyr. A finne'n dad prowd.

Fel Fflur, mae plant Steve a Diana a Brenig a Delyth wedi hen dyfu lan, wrth gwrs, ac mae Arwel Davies, mab Brenig a Delyth, yn wyneb cyfarwydd ar *Pobol y Cwm* ers blynydde. A finne'n ei gofio fe'n gwneud ei ymddangosiadau cyhoeddus cynhara yn y sêt fawr slawer dydd!

Rheolwr Llawr

Fel y crybwyllais yn barod, mi fues i'n ddigon ffodus am sawl blwyddyn i gael hybu, helpu a hwyluso cannoedd o blant a phobol ifanc wrth iddyn nhw feithrin eu doniau a magu hyder yn gyhoeddus. Ac i'r Eisteddfod Genedlaethol ac Eisteddfodau Cenedlaethol yr Urdd mae'r diolch am 'ny.

Adeg Eisteddfod Genedlaethol yr Urdd Dyffryn Lliw yn 1993, ces wahoddiad i fod yn Rheolwr Llwyfan ar gyfer Pasiant y Plant – a dyna'r tro cynta imi gael y fraint o weithio gyda Gwawr Davies, oedd i gyfarwyddo'r sioe. Âi ein hadnabyddiaeth o'n gilydd yn ôl i ddyddiau coleg ac roedd ei thad yn ddeiacon yn y Star, sef y diweddar WR Evans, sylfaenydd 'Bois y Frenni' o ardal Crymych. Cyn pen fawr o dro fe ddaeth hi'n rhywun yr oedd 'da fi barch aruthrol tuag ati, ei doniau a'i hymroddiad a'i hynni. Ac ar ben hynny, rwy'n ei chyfri'n ffrind annwyl.

Un arall y bu'n bleser pur dod ar ei draws yn y cyfnod hwn oedd Gareth F Williams. Roedd yn sgriptiwr teledu talentog, a chyfrannodd yn helaeth i faes llenyddiaeth plant a phobol ifanc, gan ennill Gwobr Tir Na n-Og chwe gwaith a Gwobr Llyfr y Flwyddyn 2015 am ei glasur, *Awst yn Anogia*. Ond fel awdur i'r llwyfan y des i i'w nabod, oherwydd y fe sgrifennodd sgriptiau'r rhan fwya o'r pasiantau y bues i'n gysylltiedig â nhw. Byddai'n treulio llawer o amser gyda ni yn ystod cyfnodau rihyrso, yn gwneud yn siŵr fod popeth roedd e wedi'i roi ar bapur yn gweithio'n iawn yn ymarferol ar y llwyfan.

Weithiau, chi'n cydweithio gyda phobol yn ddigon hapus, a dyna fe. Ond ambell dro arall, gall dealltwriaeth dyfu sy'n mynd yn ddyfnach na jyst cydweithio'n dda fel tîm. Chi'n magu gwir gyfeillgarwch personol a gwerthfawrogiad o ddoniau'r person arall. I mi, dyna'n gwmws shwt rwy'n cofio'r oriau hir o waith caled a dreuliais yng nghwmni Gwawr a Gareth F. Amserau hapus dros ben, ac rwy'n dal mewn cysylltiad achlysurol gyda Gwawr. Ond yn ystod y cyfnod ro'n i wrthi'n fishi'n dwyn yr atgofion hyn i gof, bu farw Gareth – a thrist gorfod nodi nad y fe yw'r unig un sy'n ca'l ci ddwyn i gof yma a'n gadawodd tra oedd y gyfrol ar y gweill.

Colli Mam

Ar lan y bedd yn angladd fy mam, gallaf gofio 'Nhad yn dweud, "Fydda i ddim yn hir ar 'ych gôl chi, Megan."

A gwir y dywedodd. Dri mis a rhai dyddiau'n unig oedd rhwng y ddwy angladd. 1984 oedd y flwyddyn a finne'n un ar ddeg ar hugain.

Mam oedd y gynta i'w tharo'n sâl gyda'r aflwydd a fyddai'n lladd y ddau ohonyn nhw. Derbyniodd lawdriniaeth colostomi yn Ysbyty Llanelli yn 1979, yn dilyn cael diagnosis o gancr y coluddyn. Arwydd o'r galon fawr oedd 'da Mam yw'r ffaith iddi ddod yn ffrindiau da gydag un o'r nyrsus fuodd yn gofalu amdani'r adeg honno. Merch o Fadagasgar oedd Suzi Jagoo ac am sbel hir wedi i Mam ddod adre o'r ysbyty byddai'n dod draw i Frynaman i'w gweld, gan aros ambell benwythnos. Mae dyddiadur 'Nhad o'r cyfnod yn nodi fel y bydden nhw'n mynd mas am sbin yn y car gyda'i gilydd ambell brynhawn. Roedd Mam yn dwli ar Suzi ac un dda fuodd hi erio'd am rannu'i llawenydd gydag eraill.

Gallwch weld hynny yn y ffoto a dynnwyd ohoni'n agor ei phresant Nadolig oddi wrth Helen a fi yn 1980. Fe wydden ni erbyn 'ny fod Fflur ar y ffordd ac fe benderfynon ni taw'r ffordd orau o dorri'r newyddion i Mam a Dad oedd trwy rhoi syrpréis iddyn nhw adeg y Nadolig. Fe lapion ni sawl bocs, gan ddechrau gydag un go fawr a gweithio'n ffordd lawr i un pitw bach. Yna, gan ddechre gyda'r lleia, fe roion ni bob bocs mewn un ychydig bach yn fwy nag e'i hunan, nes eu bod nhw yn y diwedd fel y doliau Rwsiaidd enwog rheini sy'n ffito'n ddestlus, un o fewn y llall, yn ddiddiwedd bron.

Wrth ddechrau rhwygo'r papur oddi ar y bocs mwya, docdd gan Mam ddim syniad y dasg oedd yn ei haros. Yr hyn ddaeth hi o hyd iddo oedd bocs arall... ac yna, un arall eto... ac yn y blân. O'r diwedd, pan ddaeth hi at yr un lleia i gyd a'i agor, yr hyn ffeindiodd hi oedd darn o bapur ac wedi'i sgrifennu arno y geiriau, "Chi'n mynd i fod yn fam-gu a thad-cu unwaith eto!" Gallaf weld ei gwên lydan o hyd yn 'y nghof, a gall pawb ei gweld yn y llun.

Rywbryd rhwng Hydref a Nadolig '83, fe ynganodd Mam frawddeg sydd wedi aros gyda mi byth. Cofiwch imi grybwyll fel y bu gen i chwaer o'r enw Marvis, oedd wedi marw pan oedd hi'n ddwyflwydd a dau fis oed, flynyddoedd cyn 'y ngeni i? Byth ers geni Fflur, roedd Mam wedi sôn fwy nag unwaith fel roedd pryd a gwedd ei hwyres fach ddiweddara yn ei hatgoffa'n gyson o Marvis. Erbyn 13 Hydref, roedd Fflur wedi byw'n hirach na dwyflwydd a deufis ei diweddar fodryb – a dyna ysgogodd Mam i droi ata i'n dawel a dweud, "Fe alla i fod yn dawel 'y meddwl nawr."

Rwy wastad wedi cymryd cysur o'r geiriau, gan obeithio eu bod nhw'n mynegi gwirionedd a fuodd o gysur iddi hithe hefyd ym misoedd ola'i bywyd. Fflur oedd yr ola o'u hwyrion i gael ei geni a ffaith anghyffredin i'w chofnodi am fy rhieni oedd fod ganddyn nhw or-wyrion oedd yn hŷn na'u hwyres ienga.

Yn un o'r atgofion ola sda fi o Fflur a Mam gyda'i gilydd, roedd Mam eisoes yn orweddog yn ei gwely. Prin dair blwydd oed fyddai Fflur ar y pryd. Roedd Carey, y bachan drwg shwt ag yw e, wedi bod yn ei dysgu i godi dau fys – ond dim ond pan fyddwn i wedi troi 'nghefn, mae'n amlwg! Os byth y gwelen i hi'n gwneud shwt beth, byddwn yn esgus rhoi stŵr iddi. Ond bydde Mam ar y llaw arall yn ei helfen, ac yn mwynhau direidi diniwed ei hwyres.

Yn yr atgof dan sylw, newydd adael y ddwy yn y stafell wely o'n i pan ddigwyddais droi 'mhen yn ôl i'w cyfeiriad a gweld yn y drych fod Mam yn ystumio ar yr un fach.

"Dangos ifi 'to beth ma Wncwl Carey wedi'i ddysgu iti," sibrydai, yn wên o glust i glust.

Er mor fyr yr olygfa fach smala, roedd yn dweud llawer am y tri ohonyn nhw, rwy'n meddwl – Fflur a Mam, a hyd yn oed Carey. Un o'r golygfeydd bach annwyl rheini sydd drosodd mewn whinciad, ond sy'n debyg o aros yn dragwyddol yng nghefn y cof.

Colli 'Nhad

Cancr y prostad fuodd dechrau gofidiau i 'Nhad. Lledodd wedyn i'r esgyrn a thros flwyddyn ola'i oes byddwn yn dod draw'n rheolaidd i'w yrru lawr i Ysbyty Singleton ar gyfer radiotherapi. Ond dywedodd yr arbenigwr yno wrtha i nad oedd y driniaeth yn gwneud dim i ladd y cancr. Ei unig les i 'Nhad oedd i helpu lliniaru'r boen.

Yn ystod wythnosau ola'i oes – y cyfnod anodd hwnnw a ddilynodd angladd Mam a phan oedd hi'n amlwg fod y geiriau proffwydol rheini a ynganodd ar lan ei bedd ar fin dod yn wir – fe symudodd fy nith, Sandra, Hywel ei gŵr, a'u plant mewn i Dŷ Aman i fod gyda 'Nhad. Gwnaeth hynny lawer i wneud ei gystudd mor esmwyth â phosibl.

Ymysg yr atgofion amdano a glywais gan alarwyr wrth iddyn nhw estyn gair o gydymdeimlad diwrnod ei gladdu, cafodd dwy o'r rhinweddau a berthynai iddo eu crybwyll sawl gwaith.

Y gynta oedd ei arfer o stopo'r car i gynnig lifft i unrhyw un cyfarwydd iddo fydde fe'n digwydd ei weld yn cerdded ar ochr y lôn wrth iddo yrru heibio. Bues i'n hunan yn y car gydag e ddigonedd o weithiau pan fyddai'n rhaid arafu a chynnig lifft i hwn a'r llall ac arall. Un tro, fe roddodd lifft i blismon oedd *off duty*, a beth wnaeth y gwalch ond riportio 'Nhad am nad oedd ei *speedometer* yn gweithio. Fel mae'n digwydd, roedd 'Nhad yn llwyr ymwybodol nad oedd y teclyn hwnnw'n gweithio ar y pryd ac eisoes wedi trefnu fod y car yn mynd i'r garej ychydig ddyddiau wedyn i gael ei drwsio. Er mor siomedig oedd e o gael ei drin mor siabi, synnwn i fawr na fyddai Dad wedi cynnig lifft iddo eto tase fe byth wedi dod ar ei draws yn cerdded ar fin y ffordd. Dyn graslon iawn!

"Chlywes i erio'd mo'ch tad yn rhegi!"

Dyna'r frawddeg arall a glywais sawl gwaith ar ddydd ei angladd. A dyna nodwedd arall o'i eiddo y gallaf innau dystio iddi – ond gydag un eithriad. Clywais 'blydi' ganddo unwaith, a hynny pan oedd yn ei salwch ola. Rwy'n amau'n gryf nad oedd yr aflwydd eisoes wedi dechrau amharu arno erbyn 'ny. Heblaw am yr un tro hwnnw, chlywais innau mohono'n rhegi chwaith. Pan o'n i'n blentyn, fe alla i gofio iddo fwrw'i fawd â morthwyl un tro, wrth drio taro hoelen i wal. Y math o anffawd pryd mae'n hawdd maddau os yw ambell air coch yn llithro dros y tafod. Ond nid yn ei achos e. "Jawco! Jawco! Jawco!" oedd yr unig ddeusill ddaeth o'i enau wrth iddo ddawnsio rownd y stafell mewn poen.

Yn amlwg, meddai ar hunanddisgyblaeth yn ogystal ag egwyddorion. A ches reswm i bendroni ymhellach dros effeithiau annisgwyl Anghydffurfiaeth ar y meysydd glo pan glywais rywdro i lawer o haliers – y bois oedd yn gyfrifol am weithio'r ceffylau dan ddaear – ei chael hi'n anodd cael y creaduriaid i wneud dim byd wedi iddyn nhw gael tröedigaeth yn sgil Diwygiad Evan Roberts (1904–05). Newidiwyd natur ieithwedd y glowyr yn llwyr gan y Diwygiad, mae'n ymddangos. Llai aflednais. Llai cwrs. Dim rhegfeydd. Roedd yr oslef a'r geiriau a gâi eu defnyddio wrth weiddi gorchmynion nawr yn

81

gwbwl wahanol eu sain i'r hyn roedd y ceffylau'n gyfarwydd â'i glywed. Wedi'r cwbwl, doedd eu clustiau nhw ddim wedi profi'r un 'glanhad ysbrydol' â'r un a effeithiodd ar dafodau'r dynion.

Canlyniad hyn i gyd, yn ôl y sôn, oedd gorfodi rheolwyr y pyllau glo i fynd at weinidogion, blaenoriaid a swyddogion eraill yr eglwysi i ofyn, yn garedig iawn, a fydden nhw'n fodlon caniatáu i'r dynion fynd yn ôl at eu hen ffordd o wilia â'r ceffylau – gan gynnwys y rhegfeydd.

Wn i ddim a oes unrhyw sail hanesyddol i'r stori hon, neu a oes tystiolaeth ddogfennol yn rhywle, ond byddai'n ddiddorol ffeindio mas!

Chlywais i erio'd o fy mam yn rhegi chwaith. Ond yn unol â'r hiwmor iach oedd yn rhan o'i phersonoliaeth wrth fynd i'r afael â phob agwedd ar fywyd, efallai fod ei hagwedd hi ychydig bach yn fwy pragmataidd nag un 'y nhad. Wrth iddi 'nysgu yn blentyn pam ei bod hi'n rong imi regi, fe ddwedodd, "Ma Iesu Crist yn ypsét os wyt ti byth yn cymryd ei enw yn ofer... a ti ddim moyn achosi lo's i Iesu, nawr wyt ti?" Ac yna ychwanegodd, "Nagyw e'r un peth o gwbwl â gweud 'Diawl!' neu 'Gythraul!'. Dim ond y Diafol ti'n ei ypseto bryd 'ny, a sdim ots os wyt ti'n ypseto hwnnw, o's e?"

Yma, yn eu cartref, Tŷ Aman ar y Banwen, y bu farw'r ddau. Mam ar 10 Rhagfyr 1984 a 'Nhad ar 17 Ebrill 1985. Rhywle rhwng dau a thri o'r gloch y bore oedd hi pan ddaeth y diwedd, gyda'r tri ohonon ni blant gerllaw – Danville, Gaynor a minnau. Gyda ni, yn gysur ac yn gynhaliaeth, roedd Helen, ynghyd â 'mrawd a'n chwaer yng nghyfraith, Robert a Mair. Yno hefyd, yn gymorth ymarferol mewn gymaint o ffyrdd, roedd ein cyfnither, Maryl Tandy, oedd yn brif sister yn Ysbyty Treforus. Buodd ei phrofiad ymarferol hi yn amhrisiadwy, i'n llywio tua'r darfod. Roedd fel gweld llong yn hwylio bant, a honno'n mynd yn llai ac yn llai o hyd wrth iddi forio tua'r gorwel.

Gorweddant ynghyd ym mynwent Bethania, Brynaman, yn yr un bedd â Marvis a Peter, y ddau blentyn a'u rhagflaenodd.

Tŷ gwag...

Gadawyd y tŷ a fu'n gartre imi ers pan o'n i'n flwydd oed yn wag, a phenderfyniad y tri ohonon ni oedd ceisio'i werthu i rywrai lleol. Ond pan edrychai fel petai sêl ar fynd trwodd, daeth rhywbeth ar ein traws bob tro. Wrth i'r misoedd fynd yn eu blaenau, parhau ar werth wnâi'r hen gartre, a pharhau'n wag.

Rownd y gornel oddi wrtho, yn Heol y Glyn, saif y tŷ lle trigai Wncwl Bryn, brawd fy mam, gydag Anti Fran, oedd yn wreiddiol o ochrau Llundain, a'u merch Marvis, sydd wedi gorfod byw gydag anabledd difrifol ar hyd ei hoes. Cafodd ei geni â *cerebral palsy*. Pan oedd 'Nhad ar ei wely angau, fe wnes addewid iddo petai 'nghyfnither byth yn cael ei gadael ar ei phen ei hun yn y byd 'ma y gwnawn i bopeth o fewn fy ngallu i'w charco. Erbyn 1987, roedd iechyd Wncwl Bryn yn dechrau torri'n ara bach, gan olygu fod baich Anti Fran yn trymhau. Ro'n i'n llwyr sylweddoli nad oedd hithau'n mynd ddim iau, ac awn draw bob cyfle fedrwn i i edrych amdanynt a rhoi help llaw.

Troi'n dristach yr olwg wnâi'r tŷ gyda phob ymweliad. Lle llawn llawenydd oedd e wedi bod i fi erio'd ac anodd iawn oedd bod yn dyst i'w ddirywiad. Yn ogystal â 'ny, daethai'n amlwg fod pethau'n mynd yn fwyfwy anodd yn Heol y Glyn. Yn raddol, dechreuodd wawrio ar Helen a finnau fod 'da ni lot i'w drafod.

... a symud iddo

Yn y diwedd, fe benderfynon ni taw mynd yn ôl i 'nghynefin ym Mrynaman oedd raid. Ar lawer golwg doedd e ddim yn ddewis hawdd. Ond mewn sawl ffordd arall, roedd rhagluniaeth fel petai'n ein harwain i'r cyfeiriad hwnnw. Teimlem fod ein hamser yn y Meinciau yn prysur ddod i ben. Fe soniais yn barod mor egnïol y gweithiodd Helen gyda'r ysgol Sul a'r dosbarth pobol ifanc. Pan gyrhaeddodd bore Sul ein hoedfa ola yno, roedd y capel dan ei sang a deigryn i'w weld yn llygaid sawl un – yn blant a phobol ifanc, a rhai hŷn.

Wnaethon ni ddim symud i'r Banwen ar ras. Gyda'r tŷ a fyddai'n gartre newydd inni fel teulu – ond a oedd eisoes yn hen gartre i fi, wrth gwrs – wedi sefyll yn segur ers dros dair blynedd, roedd gwaith i'w wneud arno. Felly, fe fuon ni'n fishi'n moderneiddio ac yn ailwampio rhai agweddau ar y lle; er enghraifft, ailwifrwyd y trydan yn llwyr ac fe roeson ni wres canolog i mewn. Ond ar y 1af o Ebrill 1988, dyma ni fel teulu bach yn cymryd ein camau cynta dros y rhiniog.

Parhaodd Helen gyda'i gyrfa fel athrawes. Dechreuodd Fflur fynychu'i hysgol newydd. O ran adeilad, yr un ysgol gynradd oedd hi â hen un ei thad, ond roedd wedi cael enw newydd erbyn 'ny, sef Ysgol y Glyn. (Ers i Fflur dderbyn addysg yno, fe'i caewyd yn gyfan gwbwl.) O fan'ny, aeth mlân i Ysgol Gyfun Gymraeg Ystalyfera, lle elwodd yn ddychrynllyd o'r cyfleodd a gafodd i feithrin ei doniau fel cantores, a bu'n brif ferch yno. Dilyn ôl traed fy chwaer oedd hi'r tro hyn – ac unwaith eto, roedd hi mewn ysgol a newidiodd ei henw. Ysgol Ramadeg Ystalyfera oedd hi pan oedd ei Hanti Gaynor yno.

Ond, a ninnau nawr yn ôl ym Mrynaman, beth amdana i? Ro'n i bellach yn ddi-eglwys. A dyna shwt buodd hi arna i am flwyddyn gron. Hwn oedd y cyfnod hira imi fod heb eglwys ers cael fy ordeinio. Maes o law, daeth galwad i weinidogaeth ran-amser ar eglwys Bethesda, Glanaman ac yna, ymhen ychydig. i Galfaria, Garnant. Derbyniais yn llawen – er imi ddod i ddeall yn weddol glou taw ystyr 'gweinidogaeth ran-amser' oedd fod y cyflog yn rhan-amser, nid yr ofalaeth!

Go brin y gallai neb honni i honno fod yn flwyddyn segur yn 'yn hanes. Ond beth, meddech chi, wnes i i gadw'n fishi dros y cyfnod unigryw hwnnw? Wel! Trwy lwc, roedd gen i ddigon o heyrn eraill yn y tân erbyn hyn, gydag amryw o gyfleodd cyffrous newydd wedi bod yn amlygu'u hunain ers sbel. Roedd yr amser wedi dod i sawl diddordeb a wreiddiwyd yn ddwfn yn'o i ers dyddiau plentyndod ddod i'w hoed. Yn raddol, ces fy hun yn ymestyn doniau ac yn troedio meysydd newydd. Heb os nac oni bai, roedd sawl Eirian arall wedi dechrau amlygu'u hunain, fel y cawn ni weld.

Ar lwyfan, ar sgrin ac ar yr awyr!

Foneddigion a boneddigesau!

Nodais eisoes fod perfformio yn fy ngwaed. O Ŵyl Ddrama Abertawe i *Barabas*, y sioe gerdd, erbyn dechrau'r '80au ro'n i'n amlwg wedi magu profiad helaeth o berfformio ar lwyfan a bod yn rhan o bob math o gynyrchiadau. Rhaid cofio hefyd 'mod i wedi ymddangos o flân cynulleidfa bron bob Sul ers pan o'n i'n ddwy ar bymtheg oed. Ond doedd fy ngyrfa fel perfformiwr proffesiynol ddim hyd yn oed wedi dechrau eto. Fyddai hynny ddim yn digwydd tan i un person arbennig gamu i'r llwyfan, sef...

... Rosfa, y Consuriwr

Cydiodd fy niddordeb mewn consurio yn gynnar iawn, ac mae'r diolch am hynny'n gorwedd yn gyfan gwbwl ar ysgwyddau un gŵr – David Nixon. I'r rheini ohonoch chi sydd dan ddeg ar hugain oed, bydd yn enw pur anghyfarwydd, rwy'n tybio. Ond 'nôl yn y '60au, y fe oedd brenin hud a lledrith y teledu. Fe soniais eisoes shwt y daeth y teledu'n ddihangfa boblogaidd yn tŷ ni yn gynnar yn fy hanes – fel y gwnaeth ar aelwydydd ledled y wlad yn niwedd y '50au. Felly wrth imi dyfu lan, roedd David Nixon a'i gastiau yn destun rhyfeddod cyson.

Nid dim ond gweld y triciau fyddai'n fy swyno – roedd 'yn chwilfrydedd i'n mynd yn ddyfnach na 'ny. Ro'n i'n benderfynol o fynd at wraidd pob dirgelwch. Fe awn i sefyll o flân y drych ac efelychu pob symudiad welais i David Nixon yn ei wneud ar y sgrin. Rhaid oedd ceisio cofio shwt yn gwmws y symudodd e'i freichiau a'i ddwylo. Bryd 'ny, doedd dim peiriannau fideo na dim o'r fath ar gael i helpu datrys y dirgelwch. Fedrwn i ddim ailchwarae'r tric yn ôl a mlân sawl gwaith fel y gallwn i heddiw. Weithiau, byddai'n cymryd oriau imi weithio mas shwt wnaeth e i'r oriawr neu'r fodrwy neu beth bynnag ddiflannu. Ac yna, shwt lwyddodd e i wneud i'r gwrthrych ailymddangos o'r tu ôl i glust!

Unwaith imi feistroli tric neu ddau, mi fyddwn yn ceisio rhyfeddu aelodau'r teulu ac ambell ffrind yn awr ac yn y man, ond nag yw 'ny'n rhywbeth rwy'n cofio'i wneud yn amal. Er enghraifft, sda fi ddim cof dangos yr un inclin o 'ngalluoedd consurio i neb yn ystod 'yn amser yn y Coleg Gwyn. Teimlo nad o'n i'n ddigon da, siŵr o fod.

Cyn cyrraedd y Meinciau, do'n i erio'd wedi nabod na cha'l dim i'w wneud 'da'r un consuriwr arall. Ond yno, fe ddes ar draws Desmond Jones, perchennog Bysys Ffoshelyg. Nid yn unig roedd e'n rhedeg ei fusnes ac yn consurio, ond roedd hefyd yn cynnal sioeau hud a lledrith.

"Bachan, dere draw inni gael trafod," medde fe a dyna fuodd.

Fe gwrddon ni ac roedd e'n amheuthun i mi i gael cyfle i rannu triciau a phrofiadau gyda rhywun â'r un diddordeb. Toc wedyn, yn gynnar yn yr '80au, fe ffoniodd fi i ofyn a fydden i'n fodlon llenwi i mewn drosto fe yng Nghapel Peniel, Peniel. Roedd rhywbeth wedi codi ar y dyddiad a bennwyd ar gyfer sioe – rhaid oedd iddo fynd â choets i'r cyfandir yn rhywle, os cofia i'n iawn. Roedd eisoes wedi dweud wrth y trefnwyr fod ganddo gonsuriwr arall mewn golwg allai lenwi'r bwlch.

Yr ymateb cynta oedd dweud nad oedd gen i ddigon o ddeunydd i lenwi awr gyfan. Do'n i erio'd wedi gwneud dim

byd o'r fath o'r blân ac yn teimlo'n reit bryderus. Sicrhaodd fi
y cawn i fenthyg tric neu ddau ganddo fe a'i fod e'n ffyddiog y
byddai popeth yn iawn. Es draw i'w weld ac yn wir, rhyngddon
ni, fe geson ni sioe ynghyd. Gallwch ddweud taw honno oedd
y gìg gynta imi ymgymryd â hi, yno yng Nghapel Peniel. Ar
ben y cyfan, roedd tâl yn ddyledus imi ar ddiwedd y noson
– rhywbeth nad o'n i erio'd wedi breuddwydio amdano. Yn
bwysicach hyd yn oed na hynny, ro'n i wedi mwynhau'r profiad
yn fawr iawn. Roedd Rosfa nid yn unig wedi cyrradd, roedd
hefyd wedi mynd trwy'i fedydd.

Hei presto! Mwy o ddrysau'n agor

Rhaid fod ymddangosiad cynta Rosfa o flân cynulleidfa
gyhoeddus wedi mynd yn lled dda, achos cyn pen fawr o
dro cyrhaeddodd llu o wahoddiadau er'ill, o wahanol gapeli,
ysgolion a chymdeithasau amrywiol. Er nad oedd gen i asiant
nac yn gwneud dim i ddenu cyhoeddusrwydd, daeth yn
amlwg fod y gair wedi mynd ar led am Rosfa. Yn ddisymwth
ac yn annisgwyl iawn i mi, roedd byd newydd o berfformio
a chyfathrebu wedi agor o'm blân. Prin fod y ffôn yn stopo
canu.

Rwy wastad yn cofio taw'r tro cynta imi wneud sioe yn
Saesneg oedd gyda Sgowtiaid Treorci. I 'niweddar frawd yng
nghyfraith, Robert, roedd y diolch am 'ny. Yn Nhreorci roedd e
a Gaynor yn byw, a chan ei fod e'n sgowtfeistr, ces wahoddiad
i fynd draw i ddiddanu'r bechgyn.

"But, Rob bach, I've never done a show in English," oedd fy
ymateb cynta. "I only perform in Welsh."

"Listen, Eirian," ges i'n ateb ganddo, "I can guarantee you
that your English will be better than anything you'll hear over
by us!"

Fe lwyddodd i ddwyn perswâd arna i ac felly y bu. O
ganlyniad i lwyddiant y sioe 'ny, gwahoddodd Gaynor fi wedyn
i ddod i Ysgol Gynradd Llwynypia, lle roedd hi'n dysgu. Sioe
Saesneg arall oedd honno, ond cyn pen fawr o dro ro'n i wedi

perfformio ym mhob ysgol Gymraeg yn y Cymoedd – a'r rhan fwya o'r rhai Saesneg hefyd.

Yn amal iawn fe fyddai prifathrawon gwahanol ysgolion wedi bod ar y ffôn gyda'i gilydd mlân llaw a threfnu taith ar fy nghyfer – yn enwedig wrth i'r Nadolig agosáu. Gallwn fod mewn un ysgol yn gwneud sioe am 9.30, un arall gerllaw am 11 a rhywle arall eto am 2 y prynhawn. Pwy oedd angen asiant, gyda phobol yn cydlynu â'i gilydd mor dda?

Rai blynyddoedd wedyn, dechreuodd Ieuan Rhys a Phil Harris gwmni oedd yn mynd â sioeau teithiol o gwmpas ysgolion Cymraeg. Byddai Mici Plwm gyda nhw hefyd – a daeth Rosfa hefyd yn rhan o'r hwyl! Fel Plwmbo'r Clown y byddai Mici'n cymryd rhan, a fi, wrth gwrs, yn gonsuriwr. Ymhen amser, fe dyfodd y bartneriaeth honno'n un lwyddiannus iawn y tu fas i furiau ysgol. Ond mwy am hynny yn y man.

Wrth i ymddangosiadau Rosfa ddod yn fwy ac yn fwy niferus ac i'w boblogrwydd gynyddu, dechreuodd amryw ddweud wrtha i y dylwn fynd am gerdyn aelodaeth Equity (undeb actorion a pherfformwyr). Ond bryd hynny, roedd llwyddo i gael aelodaeth o'r fath yn ddiarhebol o anodd – chaech chi ddim cerdyn os nad o'ch chi'n cael gwaith, ond chaech chi ddim gwaith heb fod 'da chi garden! Catch 22, yn wir! Yna cynghorodd rhywun fi i ofalu cadw pob derbynneb gawn i ar ôl pob sioe ro'n i'n ei chynnal. Byddai hynny'n brawf 'mod i'n cael gwaith yn rheolaidd a 'mod i'n derbyn tâl yn gyson hefyd. Cyn pen fawr ddim o amser, llwyddais i wneud cais am aelodaeth o Equity, fel diddanwr. A ches fy nerbyn.

Ro'n i wedi dod yn gyfarwydd iawn â bod yn 'Eirian Wyn' ac yn 'Rosfa' erbyn hyn, ond nawr ces enw arall eto – Eirian Rosfa. Equity fynnodd 'mod i'n cael fy nghydnabod wrth enw gwahanol pan gelen i waith actio, am fod 'na actor o'r enw Eilian Wyn eisoes yn aelod. (Y ddau enw'n rhy debyg i'w gilydd yn eu barn nhw.) Bodlonais ar hynny, er i'n enw i ddal i ymddangos fel 'Eirian Wyn' ar restr cast ambell raglen. Un tro, derbyniais lythyr oddi wrthyn nhw i'n atgoffa i mai Eirian Rosfa oedd 'yn enw i i fod!

Gyda cherdyn Equity yn saff yn fy meddiant, fe ges fod ffioedd cydnabyddedig nawr wedi eu pennu a gallai fy ngyrfa fel consuriwr ddatblygu mewn modd llawer iawn mwy proffesiynol, yn ariannol ac o ran trefniadaeth. Waeth beth eich arbenigedd – actio, canu, dawsio, comedi, neu feddu ar y ddawn i daflu'ch llais neu lyncu tân – yr un statws sydd i'r garden Equity gaiff pawb. Er mai fel diddanwr ro'n i wedi ennill fy un i, ro'n i nawr yn rhydd i ledaenu 'ngorwelion go iawn.

Rofi

Tasen i'n ddweud taw dyn o'r enw Ivor Parry o Gaernarfon a'm siarsiodd i geisio dod yn aelod o'r Cylch Hud – yr enwog Magic Circle – 'sen i ddim yn disgwyl i'r enw olygu fawr ddim i neb. Ond os alwa i fe wrth ei enw llwyfan, Rofi – neu Rovi fel a ddefnyddiai pan nad oedd e'n gweithio trwy gyfrwng y Gymraeg – rwy'n ffyddiog y bydd yn canu cloch gyda llawer. Tra 'mod i wedi troi at enw'n hen gartre teuluol i greu enw llwyfan i'n hunan, troi ei enw bedydd go chwith wnaeth IVOR – gan greu ROVI!

Cwrddais ag e gynta yng Nghaernarfon, rywbryd yn ystod y dyddiau cynnar 'ny. Megis dechrau 'ngyrfa o'n i bryd 'ny, ond roedd e wedi hen wneud enw rhyngwladol iddo'i hun fel dewin o'r iawn ryw. Triciau gyda chardiau oedd ei arbenigedd a châi ei adnabod fel The Welsh Wizard. Roedd eisoes wedi ennill Medal Seren Aur y Cylch Hud Mewnol ac ers ei farw cyflwynir Tlws Rovi am y tric cardiau gorau bob blwyddyn yn yr International Brotherhood of Magicians' British Ring Convention.

Roedd yn ddiddanwr gwych a byddai'n teithio'r byd i ryfeddu pobol gyda'i fedrusrwydd. Gallai gyfareddu cynulleidfa am awr gyfan gyda dim byd mwy nag un pac o gardiau, heb ailadrodd yr un tric. Pan welais i e unwaith, ac yntau ar fin hedfan mas i Los Angeles i ymddangos yn y Magic Castle yno, fe honnodd nad oedd e bron byth yn talu pris llawn tocyn teithio i unman. Byddai'n cysylltu â'r cwmni awyrennau gan egluro pwy oedd e ac yna'n cael gostyngiad sylweddol – neu'n hedfan am ddim ambell dro – trwy addo cerdded lan a lawr yr eils yn difyrru'r teithwyr eraill gyda'i driciau.

Y Cylch Hud

Trwy wahoddiad y cewch chi fynediad i'r Cylch Hud, a rhaid i o leia un aelod fod ymysg y rhai sy'n eich cyflwyno. Rofi nath y gymwynas honno â fi. Wedi llwyddo i fynd drwy'r cam hwnnw, ro'n i'n cael bod yn aelod cysylltiol am flwyddyn. Ond roedd hynny ar yr amod nad o'n i'n yngan gair am y peth wrth neb. Golygai bod yn aelod cysylltiol y cawn i fynediad i'w ganolfan yn Llundain i ddefnyddio'r adnoddau, edrych ar lyfrau a chymysgu 'da consurwyr eraill. Roedd croeso imi hefyd fynychu'r sioeau fyddai'n cael eu trefnu ar gyfer aelodau yn unig. Yn naturiol, bob cyfle gawn i, lan i Llundain â fi i fanteisio ar hyn oll.

Ar un o'r ymweliadau hyn y cwrddais i â Paul Daniels. Fel y buodd enw David Nixon bron yn gyfystyr â 'chonsuriwr' i drwch y boblogaeth 'nôl yn y '60au, felly hefyd statws Paul Daniels erbyn canol yr '80au. Daeth draw i dorri gair â mi ar ddiwedd rhyw sioe neu'i gilydd roedd y ddau ohonom newydd ei gwylio. Wedi 'nghlywed yn siarad â rhywun a nodi'n acen, medde fe. Des i ddeall yn ddiweddarach ei fod o dras Gymreig, gyda pheth gwreiddiau yn ardal Caerfyrddin. (Hugh oedd enw cynta'i dad a Lloyd oedd cyfenw ei fam cyn priodi.) Ond soniodd e'r un gair am y cysylltiadau 'ny yn ystod ein sgwrs fer. Ond pan ddwedais wrtho 'mod i'n weinidog llawn-amser, fe ddwedodd ei fod e wedi bod yn bregethwr lleyg am gyfnod pan oedd yn iau. Ond er edrych, fe fethais i â dod o hyd i ddim erio'd i gadarnhau hynny – na thystio i'r gwrthwyneb chwaith.

Ar ddiwedd y flwyddyn o fod yn 'gysylltiedig' â'r Cylch Hud, ond heb fod yn aelod llawn, rhaid oedd cymryd prawf o flân panel o dri. A dewisais inne wneud hynny yn Gymraeg. Dau o'r rhai a benodwyd i brofi fy medrusrwydd oedd Rofi (a fu'n Llywydd y Cylch Hud am gyfnod hefyd) a William

Oliver Wallace, oedd yn fwy adnabyddus o dan ei enw llwyfan cofiadwy, Ali Bongo. Chofia i mo enw'r trydydd. Ond gallai'r ddau di-Gymraeg weld â'u llygaid eu hunain o'n i wedi meistroli'r triciau ai peidio, ac asesu pa mor llwyddiannus o'n i wrth eu cyflawni, tra gallai Rofi dystio pa mor dda o'n i wrth gyflwyno'r act i gynulleidfa. Y 'banter' fel fyddwn ni'n gweud!

Do, fe lwyddais i wneud o leia un peth unigryw trwy gyfrwng y Gymraeg yn ystod fy mywyd. Mae'n destun balchder aruthrol imi allu dweud shwt beth. Hyd y gwn i, doedd neb arall erio'd wedi cael mynediad i'r Magic Circle trwy berfformio yn Gymraeg o 'mlân i, er fod nifer o siaradwyr Cymraeg wedi bod ymhlith y rhengoedd dros y blynyddoedd. Ond y fi, yn bendant, oedd y cynta i gymryd y prawf mynediad yn yr iaith. Os gŵyr rhywun am gonsuriwr arall a dderbyniwyd i'r Cylch Hud yn Gymraeg ar fy ôl i, byddwn wrth fy modd yn cael gwybod.

Wedi imi ddod yn aelod llawn, gwelais wahaniaeth bron yn syth. Roedd rhoi MMC (Member Magic Circle) wrth gwt fy enw yn amlwg yn denu mwy fyth o sylw ac o gylch ehangach na'r un oedd wedi bod yn fy ngwahodd i wneud sioe ar eu cyfer cyn hyn. Nid fy mhroffil a 'mhoblogrwydd yn unig a gynyddodd yn sylweddol yn y cyfnod hwn. Fe gododd yr hyn roedd pobol yn fodlon ei dalu i mi eu diddanu hefyd.

Nawr, nid pleser yn unig oedd bod yn Rosfa. Gallai fod yn fywoliaeth imi'n ogystal 'sen i moyn.

Daeth asiant draw i siarad â fi unwaith, a gofyn a oedd 'da fi ddiddordeb mewn gweithio ar fordeithiau pleser. Roedd yn ffyddiog y gallai gael gwaith imi yn hwylio'r moroedd, lle cawn weld y byd yn ystod y dydd a difyrru'r teithwyr gyda'r nos, a chael fy nhalu'n dda'r un pryd!

Sdim dwywaith nad oedd y cynnig o ddyddiau bythol heulog a chynulleidfaoedd gwerthfawrogol a pharod bob nos yn ddeniadol. Roedd cael cyfle o'r fath yn hwb anferth i'r hyder. Ond eto, ches i mo 'nhemtio. Fe wyddwn yn ddiysgog taw'r weinidogaeth fyddai 'ngalwad gynta bob amser.

Cylchoedd 'hud a lledrith' eraill

Tua'r un amser, fy ymunais â'r Frawdoliaeth Gonsurio (The Brotherhood of Magicians). Does dim prawf i'w basio er mwyn dod yn rhan o'r frawdoliaeth honno. Chi'n dod yn aelod trwy wahoddiad ac yna'n talu ffi, a dyna ddiwedd arni. Ond maen prawf arall eto oedd ei angen er mwyn ymuno â Brawdoliaeth y Consurwyr Cristnogol (The Brotherhood of Christian Magicians), sef eich ffydd.

Yn Battle, ger Hastings, y bydden nhw'n cynnal eu cynadleddau ac fe es i lawr 'co sawl blwyddyn. Cristnogion efengylaidd oedd mwyafrif y darlithwyr a fyddai'n cymryd rhan. O America y deuai'r rhan fwya, er fod pobol yno o bob cwr yn arddangos shwt roedd modd rhoi'u sgiliau consurio ar waith i ledaenu'r Gair. Defnyddio dewiniaeth i ddarlunio diwinyddiaeth, os mynnwch chi. Trwy weld a gwrando a rhannu syniadau, fe ddysgais fod modd defnyddio rhai triciau'n benodol er mwyn cyfleu neges. O ganlyniad, wrth annerch plant yn y sêt fawr neu mewn ysgol Sul, rwy wedi gallu cyflwyno ychydig bach mwy o swyn a rhyfeddod wrth egluro egwyddorion Cristnogol, fel 'Y Tri yn Un a'r Un yn Dri'. Synnwn i ddim na fuodd yn agoriad llygad i rai oedolion oedd yn y gynulleidfa hefyd ambell dro!

Trwy'r defnydd neilltuol hwn o gonsuriaeth y des i nabod Nigel Davies. Erbyn hyn, y fe yw Swyddog Plant/Ieuenctid MIC (y Mudiad Ieuenctid Cristnogol) a thros y blynyddoedd mae wedi trefnu digwyddiadau a chyhoeddiadau lle ces i'r fraint o fod yn Rosfa a helpu i ledaenu'r Gair yr un pryd. Mae wedi dod gyda fi i Hastings hefyd yn y gorffennol, i gael profi'r 'hudoliaeth' drosto'i hun!

Y Brenin Arthur a'r Blewyn Hir

Fy unig brofiad o ymddangos mewn pantomeim erio'd oedd yn ystod gaea 1991/92, pan deithiodd cwmni Whare Teg y panto hwn o amgylch Cymru, gyda fi'n chwarae rhan Myrddin.

Yr actor adnabyddus Dafydd Hywel (neu DH fel y caiff

ei nabod yn gyffredin) oedd sylfaenydd Whare Teg, a'r ysbrydoliaeth. Fe fuon nhw'n cynhyrchu pantos yn flynyddol, gan wneud cymwynas fawr â chenedlaethau o blant a rhieni. (Gydag amser, fe esblygodd Whare Teg yn Mega.) Y fe oedd y cynhyrchydd, ac er imi dyfu barf fawr hir ar gyfer y rhan, doedd hi ddim yn ddigon hir i chwaeth DH. Rhaid oedd cael estyniadau hirach, i'r farf ac i 'ngwallt. Golygai hynny fod yn rhaid imi droi lan o flân pawb arall er mwyn cael 'yn hunan yn barod ar gyfer pob perfformiad.

Rhaid dweud y byddai'r colur a'r gwallt yn gwneud gwahaniaeth imi'n syth. Diflannai llawer iawn o'r swildod sy'n llesteirio dyn fel arfer. Unwaith ro'n i'n barod i gamu mas ar lwyfan fel Myrddin, roedd rhyw elfen gref o'r cymeriad yn cymryd drosodd, gan greu hyder o fath gwahanol. I raddau hel'eth, bydd cael fy hun yn barod i fod yn Rosfa, y Consuriwr, yn cael yr un effaith.

Er cymaint wnes i fwynhau'r profiad o fod ar daith, roedd galwadau'r eglwys 'nôl yng Nglanaman yn golygu llawer o deithio. Er enghraifft, ar ddiwedd pob perfformiad ar nos Sadwrn, waeth lle yng Nghymru yr oedden ni fel cwmni, byddai'n rhaid imi ganu'n iach a gyrru adre er mwyn pregethu trannoeth. Yna, rhaid fyddai cydio yn yr olwyn lywio eto gyda'r hwyr nos Sul neu'n gynnar fore Llun, er mwyn ailymuno â'r criw lle bynnag ro'n nhw wedi mudo iddo erbyn 'ny, a dechrau wythnos arall o berfformiadau.

Tra o'n ni fel cwmni yn llwyfannu'r panto yn Theatr Gwynedd ym Mangor, fe siarsiodd pawb fi i fynd mas i'r strydoedd a cherdded o gwmpas am sbel, i weld pa ymateb gelen i gan bobol. Un diwrnod, allen i ddim ymwrthod â'r demtasiwn ddim mwy, a mas â fi. Y gwir yw na ches i fawr ddim ymateb. Rhaid taw dim ond un hen foi doeth yr olwg arall o'n i, gyda 'ngwallt lawr i'n sgwydde a chlamp o locsyn, chwedl y gogs. Roedd pobol Bangor yn hen gyfarwydd â gweld rhai o'r fath, mae'n amlwg!

Ymysg aelodau er'ill y cast roedd perfformwyr adnabyddus megis y diweddar Trefor Selway a nifer o rai llawer yn iau, fel

Siân Naomi, Iwan John ac Arwyn Davies, mab Ryan Davies. Fe dda'th e'n wyneb cyfarwydd ar *Pobol y Cwm* am flynydde, wrth gwrs, ac un arall a nath enw iddo'i hunan fel diddanwr plant oedd Meirion Davies. Fuodd hi fawr o dro cyn iddo yntau ddod i fri ehangach fel un o'r Ddau Frank. (Yr ail Frank, wrth gwrs, oedd Rhys Ifans, rhywun arall y ces i'r fraint o ddod ar ei draws fwy nag unwaith, fel y cawn weld.) Ar ôl gyrfa hir mewn swyddi allweddol yn S4C, Meirion bellach yw Cyfarwyddwr Cyhoeddiadau Gwasg Gomer.

Un ôl-nodyn difyr i hanes y pantomeim: toc wedi i'r daith ddod i ben y gwahoddodd DH Helen a finnau draw i Glwb y Cameo ym Mhontcanna un noson i gwrdd ag Alison Steadman. Ro'n nhw ill dau wedi cydweithio cyn hyn, a chan ei bod hi'n gweithio ar rywbeth arall yng Nghaerdydd yr wythnos honno, trefnodd y ddau i gyfarfod. Ro'n i wastad wedi dwli arni fel actores a ches i mo'n siomi ynddi fel person chwaith o dreulio rhai oriau yn ei chwmni. (Mae wedi bod fel arall yn achos ambell enw adnabyddus y des i ar ei draws!) Menyw hyfryd a noson hwyliog dros ben. Dim ond wedi 'ny y ces i ar ddeall ei bod hi o dras Gymreig ar ochr ei mam. Soniodd hi'r un gair y noson honno, o'r hyn a gofiaf.

Dafydd Hywel

Sai'n gallu cofio'n gwmws shwt y des i i nabod DH gynta – neu Hywel fel y bydda i'n ei alw. Fe wyddwn i'n iawn am ei deulu ers yn ifanc, gan taw un o'r Garnant yw e – ac roedd e'n actor adnabyddus ers y '70au. Hyd yn oed cyn imi gael y fraint o gymryd rhan yn un o gynyrchiadau Whare Teg, rown i wedi ymhél â phantomeimiau'r cwmni, gan 'mod i'n Ymgynghorydd Rhithiau ar eu cyfer. Ystyr 'ny oedd 'mod i'n dyfeisio triciau pwrpasol ar gyfer gwahanol olygfeydd, fel bo'r angen. Wedyn, roedd gofyn ifi ddysgu'r tric i'r actor neu'r actores berthnasol. Byddai hynny'n galw am dipyn o feddwl rhag blân yn amal – ond mae pob her yn hwyl i gonsuriwr.

Fe wyddai Hywel yn dda 'mod i ar un cyfnod yn mynd lan i

Blackpool yn lled gyson ar gyfer y Gynhadledd Hud Ryngwladol (International Magic Convention) – ffair anferth o ddigwyddiad, gyda chyfleoedd i brynu triciau a gweld consurwyr eraill wrth eu gwaith. Un tro, fe wahoddes Hywel i ddod lan 'co 'da fi. Dele, fe ddele fe, wir, oedd ei ateb, "… am bach o sbort." A bant â ni. Cafodd fynediad i'r gwahanol sioeau yn 'yn sgil i gan fwynhau mas draw. Yna, un noson, roedd Ken Dodd yno fel gŵr gwadd am fod y Gynhadledd yn ei anrhydeddu, fel arwydd o ddiolch am ei gefnogaeth gyson i gonsurwyr.

Diddanwr o'i gorun i'w sawdl oedd Ken Dodd a gweithiodd yn ddiflino ar hyd ei oes i hybu adloniant byw mewn theatrau ar hyd a lled y wlad. Er ei fod mewn oedran mawr erbyn iddo'n gad'el yn gynharach eleni, bu wrthi'n trefnu a chynnal nosweithiau tan y diwedd bron. A thrwy gydol ei yrfa hir, fe fuodd hefyd yn gefn i gonsurwyr o bob math. Unwaith y codai i siarad, doedd dim stop arno. Roedd e'n ddiarhebol am fod yn hirwyntog, ac felly y buodd hi arnon ni'r noson honno. Joies i mas draw, ond barn DH oedd, "… galle fe fod wedi cau'i ben lot ynghynt na beth nath e!"

Rwy'n dal i ddod ar draws Hywel yn lled amal, ac erbyn hyn mae Helen yn un o gyfarwyddwyr cwmni Mega. Hi fel arfer fydd yn llenwi unrhyw ffurflenni ddaw i law, ac mae'n giamstyr ar gadw trefn ar bethe cyn iddyn nhw fynd dros ben llestri – gan gynnwys DH ei hun!

Glaucoma

Mae'r bendithion a ddaeth i'm rhan o fod yn gonsuriwr yn frith ac amrywiol, sdim dowt am 'ny. Ond y fendith fwya annisgwyl heb amheuaeth yw hon: petawn i ddim yn consurio, y tebyg yw y byddwn i wedi bod yn ddall ers blynyddoedd. Yn gynnar yn 1987, fe ges wahoddiad gan fenyw oedd yn byw y tu fas i Landeilo, o'r enw Norma Davies, i ddod i ddiddanu'r plant ym mharti pen-blwydd ei mab. Dim byd yn anghyffredin am 'ny. Ond gyda'r sioe drosodd, dyma fi'n holi tybed oedd digwydd bod ganddi dabledi allwn i eu cymryd at ben tost.

"Pam?" mynte hi, a finne'n egluro.

"Edrychwch lan at y bylb 'na," wedws hi wedyn, a finnau'n ufuddhau. "Beth y'ch chi'n ei weld?"

"Enfys," atebais.

"A fyddwch chi weithie'n cerdded mewn i stafell a theimlo bod mwg 'na pan does dim?"

"Ody, ma hwnna wedi digwydd ifi hefyd," atebais wedyn.

"Optegydd ydw i," meddai. "Yng Nghaerfyrddin. Wy'n ofni walle bod rhywbeth yn bod ar eich llyged chi. Dewch i 'ngweld i fory."

A dyna wnes i. Defnyddiodd y peiriant welwch chi'n ddigon cyffredin wrth archwylio golygon pobol; yr un sy'n chwythu chwa o awyr i mewn i'r llygad. Ymddiheurodd fod y profiad yn un digon annifyr, ond fe wnaeth chwythu'r aer i mewn i'r llygaid rhyw bump o weithiau. Deallais wedyn fod cysondeb yr hyn a welai ym mhob darlleniad yn cadarnhau ei amheuon.

"Wy'n ofan fod *glaucoma* arnoch chi," dyfarnodd.

"Beth yw hwnnw?" gofynnais, gan ddangos fy nhwpdra.

Gan nad oedd neb o'r teulu erio'd wedi diodde o'r cyflwr, hyd y gallwn i gofio, roedd y gair yn angyfarwydd tost. Ces 'y nanfon i weld arbenigwr ar fyrder. Pan ddeallodd hwnnw mai dim ond yn fy nhridegau cynnar o'n i, roedd yn sinigaidd iawn.

"The equipment used at opticians are often not that accurate," barnodd. "We'll do a proper examination now." Ond cyn pen dim, roedd wedi gorfod llyncu'i eiriau. "She's right, you know. You're a very lucky young man. You could have gone blind within a few weeks or months."

Mae'r rheini'n eiriau sydd wedi aros yn fy nghof byth.

Ces 'yn rhoi ar drops yn syth er mwyn gostwng y pwysedd. Diolch i'r drefn, daeth y cyfrif i lawr yn sylweddol a sydyn o'r 45 a gofrestrwyd y diwrnod hwnnw. A dyna ddechrau ar drefn o fod yn mynd i gael *check-up* ar y llygaid bob chwe mis, gan ddechrau yn y fan a'r lle gyda chynorthwyydd yr arbenigwr cynta hwnnw oedd wedi bod mor amheus o alluoedd Norma Davies, sef Dylan Jones, y nofelydd. Roedden ni'n gyfarwydd â'n gilydd ers dyddiau ysgol, a chyn pen fawr o dro dyrchafwyd yntau i swydd y Prif Arbenigwr. Byddaf yn dal i'w weld yn rheolaidd. Ond un o sgileffeithiau'r drops y daeth fy ngolwg mor ddibynnol arnynt oedd ailgorddi'r asthma. Dychwelodd y fogfa i gaethiwo'r frest yn achlysurol.

Rai blynyddoedd wedi'r diagnosis es i weld Dylan, yn ôl yr arfer, a chael clywed fod y cyfrif wedi codi drachefn. Ei argymhelliad oedd y byddai'n rhaid imi gael triniaeth laser. Cefais ail driniaeth o'r fath rai blynyddoedd yn ddiweddarch ac wedi'r ail dro hwnnw, fu dim angen drops am y rhan orau o ddegawd. Erbyn hyn, rwy wedi troi'n ôl at yr hen *regime*, gwaetha'r modd. Am ddeg o'r gloch bob nos yn ddi-ffael bydd fy ffôn yn canu. Y fi sydd wedi'i osod i wneud 'ny, er mwyn atgoffa'n hunan ei bod hi'n bryd imi roi drops yn 'yn llygaid. Dyw hynny fawr o dreth arna i a dweud y gwir. Mae 'da fi gymaint i fod yn ddiolchgar amdano. Petawn i heb gael y gwahoddiad hwnnw i ddiddanu mab Norma Davies a'i ffrindiau flynyddoedd mawr yn ôl, pwy a ŵyr faint o'r gloch fydde hi arna i erbyn hyn? Fe allai fod yn nos…

Yn ôl Dr Gwyn Williams, arbenigwr llygaid:

Mae yna lawer o gyflyrau diddorol mewn offthalmoleg. Enw'r cyflwr sydd gan Eirian Wyn yw Syndrom Gwasgariad Pigment, neu Pigment Dispersion Syndrome (PDS) yn Saesneg. Mae hyn yn digwydd pan fydd ychydig o ronynau pigment yn cael eu disodli o gefn yr iris, y cylch lliw sy'n amgylchynu cannwyll y llygad. Gallai'r rhain flocio ongl ddraenio'r llygad, gan atal llif yr hylif y tu fewn, gan achosi'r pwysau i godi, weithiau'n ddramatig. Gall ymarfer corff, rhedeg, neu unrhyw weithgarwch corfforol achosi digon o ronynnau pigment i ddod yn rhydd, i achosi pwysau'r llygaid godi. Mewn rhai cleifion gall hyd yn oed gwympo mas gyda rhywun wneud hyn. Yn ffodus, mae Eirian Wyn yn ddyn heddychlon iawn, ac nid yw'n debygol o unrhyw gwympo mas! Rwy'n ei fonitro yn Ysbyty Ystradgynlais bob ychydig fisoedd a dwi bob amser yn falch o'i weld.

Rosfa a Plwmbo'r Clown

'Nôl yn nyddiau coleg y cwrddes i â Mici gynta. Oni chwaraeodd Disgo Teithiol Mici Plwm ran flaenllaw ym mywydau llawer ohonon ni oedd yn ein harddegau yn nechrau'r '70au? Soniais eisoes fel y daethom ynghyd i gydweithio gyda Phil Harries ac Ieuan Rhys ar eu teithiau ysgolion ac yn ystod y cyfnod hwnnw y cafodd Mici'r syniad y dylen ni ffurfio *double act* – y fe'n dal i chwarae'r clown a finne'n dal i gonsurio. Neu o'i roi ffordd arall, Plwmbo'n dal yn dwpsyn a Rosfa'n dal yn ddewin!

Er fod mynd o gwmpas ysgolion wedi parhau'n ganolog i'n perfformio cyson, fe wnaethon ni hefyd ledaenu'n gorwelion i lenwi neuaddau ac ati, a hynny ar hyd a lled Cymru. Fe fuon ni lan yn y gogledd yn amal a draw i'r dwyrain, gan wneud y sioe yn Caldicott un tro, rwy'n cofio'n iawn. Rhywle rhwng awr ac awr a chwarter fyddai'r hyd fel arfer, gan ddibynnu ar shwt oedd pethe'n mynd.

Gyda throad y ganrif, fe ddechreuon ni fynychu'r Sioe Amaethyddol yn Llanelwedd yn flynyddol, gan wneud rhai sioeau yn Gymraeg ac eraill yn Saesneg. Parhaodd y patrwm hwnnw'n flynyddol tan 2004, pan fethais â bod yno oherwydd damwain ffordd benodol – un y bydda i'n manylu i arni'n nes mlân.

Profiad gwahanol iawn i'r ddau ohonon ni – ac un diddorol – oedd mynd ar daith Diogelwch Ffyrdd gyda Chyngor Sir Môn. Fe deithion ni o gwmpas ysgolion yr ynys gyda'r tîm, a'r nod i fi, megis pan fyddwn i'n perfformio i blant neu oedolion mewn capel, oedd gwneud triciau hud a lledrith a fyddai'n cyfleu negeseuon. Y tro hyn, wrth gwrs, dangos i'r plant mor bwysig oedd hi i gadw'n ddiogel o'n i – a rhoi tips iddyn nhw ar shwt i wneud 'ny. Mewn un tric, ro'n i'n gwneud i liwiau newid ar arwydd ffordd. Byddai gweld y newid lliw yn hela Plwmbo'n ddwl bared, er mawr ddifyrrwch i'r gynulleidfa ifanc. Ond y neges ar ddiwedd y dydd oedd ei bod hi'n bwysig pwyllo a chofio trefn ac arwyddocâd y gwahanol liwiau er mwyn croesi'r hewl yn ddiogel. Neges y mae'n werth inni i gyd ei chofio, sdim ots pa oedran y'n ni!

Halibalŵ!

Rwy wrth 'y modd yn trial cadw plant yn hapus, ond achos prin o gael gwneud hynny heb fod yn Rosfa, na pherfformio o unrhyw fath, oedd y gyfres hon ar S4C. Sioe gwis i blant oedd hi, a fi ddyfeisiodd y fformat. Bu'n brofiad difyr dros ben mynd lan a lawr i'r Wyddgrug yn reit gyson, i stiwdios yr hen HTV yno, gan gydweithio 'da'r tîm cynhyrchu a'r cyflwynydd, 'yn hen ffrind, Kevin Davies. Tybed fuodd rhywrai sy'n darllen y geirie hyn yn gystadleuwyr ar y rhaglen erio'd? Siawns na fydd ambell un yn cofio'r fformat yn well na fi erbyn hyn, o bosib. Yn enwedig os o'ch chi ymysg yr enillwyr.

Tudur Dylan a'r tric

Un haf, wrth i Mici a fi gerdded mas o'r babell lle ro'n ni newydd fod yn perfformio un prynhawn, pwy ddes i ar ei draws ond y bardd Tudur Dylan – y Prifardd Tudur Dylan erbyn hyn. Roedd yntau yn y sioe i gymryd rhan mewn perfformiad o ryw fath, a dyna pam ei fod wedi'i wisgo mewn du i gyd.

Nawr, ro'n i eisoes yn nabod Dylan yn iawn a'r ddau ohonon ni'n dod mlân yn arbennig o dda am fod 'dag e ddiléit mewn consurio. Roedd e newydd feistroli tric newydd gyda chardiau a bachodd ar y cyfle'n syth i'w ddangos imi. Nesa at lle roedd Mici a fi newydd ymddangos, roedd safle ar ffurf gardd (yn gwerthu blodau, hadau a dodrefn gardd, rwy'n tybio) ac fe encilion ni i gornel fach dawel er mwyn i Dylan cael gwneud ei gamp newydd. Dyna lle ro'n ni, gyda dwylo Dylan yn symud yn chwim a finne'n cadw llygad barcud ar bob symudiad, pan dda'th un o'r dynion oedd yno'n gweithio i'n shwo ni bant.

"Clear off. We don't want any of that here!"

Am fod Dylan yn edrych mor amheus yn ei ddu, rwy'n amau iddo'i gamgymryd am werthwr cyffuriau – a 'nghamgymryd inne am un o'i gwsmeriaid! Sa i'n siŵr ai'r digwyddiad hwnnw a ysbrydolodd yr englyn canlynol – ond rwy mor ddiolchgar iddo am 'yn anfarwoli i yn y fath modd:

Mae'i eiriau'n gardiau i gyd, – a'i ystum
    Sy'n llawn castiau hefyd;
Digymar yw Rosfa'r hud,
Dewin y dwylo diwyd.

Triciau o flân camera

Cafodd ymgyrch Cymdeithas yr Iaith dros sefydlu sianel deledu i roi gwasanaeth cyflawn yn yr iaith ei chrybwyll yn barod. Ac yn wir, ar y 1af o Dachwedd 1982, fe wireddwyd y dyhead hwnnw. Dyddiad hanesyddol yn hanes yr iaith yn sicr. Do'n i ddim yno ar y noson gynta honno, ond fuodd dim rhaid imi aros yn hir cyn gwneud fy ymddangosiad cynta ar S4C.

Ym misoedd cynnar y sianel, doedd fawr o'r gofod a glustnodwyd ar gyfer hysbysebion yn cael ei werthu. Byddai ambell raglen hefyd yn troi mas i fod yn fyrrach na'r disgwyl. Canlyniad y ddwy ffaith hyn yn reit amal oedd creu amser sbâr pan fyddai angen eitemau i 'lenwi'r bwlch' rhwng dwy raglen. A dyna shwt y buodd hi i Rosfa gamu o flân y camerâu am y tro cynta. Recordiais nifer o eitemau, gyda phob un yn para dim mwy na rhyw ddwy neu dair munud. Byddwn yn gwneud tric neu ddau bob tro a dangoswyd y darnau bach 'hudolus' rheini yn weddol gyson dros gyfnod o flwyddyn neu fwy.

Daeth gwahoddiadau eraill wedyn i fod yn westai ar wahanol sioeau, ac ar un o'r rhai a gofiaf orau y cwrddais i gynta ag Eilir Owen Griffiths. Crwtyn oedd e bryd 'ny – un oedd wedi dwli ar driciau hud a lledrith, yn gwmws fel ro'n i wedi'i wneud yn ei oedran e. Fformat yr eitem oedd fod Rosfa'n cyrraedd yn gwbwl annisgwyl i roi syrpréis iddo, ac wrth gwrs, i ddangos cwpwl o driciau yr un pryd. Saethodd gwên fawr ar draws ei wyneb pan ymddangoses i ac roedd hi'n bleser ei weld e'n ymateb. Erbyn hyn, daeth yn llawer mwy enwog am ei ddoniau cerddorol na'i gonsurio, ond mae'n dal i wefreiddio a difyrru. Y fe sefydlodd gôr blaengar CF1 yng Nghaerdydd; bu'n Gyfarwyddwr Cerdd Eisteddfod Ryngwladol Llangollen, ac yn Gydlynydd Darpariaeth Canolfan Berfformio Cymru yng Ngholeg Prifysgol Cymru y Drindod Dewi Sant, Caerfyrddin wrth ei waith bob dydd.

Ecstra

Ymysg y drysau a agorodd imi yn sgil cael cerdyn Equity oedd rhai y Deri Arms a siop Maggie Post yng Nghwmderi slawer dydd – a sawl lleoliad arall yn y pentre dychmygol hwnnw. Ac i Lynda Jenkins mae'r diolch am hynny. Ro'n ni'n nabod ein gilydd ers yn ifanc am taw perthynas i Lynda oedd yn rhedeg siop Laria ym Mrynaman a bydden ni'n dod ar draws ein gilydd pan fydde hi'n ymweld. A phan ddigwyddon ni gwrdd eto un dydd, fe ddwedodd wrtha i ei bod hi eisoes yn gweithio fel ecstra ar *Bobol y Cwm* yn rheolaidd. Awgrymodd yn gryf y byddai'n talu i minne fynd i weld beth oedd yn bosib.

Chofia i ddim yn gwmws pryd y troediais i lwybrau Cwmderi am y tro cynta, ond profodd yn waith cyson a didrafferth. Ro'n i eisoes yn gyfarwydd â rhai o selogion y gyfres yn y cyfnod hwnnw – pobol fel Gareth Lewis (oedd yn chwarae Meic Pierce) a Gwyn Elfyn (Denzil). Roedd Rhiannon Rees, merch cefnder cynta 'nhad, sef y Parch. Gwyn Eifion Rees, yn rhan sefydlog o'r tîm cynhyrchu bryd 'ny. Amser hapus. A chymerodd hi fawr o dro cyn imi sylweddoli pa mor boblogaidd oedd *Pobol y Cwm* mewn gwirionedd. Un prynhawn, ro'n i'n gwneud sioe fach hud a lledrith mewn cartre hen bobol yn Abertawe ac yn sydyn reit fe wnaeth un o'r preswylwyr fy nabod.

"You've been on television, 'aven't you? Yes, you 'ave! We've seen you on *Pobol y Cwm*."

Cymro di-Gymraeg oedd e, fel gweddill deiliaid y cartre, ond fe drodd mas eu bod nhw i gyd yn ffans.

Hanfod bod yn ecstra yw eich bod yn weladwy ar y sgrin a'ch bod rywsut yn anweledig ar yr un pryd. Os 'ych chi'n ymddangos fel rhywun penodol mewn golygfa, neu fod 'da chi linell neu ddwy i'w dweud, mae'n stori wahanol iawn. Codir eich proffeil. Chi'n cael eich talu yn sylweddol well ac fe gewch chi'ch enw ar y credits fel arfer. Tri rheswm da dros fod â rhywbeth i'w ddweud...

Cael rhywbeth i'w ddweud

Yna un diwrnod, fe ges ddewis – naill ai cael rhan bitw fach mewn dwy bennod o *Bobol y Cwm*, fel mecanic mewn garej, neu barhau fel o'n i, yn ecstra anhysbys, ond un a gâi waith yn gyson. Fe es amdani, ac o ganlyniad daeth fy nghyfnod fel ecstra rheolaidd ar *Pobol y Cwm* i ben. Ond nid dyna fu'i diwedd hi chwaith. Flynyddoedd wedyn, pan oedd Glenda Jones yn gynhyrchydd y gyfres ces wahoddiad 'nôl i chwarae rhan *paramedic* mewn stori ddirdynnol pan fu farw un o blant Denzil a'i wraig, Eileen. Gan 'mod i'n weinidog, tybiodd y bydde 'da fi brofiad o ddeall holl effeithiau posib ergyd o'r fath ar rieni, ac roedd hi am imi wyntyllu'r sefyllfa gyda'r actorion mlân llaw.

Ffilmiwyd y golygfeydd perthnasol a darlledwyd y bennod. Yn fuan wedyn, daeth ffrind lan ata i a dweud iddo 'ngweld i.

"Est ti â'r babi 'na mewn i'r ambiwlans i drial ei adfer e," ges i ganddo'n syth. "Nage fel'na mae'n gw'itho o gwbwl! 'Set ti'n ddyn ambiwlans go iawn byddet ti wedi dechre trial ei ga'l e i anadlu yn y tŷ, yn lle gwastraffu amser fel'na!"

Wel, 'na ni! All dyn ddim bod yn giamstyr ar bopeth, sbo!

Mewn golygfa arbennig pan o'n i'n gweithio ar *Dinas*, opera sebon boblogaidd arall yn ei dydd, yr hyn fu'n rhaid i fi a'r gantores Llinos Haf ei feistroli oedd shwt i fyta'n ddiddiwedd heb fostio. Gosodwyd yr olygfa mewn tŷ bwyta a rhoddwyd ni'n dau i eistedd wrth fwrdd i giniawa tra bo'r 'ddrama' yn digwydd ar fwrdd arall yn ymyl, reit o flân y camera. Dyma ni'n gwneud yr hyn oedd ei angen, gan ymgomio a gwledda'n hamddennol yn y cefndir. Esgus siarad â'n gilydd oedden ni, ond rhaid oedd bwyta go iawn. Dim problem. (Diolch byth, doedd dim shrwmps, bacwn llawn braster na phicalili ar gyfyl y set – ddim hyd y galla i gofio, ta beth!)

Ond aeth rhywbeth o'i le yn ystod y recordio a bu'n rhaid dechrau eto. Cymerwyd platiau gwag Llinos a fi bant a daeth dau arall yn llwythog â bwyd i gymryd eu lle. Sai'n cofio'n gwmws beth brofodd mor drafferthus am yr olygfa, ond bu'n rhaid mynd trwyddi sawl gwaith cyn ei chael yn iawn. Yr hyn alla i'i ddweud yn bendant yw nag oedd angen swper arnon ni'n dau y noson honno.

Bu hefyd yn fodd i Llinos a fi ddod i nabod ein gilydd yn well, a ni'n dal i chwerthin dros y digwyddiad bob tro y digwyddwn ni gwrdd. Ac o leia fe barodd ein cyfeillgarwch yn hirach na'n diffyg traul.

Yn anffodus, pan gelen i ychydig o ddeialog i'w ddweud, roedd y rhannau fel arfer mor fach, alla i gofio fawr ddim manylion amdanyn nhw – er rwy'n cofio'n iawn 'mod i wedi bod yn *consultant* mewn pennod o *Glan Hafren* un tro. Rhan gofiadwy arall oedd Dr Glyn Jones, meddyg go iawn a lofruddiwyd ar fferm Blaenrhysglog, ger Caio, yn 1916. Cafodd yr hanes trist ei gofnodi yn un o benodau'r gyfres *Dihirod Dyfed*. A rhaid 'mod i wedi gwneud jobyn go lew ohoni, achos pan gyrhaeddodd carden Nadolig y flwyddyn honno oddi wrth y cyfarwyddwr, Paul Turner, roedd wedi ychwanegu, "Ti'n marw'n dda!" at ei gyfarchion tymhorol!

Peter Edwards

Cyfarwyddwr arall rwy'n ei gofio'n iawn a fyddai'n rhoi gwaith imi'n gyson oedd Peter Edwards. Gyda'i wreiddiau yn Rhosllannerchrugog ac yn fab i'r actor adnabyddus, Meredith Edwards, cyfrannodd yn helaeth i lwyddiannau teledu o Gymru yn y ddwy iaith. Fe oedd yn gyfrifol am gyfresi poblogaidd fel *Mwy Na Phapur Newydd*, *Yr Heliwr*, *Pum Cynnig i Gymro*, *Nuts and Bolts*, *Eira Cynta'r Gaeaf* a *Bowen a'i Bartner*. Nid cyfresi a ffilmiau o Gymru yn unig chwaith. Pan lansiwyd *EastEnders* yn 1985, roedd ymhlith y criw cyfarwyddwyr gwreiddiol, a gweithiodd ar y gyfres am ddwy flynedd.

Fe ddwedodd e wrth i unwaith 'mod i wedi'i deall hi i'r dim shwt i gael gwaith fel ecstra yn gyson.

"Yn wahanol i rai, dwyt ti ddim yn gwthio dy hun i'r blân drwy'r amser, gan feddwl mai dyna'r ffordd i gael dy weld. Rwyt ti'n cadw'n ôl, yn fwy yn yr encilion. A dyna sut wyt ti'n cael cynnig gwaith yn amlach na llawer."

Rhyw ecstra, na chofia i ddim pwy oedd e, ddysgodd y wers honno imi yn y dyddiau cynnar. Cadw'n go glòs at y cyrion sydd orau, oedd y cyngor ges i, achos os yw'ch wyneb yn amlwg mewn un olygfa neu leoliad penodol o ddrama, mae'r gynulleidfa yn debyg o'ch cofio. Wedyn, fydd cyfarwyddwr ddim am eich defnyddio eto mewn golygfa neu leoliad arall yn nes mlân yn yr un cynhyrchiad. Mae'n tynnu oddi ar hygrededd y ddrama. Ond trwy aros yn y cefndir heb dynnu sylw atoch eich hunan, mae mwy o siawns am fwy o waith. Nid y ceffyl blân sy'n aros hira yn y ras bob amser.

Ro'n i'n parchu integriti Pete Edwards, a thrist iawn fu clywed iddo'n gadael tra o'n i wrthi'n casglu'r atgofion hyn ynghyd.

I'r Gad!

Cyfres gomedi wedi ei lleoli yn ystod cyfnod y Rhufeiniaid oedd hon, gyda Hogia'r Wyddfa a finnau wedi'n castio fel y Celtiaid Gwylltion. 'Nôl yn yr '80au roedd 'da fi lond pen o wallt ac arferai'r pump ohonon ni – Myrddin, Arwel, Vivian, Elwyn a fi – gael y stwff gwyn 'ma wedi'i drwytho mewn i'n gwalltiau. (Erbyn hyn, mae Elwyn ymysg y rhai sydd wedi'n gadael.) Yn y cast hefyd roedd Ian Rowlands, William Thomas a'i wraig, Mair Rowlands, gyda Rhys Ifans yn actio *centurion*. Do'n i ddim i wybod ar y pryd, ond byddwn yn cael y fraint o'i briodi ar y sgrin fawr ymhen blynydde. (Shwt ddigwyddodd 'ny? Cewch weld yn y man.)

105

Rhaglen Elinor

Sai'n siŵr ai fi yw'r unig un erio'd i ymddangos ar sioe siarad boblogaidd Elinor Jones o dan ddau enw gwahanol, a hynny yn yr un rhifyn. Ond dyna ddigwyddodd pan ges wahoddiad i fod yn westai, neu'n westeion ddylwn i ddweud, efallai! Yn y rhan gynta, fel Eirian Wyn y ces i 'nghyflwyno – arbenigwr ar karate a taekwondo. Bu'n rhaid imi arddangos gwahanol sgiliau o'r ddwy ddisgyblaeth, gan gynnwys torri pentwr o sha pymtheg o deils gyda'n llaw, er mwyn profi 'medrusrwydd mewn taekwondo. Wedyn, o un toriad i'r llall – a daeth yr egwyl hysbysebion.

Pan ddychwelwyd i'r rhaglen, Rosfa oedd yn llenwi'r sgrin! Ac ar anogaeth Elinor, cafodd Fflur fod yn gynorthwyydd imi. Fe'i galwyd i ymuno â ni o'r gynulleidfa a dywedais innau fod angen imi fenthyg modrwy gan rywun ar gyfer y tric nesa. Aeth hithau'n ôl ymysg y gynulleidfa i ddod o hyd i un. Gwnaeth Elinor ei chyfraniad hithau trwy archwilio'r fodrwy a chadarnhau ei bod hi'n gwbwl ddilys. Daliais y fodrwy o flân y camera a'i gorchuddio â lliain. Wedyn, ystum sydyn a geiriau hud ac roedd y fodrwy wedi diflannu. Esgus chwilio amdani wedyn. I ble yn y byd oedd hi wedi mynd?

"Ma pwrs dal allweddi 'da ti yn dy boced ôl, Dad," cyfrannodd Fflur – ac yn wir, o edrych, dyna lle'r oedd y cylch aur, yn hongian yno ymysg yr allweddi. I sŵn y curo dwylo, Fflur gas y fraint o ddychwelyd y fodrwy i'w pherchennog.

'Angel' ar gerdded

'Sen i ddim am roi'r argraff fod Fflur ni wedi bod yn un i showan off. Ddim o gwbwl. Ond mae'n wir dweud ei bod hi wastad wedi dwli ar berfformio ac am fod yng nghanol pethe erio'd. Yn gwmws fel ei dawn gerddorol, rwy wastad wedi tybio fod y reddf theatrig 'na ynddi'n gynhenid. Ac unwaith, yn ystod ein hamser yn y Meinciau, daliwyd y reddf honno ar waith yn berffaith, ac ar gamera.

Oedfa Nadolig y plant oedd hi, a Helen, yn ôl ei harfer, wedi bod yn gweithio'n galed gydag aelodau'r ysgol Sul i gael trefen ar bopeth mlân llaw. Allai Fflur ddim bod yn fwy na rhyw dair oed ar y pryd.

Recordiwyd y cyfan ar beiriant fideo – un a fyddai'n edrych yn go gyntefig erbyn heddi, rwy'n ofni. O'r dechrau'n deg, mae'r fideo'n dangos nifer o'r plantos ifanca yn y sêt fawr wedi'u gwisgo fel angylion ac ar eu pengliniau – ac mae Fflur i'w gweld yn glir ar y pen pella. Ond, a dyma sy'n ddiddorol ci nodi, erbyn cyrraedd yr Amen ola, mae'r 'angel' fach arbennig honno wedi gwneud ei ffordd i'r canol!

Y syndod yw na sylwodd neb ar y pryd. Dim ond wedyn, pan ddaethon ni i chwarae'r fideo'n ôl, y gwelon ni beth oedd wedi bod ar droed y bore Sul hwnnw – neu i fod yn fanwl gywir, beth oedd wedi bod ar bengliniau!

Mi fydda i'n amal yn jocan fod Fflur wedi cael ei dawn a'i gallu gan ei mam, a'i chariad at berfformio a'i *good looks* gan ei thad. Ha-ha!

Mwy o flas y cyw ar y cawl!

O'r gore, man a man imi gyfadde 'te! Fe etifeddodd hi hefyd beth o ddawn consurio'i thad. Yn naturiol, ers pan oedd hi'n ddim o beth mewn clytiau, byddwn yn ei difyrru'n awr ac yn y man trwy wneud rhyw gast neu'i gilydd. A buan iawn y dechreuodd hi gymryd diddordeb i weld shwt yn gwmws o'n i wedi cyflawni'r tric. Ymhell cyn ei bod hi'n gadael ysgol fach y Glyn, gallai wneud ambell un ei hunan. Pan alwai rhywun yn y tŷ, neu pe digwydd iddi ddod gyda fi ambell waith pan fyddwn i'n mynd i roi sioe, fe fyddai hi'n mynd mlân at bobol a gofyn am bunt er mwyn gwneud i'r darn arian ddiflannu, a'i gael i ymddangos yn ôl eto, wrth gwrs. Byddai pawb yn rhyfeddu. A bron yn ddieithriad, yr hyn ddigwyddai wedyn oedd fod y person dan sylw'n estyn y bunt yn ôl at Fflur, yn bresant bach am ei difyrru ac "... am fod yn ferch mor dda!"

Byddwn innau'n ei siarsio i ofyn am geiniog yn hytrach

na phunt. Byddai hithau'n cytuno. Ond wedyn, pan ddele'r
tro nesa, gofyn am bunt oedd hi bob tro. Mewn cymaint o
wahanol ffyrdd, daeth yn amlwg yn gynnar nad oedd y ferch
yn dwp.

Difyrru'r plant... dienyddio'r prifathro?

Digwyddodd stori arall sy'n ategu anian ddireidus Fflur un
prynhawn yn Ysgol Gwynfryn, Pont-iets, pan oedd hi'n dal
yn ddisgybl yno; felly allai hi ddim bod yn fwy na saith neu
wyth mlwydd oed ar y pryd. Unwaith eto, adeg y Nadolig
oedd hi a Rosfa'r consuriwr wedi cael gwahoddiad i ddod i
ddiddanu'r plant. Er fod Fflur yn gwbod 'mod i'n dod draw i'r
ysgol y diwrnod 'ny, do'n i ddim wedi trafod pa driciau ro'n
i'n bwriadu'u gwneud 'da hi ymlaen llaw. Cyrhaeddais a dyna
lle roedd y plant i gyd yn eistedd mewn rhesi yn y neuadd, a
hithau yn eu plith.

I gloi'r sioe, dyma fi'n datgelu *guillotine* i'r gynulleidfa ifanc,
a phob un ohonyn nhw'n edrych yn syn. Yna, gwahoddais y
prifathro, Mr Dilwyn Roberts, i gamu mlân a gostwng ei ben
er mwyn ei roi drwy'r ffrâm. Caeais innau'r ffrâm, ac ro'n i ar
fin rhoi'r llafn i mewn, pan welais Fflur yn codi ar ei thraed
ac yn cerdded draw at y ddesg. Pigodd y bin sbwriel oedd yno
ar y llawr yn ymyl, ei gario draw a'i osod reit o dan pen Mr
Roberts.

"Jest rhag ofn, Mr Roberts!" dwedodd, gan ddechre cerdded
'nôl at ei chadair. Ond yna, fe drodd hi'n sydyn a dychwelyd
i 'nghyfeiriad i. Cymerodd ddarn o bapur oddi ar y ddesg a'i
ddodi yn y bin gwag, ac ychwanegu, "Rhag ofan y byddwch chi
isie rhywbeth i'w ddarllen!"

Wedyn, aeth 'nôl i'w sedd – a ches innau fynd mlân â'r sioe,
wedi'n syfrdanu braidd. Roedd hi wedi 'ngweld i'n gwneud y
tric ddigonedd o weithiau, ond allen i ddim llai nag edmygu
meddwl chwim fy merch – heb sôn am ei hiwmor.

Gohebydd bro ar Radio Cymru

Yn 2002 sefydlwyd criw ar draws Cymru i fwydo gwahanol eitemau diddorol i raglen ddyddiol *Hywel a Nia*. Y bwriad oedd y bydden nhw'n wasgaredig dros y wlad, er na chofia i ddim pwy oedden nhw i gyd. Roedd y gantores Linda Griffiths (o'r grŵp gwych Plethyn) yn un, yn gyfrifol am Faldwyn a'r Gororau, rwy'n tybio. Yno i gynrychioli'r gogledd orllewin roedd Arwel o Hogia'r Wyddfa (oedd yn hen ffrind imi o ddyddiau *I'r Gad*). Ac yno i grwydro ardal Caerfyrddin a draw i'r gorllewin, ro'n i! Peiriant Uher oedd yn gwneud y recordio ar y dechrau a byddwn yn mynd ag e 'da fi i bobman, jyst rhag ofn y delen i ar draws rhyw stori fach ddiddorol wrth fynd ynghylch 'y mhethe. Digon ysgafn at ei gilydd oedd naws yr eitemau, ond fel ag erio'd, ro'n i yn fy elfen yn cael cwrdd â gwahanol bobol a dilyn gwahanol drywyddau.

Un stori rwy'n ei chofio'n dda oedd treulio'r nos yn Nhŷ Newton, Llandeilo, yng ngwmni'r Parch. Towyn Jones. Chwilio am unrhyw dystiolaeth o ysbrydion 'co oedden ni. Ac wedyn, un Nos Calan Gaea, fe fues yng Nghraig y Nos, am fod storïais yn gyffredin yn yr ardal am fwci bos oedd ar gerdded yno hefyd.

Difyr iawn fu dala lan 'da'r Prifardd Dic Jones yn Fferm yr Hendre, Blaenannerch. Doedd e ddim yn anghyfarwydd i mi, achos ro'n ni wedi gweithio gyda'n gilydd o'r blân, mewn noson o adloniant. Ond wrth gwrs, mater gwahanol yw cael bwrw awr neu ddwy 'da rhywun gartre ar ei aelwyd ei hunan.

Efallai taw'r cyfweliad wnes i a oroesodd orau yw'r un gyda Graham Jenkins, brawd Richard Burton. Es lawr i'w weld yntau yn ei gartre yn Aberafan, ac mae'r sgwrs wedi cael ei hailddarlledu sawl tro ar Radio Cymru. Ers peth amser cyn hyn, roedd Graham wedi dod i gredu bod ei frawd wedi cael mwy na'i siâr o sylw'n barod, rwy'n meddwl. Ond ro'n i eisoes yn gyfarwydd â Graham trwy gysylltiadau capeli ac ati, ac fel gyda'n adnabyddiaeth flaenorol o Dic Jones, rwy'n meddwl efallai i hynny helpu pethe. Flynyddoedd wedyn, chwarae teg

109

iddo, fe ddwedodd y cyhyrchydd, Tomos Morse, wrtha i ei fod e'n credu taw'n ffordd hamddenol i o dynnu sgwrs oedd wedi'i gael e i fod mor agored.

Eitem gofiadwy arall oedd pan ges i'n anfon i Gaerdydd am ryw reswm, a hynny er mwyn cwrdd â gwraig ar achlysur ei chanfed pen-blwydd. Cywilydd dweud nad wy'n cofio'i henw hithau chwaith – ond wna i byth anghofio mor ystwyth oedd hi.

"Dw i'n dal yn ffit iawn," dwedodd.

"Chi dipyn yn fwy heini na fi, fe fentra i," atebais innau'n ysgafn.

A'r eiliad nesa, dyma hi'n cwnnu ar ei thraed yn sionc a phlygu drosodd i gyffwrdd â blaenau'i thraed heb drafferth yn y byd. Mae'n druenu taw ar y radio o'n i, nid y teledu. Petai gen i gamera yn hytrach nag Uher mi fyddwn i wedi cael eitem wirioneddol gofiadwy!

Ymunodd Ann Rosser â mi ar fwy nag un achlysur. Mae hi'n hyddysg mewn cymaint o bynciau ac yn wybodus iawn am sawl agwedd ar hanes Abertawe a'r cylch, ac roedd ei chwmni wastad yn bleser. Dangosodd hithau imi mor heini oedd hi un tro, pan aethon ni i adrodd hanes y Ferch o'r Sgêr. Fe ddaethon ni ar draws gât oedd i fod ar agor, dim ond i ddarganfod ei bod hi wedi'i chloi. Er ei bod dros ei deg a thrigain bryd 'ny, wnaeth Ann ddim oedi eiliad cyn dringo trosti. Delwedd gofiadwy arall sydd wedi aros yn fyw yn y cof.

Bues i'n ffodus o gael gweithio gyda chynhyrchwyr talentog ac ymroddgar dros ben yn y cyfnod hwnnw.

Parch

'Na le ro'n i un prynhawn, tua'r un cyfnod, ar faes y Sioe yn Llanelwedd, a Mici Plwm a fi newydd gamu oddi ar y llwyfan ar ddiwedd ein sioe, pan ganodd y ffôn. Keith Davies, uwch-gynhyrchydd gyda Radio Cymru, oedd yno, yn holi a licsen i lenwi bwlch o awr a hanner yn eu hamserlen ar brynhawniau Sul yn ystod mis Awst? Licwn i, atebais! Derbyniais yn llawen.

A dyna fu dechreuadau'r gyfres radio wythnosol, *Parch*. (Fel talfyriad, rwy'n ymwybodol fod y gair yn britho'r tudalennau hyn yn barod, ond man a man i fi'ch rhybuddio chi nawr fod mwy o Barchedigion i ddod!)

Orig hamddenol o chwarae cerddoriaeth o bob math oedd hanfod y rhaglen ar y dechrau, ac erbyn iddi ddod yn ddechrau mis Medi, gofynnwyd imi gario mlân. Cwtogwyd y slot o awr a hanner i awr, ond ro'n i'n dal i ddarlledu'n fyw ar brynhawn dydd Sul o stiwdios y BBC yn Abertawe. Yna'n fuan wedyn, gofynnwyd o'n i'n fodlon estyn einioes y gyfres hyd y Nadolig a'r Calan. Newidiwyd y man recordio i'r stiwdios yn Llandaf, Caerdydd, a byddwn yn recordio ar brynhawn Iau, ond *as live*. Byddai teithio o Frynaman draw i Gaerdydd yn rheolaidd bob Sul wedi bod yn amhosib imi, am resymau amlwg, a chytunodd Aled Glynne, Golygydd Radio Cymru ar y pryd, i'r trefniant yn ddidrafferth.

Cafodd y rhaglen ei hymestyn eto a'i rhannu'n dair rhan. Canu Cymraeg cyfoes am y traean cynta, yna cerddoriaeth byd (yn cwmpasu chwaeth ryngwladol eang) ac yn ôl i draddodiadau Cymreig ar gyfer y rhan ola, gyda chanu corawl a nifer o emynau ymhlith yr arlwy. Roedd hynny'n arwain yn berffaith at *Ganiadaeth y Cysegr*, a fyddai'n dilyn.

Cawn westai i gadw cwmni imi fel arfer ac ar y dechrau byddem yn trial dod â phobol ynghyd nad oedd eisoes yn gyfarwydd â'i gilydd ond a rannai rhyw ddiddordeb neilltuol. Un o'r eitemau hyn a gofiaf yn dda yw cysyllttu dau o ffans mawr Elvis – Robin Samuel o'r de a Trefor Jones Morris o'r gogledd. Un arall rwy'n ei chofio'n arbennig yw'r Dr Elin Jones. Ro'n i wastad yn dwli arni'n siarad a gallai fod yn ddifyr a gwybodus am bob math o bynciau. Ac oedd, roedd hi'n anorfod fod nifer dda o weinidogion ymysg yr ymwelwyr – y Parchedigion TJ Davies, Elfed Williams, Ieuan Davies, Denzil John a Tecwyn Ifan yn eu plith. Daeth Tecs ar y sioe gyda'i frawd, y cerddor Euros Rhys. A cherddor arall a ymunodd â fi un prynhawn Sul oedd Eric Jones. Maes o law, fe ddaeth yntau'n brifathro ar Helen.

O dipyn i beth, fe fagodd y slot brynhawn Sul hwnnw ddilyniant teidi. Fe alla i ddweud hynny'n hyderus oherwydd y llythyron a'r negeseuon fyddai'n cyrraedd yn gyson oddi wrth rai o'n selogion – yn ymateb i rywbeth 'sen i wedi'i ddweud, neu rhyw ddarn o gerddoriaeth. Ac yn yr Eisteddfod Genedlaethol un tro, fe glywais i'r llais 'ma'n gweiddi arna i hanner ffordd ar draws y Maes:

"Eirian Wyn! Wy'n dy gymryd di i'r gwely 'da fi bob prynhawn dydd Sul!"

Y diweddar Ddr Dafydd Huws oedd yno. Casglais yn ddiweddarach ei fod e eisoes yn bur wael yn y cyfnod hwnnw – ac yn amlwg yn encilio i'w wely i orffwys yn y prynhawn, gyda Radio Cymru'n gwmni.

Dro arall, ro'n i'n pregethu'r hwyr yng Nghasllwchwr un Sul ac wedi cyrraedd y capel mewn da bryd, pan ges i 'nghyfarch gan ddeiacon ecseited dros ben.

"Jiw! Chi bownd o fod wedi sbido lawr y draffordd 'na," dywedodd. "Newydd gwpla ar y radio y'ch chi!"

O leia, fe ddysgais bryd 'ny fod yr arfer o recordio *as live* yn gweithio'n nèt.

Ond er llawer o atgofion melys, digon swta fu diwedd y gyfres, gwaetha'r modd. Yn fuan wedi penodi Siân Gwynedd yn Olygydd Radio Cymru yn 2006, ces alwad ffôn un diwrnod i ddweud fod Keith a hithau'n dod draw i 'ngweld. Aeth y tri ohonon ni mas am ginio i Pizzeria Vesuvio, un o'n hoff dai bwyta yn ardal Abertawe. Fe allwn synhwyro wrth gwrs fod rhyw newyddion drwg yn y gwynt – neu fwy o newyddion drwg ddylwn i ei ddweud, efallai, gan fod oes y Gohebwyr Bro eisoes wedi'i thynnu i'w therfyn ychydig cyn hyn. A nawr, torrwyd y newydd imi y byddai *Parch* yn terfynu'r Sul canlynol. Yr hyn wnaeth yr ergyd yn waeth i mi oedd y ffaith fod y rhifyn hwnnw eisoes wedi'i recordio. Chawn i ddim hyd yn oed ddweud wrth wrandawyr cyson am gofio ymuno â fi'r Sul canlynol ar gyfer ein sioe ola un, na diolch i bawb fu'n rhan o'r tîm dros y tair blynedd.

Tomos Morse oedd y cynhyrchydd cynta ar y gyfres ac

elwais yn aruthrol o'i gyfeillgarwch a'i amynedd – yn enwedig yn ystod yr wythnos neu ddwy gynta, pan oedd holl dechnoleg darlledu'n fyw yn gwbwl ddierth imi. Yna, bues i'n cydweithio'n hapus â Lois Eckley hefyd, cyn i Tomos ddychwelyd ata i yn y misoedd ola. Byddwn yn tynnu'i goes trwy ddweud ei fod e bownd o fod wedi gwneud rhywbeth mowr o'i le i ga'l ei hela'n ôl ata i! Rwy'n dal i deimlo'n drist iawn am y diwedd swta. Af i ddim mor bell â dweud 'mod i'n grac. Siomedig yw'r gair, efallai.

Ffilm yr Iesu

Gall unrhyw un weld y ffilm hon. Ewch at wefan *The Jesus Film* ar y cyfrifiadur ac fe ddaw lan yn rhwydd. Fe gewch ddewis o ieithoedd – dros 700 ohonyn nhw yn wir! Caiff y ffilm ei chydnabod yn y *Guinness Book of Records* fel y ffilm a gyfieithwyd i'r nifer mwya o ieithoedd erio'd. Ac ydy, mae ar gael yn y Gymraeg. Dyna pam mae'n gynwysiedig yn fy stori i – am taw fi yw llais Iesu Grist yn y fersiwn Gymraeg.

Corfforaeth efengylaidd o America greodd y prosiect a chafodd y ffilm ei hun ei gwneud yn ôl yn 1970. Mae'n brosiect hir dymor yng ngwir ystyr yr ymadrodd, gan ei bod hi'n ddechrau'r '90au arnyn nhw dod i wneud y trosleisiad Cymraeg. Aled Davies o Gyngor Ysgolion Sul Cymru gydlynodd y cyfieithiad a'r sesiynau recordio ar gyfer y fersiwn Gymraeg. Y fe gysylltodd â fi i gynnig rhan yr Iesu – rhan a chwaraewyd yn y ffilm wreiddiol gan Brian Deacon. Llais cyfarwydd arall, Alun Gibbard, yw'r Adroddwr Cymraeg.

Dyw'r ffilm ddim wedi dyddio'n arbennig o ran ei harddull weledol, ac o ran ei chynnwys, wrth gwrs, mae'n oesol. Ond pan rwy'n troi i gymryd cip ar rannau ohoni nawr, bron nad wy'n ei chael hi'n anodd uniaethu â'n llais 'yn hunan. Nagw i'n siŵr ydy'n llais i'n deilwng o fod yn llais yr Iesu – nid gyda'r oslef ddefnyddiais ar y pryd ta beth. Yn bendant, sda fi ddim cywilydd o'r ffilm orffenedig. Ond petawn i'n ei gwneud heddiw, rwy'n rhyw gredu y gwnelen i bethe'n wahanol.

Mr Nice

Yr unig ffilm sinema imi ymddangos ynddi hyd yn hyn oedd *Mr Nice* – ffilm o 2010 a gyfarwyddwyd gan Bernard Rose ac sy'n seiliedig ar hunangofiant y Cymro a masnachwr cyffuriau adnabyddus, Howard Marks. Rhys Ifans chwaraeodd ran Marks yn y ffilm, a Chloë Sevigny ei wraig, Jane. Fi yw'r ficer sy'n eu priodi. Yr unig 'sgript' roedd yn rhaid imi ei chofio oedd yr hyn sy'n cael ei ddweud pan fydd dau yn cymryd llwon glân briodas. Trwy lwc, doedd hynny ddim yn anodd imi.

Llawn cystal hynny, achos camu i mewn i lenwi bwlch wnes i mewn gwirionedd. Methodd yr actor a fwciwyd ar gyfer y rhan â throi lan fore'r ffilmio, am ba bynnag reswm. O ganlyniad, ces innau alwad ffôn annisgwyl. O'n i ar gael i ddod i eglwys fechan ger Maes Awyr Cymru yn y Rhws yn syth? Oeddwn, oedd yr ateb. A bant â fi.

Buom yno am oriau, ond yn y ffilm orffenedig, fel sy'n digwydd mor gyffredin, byr iawn yw'r olygfa. Os besychwch chi yn y man rong, chlywch chi mo'n llais i. Ac os ewch chi mas i'r gegin i roi'r tegell mlân i wneud dished o de, chewch chi'r un cip arna i chwaith. Ond mi ydw i yno, yn saff ichi!

Ac oedd, roedd Rhys Ifans yn fy nghofio, rwy'n falch o allu dweud – er bod dros bymtheg mlynedd wedi mynd heibio ers inni weld ein gilydd ddiwetha, a hynny'n ôl pan aethon ni *I'r Gad!* 'da'n gilydd.

Rosfa a braich yr Esgob Mullins

Rhan o hud perfformio i mi yw 'mod i'n addasu'r sioe i wahanol gynulleidfaoedd. Er taw'r un yw'r tric yn ei hanfod, sdim ots os ydw i yn y sêt fawr, neu mewn theatr, neu ym mharlwr ffrynt rhywun, gall y ffordd rwy'n ei gyflwyno fod yn wahanol iawn ar gyfer pob achlysur. A gall yr un peth fod yn wir am yr adwaith mae e'n ei ennyn.

Cynhaliwyd un o'r sioeau mwya annisgwyl imi gymryd rhan ynddi erio'd ychydig flynyddoedd yn ôl, yn Neuadd Dewi Sant, Caerdydd. *Clerical Capers* oedd ei henw ac roedd wedi ei threfnu gan CAFOD – elusen ddyngarol yr Eglwys Gatholig. Offeiriaid a lleianod sy'n cymryd rhan yn y sioeau hyn gan fwya, sy'n rhoi gogwydd go unigryw ar yr adloniant cyn dechrau! Y fi a diddanwr o Lanelli oedd yr unig ddau Brotestant oedd wedi cael gwahoddiad i ymuno yn yr hwyl, ac roedd y dyrfa'n llawn sbort yn barod, ymhell cyn i Rosfa gamu i'r llwyfan ar ddiwedd y noson.

Wedi imi wneud tric neu ddau a sefydlu perthynas dda, dyma fi'n dweud na allen i wneud y tric nesa gwaetha'r modd, am ei fod e'n galw am rywun arbennig iawn – rhywun gyda thair nodwedd benodol yn perthyn iddyn nhw.

"They have to be Irish," meddwn i. "They have to be a bishop. And they have to be able to speak Welsh fluently."

Prin wedi yngan y geiriau o'n i na ddaeth yr ateb yn ôl ata i yn donnau o bob cwr o'r neuadd:

"Bishop Mullins! Bishop Mullins! Bishop Mullins!"

Roedd yr Esgob Daniel J. Mullins – oedd yn gyfarwydd imi cyn hyn – wedi bod yn eistedd yn un o'r rhesi blân ac yn edrych fel 'se fe'n mwynhau'r sioe. Ond cyn pen dim, roedd e lan ar y llwyfan 'da fi.

"Have you got faith, Bishop Mullins?" gofynnais iddo.

"Yes, I have faith," daeth ei ateb cadarn.

"Have you got faith in me?" holais wedyn.

"I'm not so sure now," atebodd yn gellweirus, cyn ychwanegu, "But yes, I have faith in you. You are a Baptist after all!"

Wrth fy ymyl roedd *guillotine*, a dangosais i'r gynulleidfa mor siarp roedd e'n gweithio trwy roi moronen ar ei waelod a gollwng y llafn. Yna gofynnais i'r Esgob ddangos ei ffydd yno' i a hwpo'i fraich i'r twll yn ffrâm y *guillotine*... reit yn llwybyr y llafn, pe digwyddai honno ddisgyn! Gwnaeth yntau hynny, gan ddal i wenu ei wên gynnes o glust i glust.

Es inne mlân i weithio'r gynulleidfa trwy ddweud nad o'n i'n gallu cofio'n iawn beth o'n i fod i neud nesa.

"I know there are some magic words I'm supposed to say. They'll come back to me now," dwedais. "The one thing I really know I mustn't do," ychwanegais, "... is this!"

115

Ac ar hynny, symudais fy mys yn ddramatig i godi'r *catch* diogelwch. Aeth ymateb y dorf fel ebychiad o arswyd drwy'r lle. Disgynnodd bwyell y *guillotine* fel bwled o wn. Gallaf glywed "Yyyyyyy!" iasol rhai o'r lleianod hyd y dydd heddi. Torrwyd yr ail foronen, ro'n i wedi'i gosod ar y gwaelod yn ddwy hanner. Sblatsh! Ond yn 'wyrthiol' roedd braich yr Esgob yn dal yn gyfan a dianaf.

Diweddglo dramatig i sioe ysgubol. Cymeradwyodd y gynulleidfa ei boddhad ac aeth pawb adre yn yr hwyliau gorau. Aeth hyd yn oed yr Esgob Mullins 'nôl i'w sedd mewn rhyddhad, gan gofleidio'i ddwy fraich.

Mwy o 'Gleme Clerigol'

Tua blwyddyn yn ddiweddarach, cymerais ran mewn sioe arall o dan yr un teitl, *Clerical Capers*. Sioe elusennol arall, ond er budd adnewyddu eglwys Babyddol Llanelli yn benodol y tro hwn. Noson i godi'r to – a sicrhau ei fod yn ddiogel yr un pryd!

Cymerais ran yn nhrefnu hon, yn ogystal â pherfformio ynddi. Unwaith eto, cymysgedd o offeiriadon, lleianod a phlwyfolion oedd yn dod ynghyd i ddiddanu'r dorf – a threfnwyd mai yn Eglwys San Joseff, Abertawe y câi'r rihyrsals eu cynnal. Trefnwyd sawl sesiwn, ond doedd fawr o siâp ar bethe, rhaid dweud. Doedd llawer o'r rhai a ddylai fod yno ddim hyd yn oed yn troi lan, a di-fflach braidd oedd pethe'n mynd.

Canolfan Bowls Dan Do Selwyn Samuel, Llanelli, oedd lleoliad y perfformiad a dyna lle y daeth pawb ynghyd unwaith eto fore'r sioe. O leia fe droiodd pawb lan bryd 'ny, oedd yn rhywfaint o gysur – ond doedd 'da fi fawr o ddisgwyliadau a bod yn onest. Digon digalon o'n i erbyn amser cinio, ond bant â ni i gwt y sgowtiaid, oedd drws nesa i'r Ganolfan Fowlio, i gael tamaid i'w fwyta, fel y tybiais i.

Ond gallwn weld yn syth nad 'tamed' oedd yn ein disgwyl, ond mynydd o fwyd a diod – yn frechdanau a phasteiod ac ati, a digon o gratiau cwrw a photeli whisgi i lenwi llyn fach.

"Nag yw hyn yn syniad da," dwedais i wrtho'n hunan yn reddfol.

Ond wrth gwrs, yr Ymneilltuwr rhonc yn'o i oedd yn siarad. A chymerodd hi fawr o dro imi ddysgu o'r newydd fod 'sawl ffordd o gael Wil i'w wely'. Erbyn inni fynd 'nôl i'r ganolfan i barhau ag ymarferion y prynhawn, daeth yn amlwg fod y 'lluniaeth' a ddarparwyd yn ffynhonnell greadigol dros ben.

Daeth afiaith i'r canu nad oedd wedi bod yno yn yr un rihyrsal arall. Daeth wmff i'r hiwmor. Lle roedd rhyw swildod neu syrthni wedi bod yn dala pawb yn ôl o'r blân, nawr, roedd ysbryd newydd wedi dod fel chwa o awyr iach i godi hwylie pawb. Trwy lwc, fe barhaodd bywiogrwydd yr ysbrydoliaeth a ddaeth yn sgil y cinio drwodd i'r berfformiad gyda'r nos. Noson ffantastig! Bwrlwm o egni yn arllwys bant o'r llwyfan a'r gynulleidfa wrth ei bodd. Ac wrth i offeiriad gamu ar y llwyfan i arddangos pa bynnag ddawn oedd 'dag e i'w chynnig, byddai'i bwyfolion penodol e'n bloeddio'u cymeradwyaeth. Weles i erio'd shwt frwdfrydedd – ddim tan iddyn nhw ddechrau dangos ralïau Trump ar y teledu ta beth!

Noson arall lwyddiannus dros ben, a chodwyd swm sylweddol o arian. Yn wir, bu mor llwyddiannus, cynhaliwyd ail noson debyg beth amser wedyn, lle codwyd hyd yn oed mwy o hwyl ac arian. Pan gynhaliwyd offeren gynta'r eglwys wedi i'r gwaith atgyweirio gael ei gwblhau, ces wahoddiad i ymuno â nhw yn y dathlu. A braf oedd cael bod yno i gydlawenhau.

Yr arglwydd, y marchog a'r esgob

Peidiwch â phoeni, nid yr Esgob Daniel Mullins sy'n gorfod rhoi'i einioes yn y fantol unwaith eto er mwyn difyrru'r dorf y tro hwn! O, na. Ar y noson rwy am ei dwyn i gof nawr aeth y fraint honno i esgob adnabyddus arall. Rwy'n mynd yn ôl flynyddoedd lawer, a chofia i ddim yn gwmws beth oedd natur yr achlysur – rhyw ddathliad arbennig, mae'n rhaid. Mae'r Athro Medwin Hughes, Is-Ganghellor Coleg Prifysgol Cymru y Drindod Dewi Sant, a finne'n hen gyfarwydd â'n gilydd ers oesoedd, a chyn y digwyddiad hwn ro'n i wedi bod draw i Gaerfyrddin sawl tro (i'r hyn oedd yn Goleg y Drindod bryd hynny) i ddiddanu mewn partïon ar gyfer plant y staff.

Ond yn amlwg, noson ar gyfer oedolion oedd yr un dan sylw nawr, a gofynnwyd imi ddarparu rhyw chwarter awr i ugain munud o adloniant. O'r foment y cyrhaeddais, gallwn weld fod yr enwog, y pwysig a sawl wyneb arall adnabyddus yn mynd i fod ymysg y gynulleidfa. A phan ddaeth yn amser i Rosfa gamu i'r llwyfan, dyma fi'n addasu'r act yn syth i dynnu arglwydd, marchog ac esgob i ymuno â mi yn y blân. Arbedwyd y tri rhag ffawd y *guillotine*. Doedd hwnnw ddim yn rhan o'r act y noson honno. Tric cyfarwydd imi, sy'n defnyddio tair rhaff o wahanol hyd, wnes i'r tro hwn. Sai'n meddwl i'r tri arbennig hyn – oedd o wahanol gefndiroedd a gwahanol ddaliadau – erio'd sefyll mor glòs at ei gilydd ag y gwnaethon nhw yn y munudau hynny. 'Na beth yw hudoliaeth ichi. Swyn consurio.

A phwy oedd y tri, fe'ch clywaf yn gofyn? Chi oedd yn bresennol y noson honno, fe fyddwch yn cofio'n iawn am bwy rwy'n sôn. Ond fe adawa i i bawb arall ddyfalu!

Fan hyn a fan 'co!

Ar y ffordd

Rwy wastad wedi bod â diddordeb mewn ceir mowr crand. Ac rwy wedi bod yn ddigon ffodus i gael bod yn berchen ar sawl un dros y blynyddoedd. Fel miloedd ar filoedd o bobol ifanc o 'nghenhedlaeth i, Mini oedd y car cynta ges i, cyn codi ris o hwnnw at Ford Escort. Yna, daeth yn amser mynd lan gêr neu ddwy ymhellach ac erbyn hyn, fe alla i edrych 'nôl ar foduron er'ill gyda thipyn mwy o wmff yn perthyn iddyn nhw: Mercedes190cc, Mercedes-Benz SLK, Mercedes-Benz C-Class Coupe a Golf TDI.

Fe ddwlodd Helen gymaint ar y Mercedes SLK fel imi'i roi iddi fel ei char personol hi. Ac yn ddiweddarach, fe brynais i un arall, lliw du. Yn ogystal â'r uchod, mi fuodd 'da fi hefyd gar Mitsubishi, am inni ddod yn ffrindiau gyda'r masnachwr ceir Elphin Evans yn ystod ein hamser yn y Meinciau – ac yn fwy diweddar byth, dau neu dri car Renault, am inni ddod yn ffrindiau gyda David Gravelle.

Wrth gwrs, nid ceir yn unig sydd wedi 'nghludo o fan i fan. Mae llongau, awyrennau a moto-beics hefyd wedi chwarae'u rhan wrth imi weld tipyn ar y byd 'ma. Ond ar 'y nhaith dramor gynta, ma 'da fi reswm da dros gofio taw gyrru oedden ni – Olaf, Bleddyn a finnau – a hynny i Iwerddon. Roedd y tywydd yn anghyffredin o braf, gyda'r haul yn grasbo'th ar hyd y daith wrth i'r tri ohonon ni adael Rosslare a gwneud ein ffordd yn ara bach lan yr arfodir i Arklow yn Swydd Wicklow. Erbyn cyrraedd 'co, a chan nad o'n i wedi rhwto eli haul na dim yn 'y nghro'n, roedd hi'n amlwg i bawb 'mod i wedi llosgi'n ddrwg, gyda 'nghefen bron yn gignoeth o goch.

Fe osodon ni'n pabell ar dir rhyw deulu na chofia i 'mo'u henw, gan ddod yn gyfeillgar iawn 'da nhw i gyd, cymaint fel'ny, fel i'r fam fynnu 'mod i'n dod i mewn i'r tŷ i gysgu un noson am ei bod hi'n gweld fel ro'n i'n diodde o achos y cro'n llosg. Do, fe ges gysur gwely go iawn, er nad o'n i'n arbennig o gysurus, rhaid dweud, am fod 'y nghroen i mor dost. Serch 'ny, ro'n i'n ddiolchgar iawn i'r wraig drugarog. Ond rwy'n ofni na chafodd ei mab druan cystal bargen, achos fe fuodd rhaid i hwnnw dreulio noson mas o dan ganfas, yng nghwmni Bleddyn ac Olaf.

Yn syth y cyrhaeddais i gatre, es i i weld y doctor, ac os na ches i lond pen 'da hwnnw wedyn am b'ido iwso eli haul. A dyna wers fach bwysig arall wedi'i dysgu! Byth ers 'ny, mi fydda i wastad yn garcus iawn o 'nghro'n mewn tywydd po'th.

EXPO Sevilla '92

Y tro cynta imi fentro dramor ar 'y mhen 'yn hun oedd yn 1992. Naill ai'n gynnar y flwyddyn honno, neu cyn Nadolig '91, fe ddigwyddais weld eitem ar y rhaglen *Tomorrow's World* am y rhagbaratoadau oedd ar droed yn Andalucia ar gyfer EXPO Sevilla yr haf hwnnw – a dyma benderfynu yn y fan a'r lle 'mod i am fod yno. Doedd hi fawr o syndod. Oni fuodd 'da fi ddiddordeb mewn *gadgets* a gizmos o bob math erio'd? Ar gefn 'y 'meic yr es i, a chael mis i'r brenin. Fi'n credu imi fynd i weld y rhan helaetha o'r hyn oedd gan y gwledydd a gynrychiolwyd yno i'w arddangos. Nid yr holl ddatblygiadau technegol a gwyddonol sydd ar y gweill rownd y byd yn unig gewch chi mewn EXPO. Maen nhw hefyd yn anelu at hysbysebu'r gwledydd yn eu cyfanrwydd, o ran hanes, tirlun a diwylliant. Profiad anhygoel.

Erbyn i'r dydd ddod imi ddechrau ar 'y nhaith, roedd 'da fi

grap bach gweddol ar yr iaith Sbaeneg hefyd – oedd yn syndod hyd yn oed i fi. Nagw i'n honni 'mod i'n rhugl, ond galluogodd yr ychydig afael oedd 'da fi ar yr iaith fi i ymdopi o ddydd i ddydd. A gartre yng Nghymru, o fewn fy milltir sgwâr, y ces i'n ysbrydoli i wneud yr ymdrech i fwrw iddi i ddysgu.

Cartre i'r henoed yn Rhydaman yw Annwyl Fan, ac ro'n i'n nabod y wraig oedd yn rhedeg y lle yn lled dda ymhell cyn '92, achos ro'n i'n galw 'co'n bur amal i weld aelodau. Jane Picouto oedd ei henw ac roedd hi'n briod â Galisiad o'r enw José. Fis cyn gadael, digwyddais sôn wrthyn nhw fod cynlluniau ar y gweill 'da fi i fynd i'r EXPO yn Sevilla, ac anogodd José fi'n syth i ddysgu peth Sbaeneg. Honnodd y byddai cael yr iaith o dan 'yn hat yn hwyluso 'nhaith o gwmpas y wlad bron cymaint â chael Moto Guzzi 1100 rhwng 'y nghoesau! Roedd e'n dweud y gwir. A phrofodd yn athro da hefyd, gan 'y nhrwytho mewn tipyn o hanes y wlad yn ogystal â'r iaith. Yn wir, ces wybod yn ddigon clou fod sawl iaith frodorol yn dal yn fyw iawn o fewn Sbaen, ar wahân i'r Sbaeneg ei hun, ac roedd e'i hunan yn enghraifft dda o hynny, gan taw Galego (iaith frodorol Galisia) oedd ei famiaith.

Galwais draw i'w weld nifer o weithiau yn ystod y tair wythnos oedd ar ôl 'da fi cyn 'mod i bant ar 'y nhaith. Clatsho iddi i ddysgu gwahanol eiriau ac ymadroddion wnaethon ni gan fwya. Sonion ni fawr am ddim byd mor ffurfiol â gramadeg, ond fe wnes i ymdrech i ddysgu mwy o Sbaeneg 'yn hunan maes o law. Fe lynodd yr hyn ddysges i 'da José, mae'n rhaid, achos mae'r tipyn Sbaeneg sda fi erbyn hyn wedi profi'n ddefnyddiol ar sawl achlysur ers 'ny.

Dwy Saesnes yn Sbaen

Wrth fwyta swper ar fy mhen fy hun yn Béjar, yn nhalaith Salamanca, gallwn glywed dwy hen Saesnes ar fwrdd cyfagos yn trial archebu bob o *tortilla*.

"What's omlette in Spanish?" oedd hi i ddechrau.

Rhois innau 'mhig i mewn gan roi'r ateb iddyn nhw.

"Two tortillas," eben nhw wrth y gweinydd pan ddaeth – gyda'r gair *tortilla* wedi'i gamynganu'n llwyr. Doedd hwnnw ddim yn deall, mae'n ymddangos. Trois innau i helpu unwaith 'to.

"These waiters should be able to speak English," ges i wedyn, sef yr ymateb clasurol 'sech chi wedi'i ddisgwyl, efallai. Ystrydebol tost!

"Do you realise which country you're in?" dwedais innau wrthyn nhw'n blwmp ac yn blân. "This isn't England. You're in Spain."

Yn nes mlân, yn slei bach, da'th y gweinydd draw ata i a dweud, "Muchas gracias, señor."

Fel trodd hi mas, roedd hwnw'n gallu Saesneg yn iawn. Ond pwy all ei feio am beidio â dangos hynny yn wyneb agwedd sarhaus y ddwy?

"No lager louts!"

Digwyddiad bach arall sy'n darlunio'r argraff ma'r Saeson wedi'i adael ar lawer o Sbaenwyr – a thrigolion sawl gwlad arall ar draws y byd 'sen i'n synnu dim – yw'r profiad geson ni wrth aros yn Fuengirola. Pan rwy'n dweud 'ni' rwy'n golygu Helen, Fflur a finnau, a Carey, Lynette a'u plant hwythau. Rhai bach oedd y plant – yn wir, sai'n siŵr oedd Alys, merch ienga ein ffrindiau, wedi'i geni hyd yn oed. Dau deulu ifanc ar wyliau gyda'n gilydd – ac un diwrnod, dyma benderfynu llogi car yr un a mynd am drip i ymweld â Ronda.

Ar y ffordd 'nôl, sylwais yn y drych fod dau aelod o'r Guardia Civil wrth ein cwt, a do'n i'n synnu dim pan dynnon nhw ni i mewn i fan aros ar ymyl y lôn. Daeth yr hyna o'r ddau draw at ein car ni yn ei lifrai gwyrdd cyfarwydd, gyda golwg sychaidd, hynod awdurdodol ar ei wyneb. Tua diwedd y '90au oedd hi, a doedd dim ugain mlynedd wedi mynd heibio eto ers marw Franco. Roedd gan y Guardia Civil y gallu i godi braw o hyd, mae'n amlwg. Yn nyddiau Franco, roedden nhw wir wedi bod yn rym i'w hosgoi.

Gofynnodd y dyn am ein pasborts yn sarrug. Estynnais innau nhw ato.

"Inglés?"

"No ingles. Soy Galés," atebais.

I dorri stori hir yn fyr, fe gymerodd hi funud neu ddwy imi egluro iddo fod y Deyrnas Unedig mewn gwirionedd yn gyfuniad o bedair gwlad. Meiriolodd agwedd y dyn wrth sylweddoli 'mod i'n gallu cyfathrebu ag e yn Sbaeneg a throdd y sgwrs yn llawer mwy hynaws. Pan wawriodd hi arno nad Saeson o'n i wedi'r cyfan, torrodd gwên fawr gynnes ar draws ei wyneb ac ynganodd y frawddeg anfarwol,

"Ah! You no lager louts then!"

Draw wrth y car arall, roedd y swyddog iau yntau yn ei ddyblau'n chwerthin a Carey'n sefyll yno braidd yn lletchwith. Ond gan ein bod ni i gyd yn rhydd i fynd, bwrw mlân â'n siwrne heb oedi rhagor oedd orau. Yn y man, a chyda'r ddau blismon militaraidd bellach wedi gadael llonydd inni, fe stopon ni drachefn mewn caffi bach ar ymyl y ffordd. Yn naturiol fe ofynnes i Carey pam fod y plismon wedi chwerthin fel nath e.

Doedd e ddim yn gwbod yr ateb ond roedd e wedi tybio fod y boi yn gofyn iddo beth oedd y cyswllt rhyngon ni ac yntau wedi pwyntio ata i a dweud, "Mi amiga!" Yr hyn olygai Carey, wrth gwrs, oedd 'mod i'n ffrind iddo. Ond buodd rhaid imi egluro iddo taw'r ffurf wrywaidd ar y gair yw *amigo*, tra bod *amiga* ar y llaw arall, yn ffurf fenywaidd (fel *girlfriend*). Fe ddeallon ni i gyd wedyn pam fod y swyddog wedi chwerthin. A chwerthin wnaethon ninnau i gyd hefyd. Efallai nad oedd Sbaeneg Carey lan i sgratsh, ond o leia doedd neb ohonon ni'n *lager louts*. Roedd hynny'n gysur.

Mijas

Ar yr un gwyliau, fe geson ni'n hunain lan yn y mynyddoedd un diwrnod, wedi crwydro drachefn, a chyrraedd ardal anghysbell sy'n enwog am ei hasynnod. Un sydd â diffyg hyder yn y

Gymraeg yw Carey (yn ogystal â bod yn ddi-Sbaeneg fel chi wedi darganfod yn barod) a dyma fe'n troi ata i'n ddisymwth a dweud,

"Wherever I go with you, Eirian, you always seem to come across someone you know. At least here there's no chance of that."

Byddwch yn cofio imi gael cryn syrpréis ar ein mis mêl pan glywais Gymraeg cyfarwydd Brynaman yn dod o garafán gyfagos a chael taw perthynas imi oedd yno. Ond dychmygwch cymaint yn fwy annisgwyl oedd clywed llais cyfarwydd arall yn dweud, "Jawl, Eirian! Beth wyt ti'n neud lan fan hyn?" – a hynny'n llythrennol o fewn eiliad neu ddwy i ddarogan anghywir Carey.

Ann Williams oedd yna – cyn-brifathrawes Ysgol Gynradd Gymraeg Pen-coed ger Pen-y-bont ar Ogwr. Ro'n ni'n dau'n nabod ein gilydd trwy 'ngwaith i gydag eisteddfodau'r Urdd, am ei bod hi'n arbenigwraig ar ddawnsio gwerin, cerdd dant ac alawon gwerin. Fe allwch chi ddychmygu shwt olwg oedd ar wep Carey pan ymddangosodd hi. Sdim angen dweud mwy.

Cael fy mwrw lawr...

Trist dweud hefyd imi gael mwy na'n siâr o ddamweinie ar hyd y daith. Pum mlwydd oed o'n i pan ges i'r gnoc gynta. 20 Chwefror 1959 oedd hi, i fod yn fanwl gywir, a ches 'y mwrw i lawr y tu fas i'r tŷ gan gar cymydog, John Howell Davies. Gyda'i onestrwydd arferol, cofnododd fy nhad mai fi oedd ar fai. Fe redais mas i'r hewl heb edrych, mae'n debyg. Doedd neb yn fwy caredig na 'Nhad, ond fuodd e erio'd yn ddyn i gwato rhag y gwir. Os oedd Dad o'r farn taw fi oedd ar fai, yna fi oedd ar fai. A dyna wers arall wedi'i dysgu yn ysgol profiad – er, rwy'n siŵr y byddai wedi bod yn llawer mwy difyr a llai poenus 'sen i wedi ei dysgu yn un o sioeau Digelwch Ffyrdd Cyngor Ynys Môn!

... a chlatsien gas yn Llydaw

Ym mis Awst 1974, teithiodd Dylan Morgan (mab y Prifathro Eirwyn Morgan) a minnau i Lydaw ar gyfer y Gynhadledd Geltaidd – a hynny yn y Ford Escort gas ei grybwyll eisoes. Ar y 13eg, gyda Robin Samuel yn digwydd bod yn y car gyda ni ar y pryd, fe yrrodd rhywun mewn inni. Cyrhaeddodd plismon o rywle a hwnnw'n methu siarad gair o ddim ond Ffrangeg. Doedd cyfathrebu ddim yn hawdd. Ond roedd rhywun gerllaw a welodd y ddamwain – Llydäwr ifanc a allai gyfieithu'n rhwydd rhwng y Llydaweg, y Ffrangeg a'r Gymraeg, am ei fod wedi wedi bod yn astudio yn Aberystwyth.

Mae cywilydd 'da fi i ddweud, ond aeth blynydde heibio, a bellach sda fi ddim clem beth oedd enw'r cymwynaswr hwnnw. (Gobeithio na fydd e'n gweld whith os ddaw e byth i ddarllen hwn!) Ond bu'n dywysydd caredig tu hwnt. Nid yn unig yr hwylusodd e bethau rhwng Dylan a fi, y plismon a'r Llydäwr a wrthdarodd yn ein herbyn, ond aeth â ni i *fest noz* a bu'n gwmnïwr heb ei ail. Treuliodd Dylan a fi fwy o amser yng nghwmni Llydawyr nag a wnaethon ni gyda'n cyd-Gymry yr wythnos honno.

Gwaetha'r modd, chafodd y car ddim cystal hwyl draw yn Llydaw ag a geson ni. Sgythrwyd un olwyn yn arbennig o gas, nes ei bod ar ogwydd i gyd a chafodd y modur ei adael heb ei ddefnydddio am weddill yr ŵyl. Yn gam neu'n gymwys, pan ddaeth yn amser troi sha thre, fe fentrais ddychwelyd i Gymru ynddo – a hynny ar 'y mhen 'yn hunan bach, am fod Dylan wedi cael lifft adre 'da rhywun arall (gan taw am ogledd Cymru roedd e'n anelu, nid 'y nghyffinie i yn y de.) Gyda'r olwyn simsan ar dro i gyd, bant â fi ar 'y nhaith, gan yrru drwy'r oriau mân. Tybiais y byddai llai o bobol o gwmpas yr amser 'na o'r dydd, ac y byddai cyflwr y car wedyn yn tynnu llai o sylw ato'i hun.

Fe weithiodd y strategaeth honno'n iawn yn Llydaw, ond wrth yrru liw nos o dde-ddwyrain Lloegr lan am Gymru, ces fy stopio ddwywaith – yr eildro nid nepell o Frynaman, pan o'n i o fewn dim i fod adre. Fe gymerodd y naill heddwas a'r llall drugaredd arna i ar ôl clywed fy stori, gan adael imi barhau â'n siwrne.

Es â'r car i'r garej cyn gynted ag y medrwn i. Dim ond rhyw ddau canllath o'r Banwen y saif Garej Terry Lewis. Pan gyrhaeddais yno, alle fe ddim credu imi wneud y daith yno heb i'r echel golapso neu i'r olwyn gwmpo bant, ac nid sôn am y daith o Lydaw oedd e trwy ddweud hynny. Y rhyfeddod iddo fe oedd i'r car lwyddo i gyrraedd ei garej o'n tŷ ni mewn un darn. Pan eglurais iddo gwir hyd y daith roedd y car newydd fod arni, bu bron iddo lewygu. A dyna pryd y llwyr wawriodd hi arna i mor wyrthiol o ffodus y bues i.

Damwain Fflur ar y Mynydd Du

Tua deunaw oed oedd Fflur pan gafodd hithau ddihangfa wyrthiol. Cafodd fenthyg Renault Clio ei mam un diwrnod i fynd lan i Aberystwyth, lle roedd hi'n gweithio ar rywbeth gyda'r cyfansoddwr ffilm enwog, Michael J Lewis.

A hithau'n tynnu at ddiwedd y prynhawn, ro'n i gartre, yn rhyw feddwl tybed pryd i'w disgwyl hi'n ôl. Ond yn hytrach na'i gweld yn cyrraedd, yr hyn ges i oedd galwad ffôn.

"Da-ad! Fi 'di ca'l damwain."

Gwyddwn yn syth fod rhywbeth mawr o'i le, ond o edrych yn ôl mae'n rhyfeddod ei bod hi a'r ffôn symudol yn dal mewn un darn i allu gwneud yr alwad o gwbwl.

Ar ben y Mynydd Du oedd hi ac mewn tipyn o stad yn emosiynol – er iddi fy sicrhau ei bod hi'n sefyll ar ei dwy droed a heb gael unrhyw niwed corfforol difrifol hyd y gallai weld. Es ati cyn gynted ag y gallwn i ar gefn 'y moto-beic. Gwelwn y gyflafan yn y pellter wrth nesáu, a dechreuodd 'y nghalon guro fel gordd. Gorweddai'r car i lawr dibyn. Roedd yn amlwg wedi moelyd drosodd bedair neu bump o weithiau. Shwt yn y byd mawr lwyddodd Fflur i ddod yn rhydd a dringo mas o'r fath fangl?

Yn ffodus, roedd Meirion, brawd Hywel Nicholas, cyn brifathro ar Fflur yn Ysgol y Banwen, wedi bod yn gyrru dros y mynydd yn go glòs wrth ei chwt, ac wedi stopo i weld beth oedd wedi digwydd. Ces gysur o weld bod rhywun cyfarwydd iddi wedi bod wrth law, a fe, rwy'n credu, ffoniodd y gwasanaethau brys.

Yn ogystal â'r ambiwlans a'r heddlu cyffredin, roedd bois heddlu'r ffyrdd yno hefyd – a galwodd un ohonyn nhw fi draw ato.

"P'idwch â rhoi row iddi. Doedd hi ddim yn sbido," ges i ganddo.

Fel 'sen i wedi breuddwydio rhoi row i'n ferch o dan y fath amgylchiade! Ond i fod yn deg, ei arbenigedd wrth wneud ei waith oedd yn siarad. Ei ddamcaniaeth oedd fod lori fawr wedi cymryd y tro ychydig cyn i Fflur ddod ato – lori nad oedd y cap wedi'i roi'n ôl yn sownd ar ei thanc olew. O ganlyniad, roedd disel wedi tasgu mas a llifo ar hyd y ffordd. Gallwn weld 'ny'n eglur ar lawr. Doedd dim bai yn y byd ar Fflur a chafwyd yr un ymchwiliad pellach gan yr heddlu.

Dilynais yr ambiwlans o'r mynydd i lawr at y Banwen, gan adael y moto-beic ger y tŷ, a mynd i Ysbyty Treforus gyda Fflur yn yr ambiwlans. Unwaith iddi glywed beth oedd wedi digwydd, daeth Helen yn syth yno o'r ysgol. Pan gerddais i mewn i gyntedd yr ysbyty fe ddigwyddais glywed dau blismon yn siarad â'i gilydd, gyda'r naill yn dweud wrth y llall nad oedd neb ohonyn nhw wedi disgwyl gweld neb yn cerdded o'r car.

"We just expected to find corpses!" oedd ei union eiriau.

Geiriau arswydus.

Yn gorfforol, fe ddaeth Fflur trwyddi'n rhyfeddol, er fod yr ysgytwad a gafodd i'w chefn yn dal i ddangos ei ddannedd o bryd i'w gilydd, yn enwedig os digwydd i ryw ran mae hi'n ei chwarae mewn opera alw am wisg go drom. Cafodd gynnig gweld seicolegydd wedi'r ddamwain, ac erbyn heddiw, mae'n difaru na chymerodd beth cwnsela. Anodd iawn iddi oedd meddwl am ddod dros y Mynydd Du am sbel, a dim ond yn lled ddiweddar y mae hi wedi mentro gwneud y daith honno drachefn.

EXPO Lisboa '98

Erbyn iddi ddod yn amser EXPO Lisboa, chwe mlynedd wedi'n antur fawr gynta i i Sbaen ac EXPO Sevilla, roedd Fflur yn 17 oed a gofynnais iddi a licse hi ddod 'da fi'r tro hyn. "Na," ges i'n ateb 'da hi i gychwyn. Ond wrth i'r amser ddod yn nes, fe newidiodd ei meddwl. Ffoniais y gwesty ro'n i wedi'i fwcio i'n hunan, ond doedd dim stafelloedd gwag ar ôl. Serch hynny, fe allen nhw gynnig un 'da dau wely sengl ynddi. Bodlonodd Fflur – a bant â ni, gan hedfan i Bortiwgal, yn hytrach na mynd ar y moto-beic fel yr es i i Sbaen.

Fe dreuliodd Fflur y rhan fwya o'r nosweithiau fuon ni 'co yn cysgu'n y bàth – er mwyn jengyd o chwyrnu ei thad! Ond diolch byth, fe fwynhaeodd hi'r EXPO ei hun yn fawr iawn. Unwaith eto, roedd 'na gymaint i'w weld. Wrth inni grwydro'r ddinas, dyma ddod at Estádio da Luz, maes pêl-droed tîm SL Benfica a digwyddais sylwi eu bod nhw'n chwarae yno'r noson honno. (Chofia i ddim yn erbyn pwy.) Petrusais braidd cyn holi Fflur a licse hi ddod gyda fi i weld y gêm. Ond fe gytunodd hithau, chwarae teg, a phan sylweddolais i mor rhad oedd pris mynediad o'i gymharu â'n prisiau ni'n ôl yng ngwledydd Prydain, penderfynais fynd amdani. Y tocynnau gorau i ni y noson honno!

Cyrhaeddom mewn da bryd, a chael fod ein seddau hanner ffordd lan y teras, gyda golau dydd yn dal i oleuo'r maes. Doedd dim angen to, wrth gwrs. Roedd hi'n dal yn gynnes, ac roedd 'da ni olygfa wych o'n blân. Yna, daeth y tîm mas i'r cae o'r stafelloedd newid tanddaearol, ac yna, pwy ymddangosodd wrth eu cwt ond Eusébio, un o sêr pêl-droed enwoca Portiwgal erio'd. Erbyn y cyfnod hwnnw, roedd e'n diodde'n go ddrwg 'da gwynegon ac yn lled simsan ar ei draed, ond cerddodd draw at ein stand ni, yn gwmws fel 'se fe'n dod yn syth draw at Fflur a fi. Ond wrth gwrs, mynd i gymryd ei sedd oedd e. Roedd un wedi'i neilltuo ar ei gyfer, a honno reit o'n blaenau, ychydig resi i ffwrdd yn unig.

"Shgwl, Fflur... Eusébio!"

Allwn i ddim dod o hyd i eiriau er'ill i fynegi 'nghyffro. Dyw e fawr o syndod mewn gwirionedd nad oedd gan Fflur syniad am bwy ro'n i'n sôn, ond allwn i ddim peidio â phwnio'i phenelin bob dwy funud gan ailadrodd enw'r hen ŵr. Un mlynedd ar bymtheg yn ddiweddarach, ar 5 Ionawr 2014, ces alwad ffôn oddi wrthi o Lundain:

"Dad, ti 'di clywed? Ma Eusébio wedi marw."

Os nad oedd hi wedi clywed sôn amdano cyn y noson honno yn Lisbon, o leia wnaeth hi mo'i anghofio wedyn.

"Gwisga'n deidi, Dad!"

Teg edrych tuag adre, medden nhw, a phan ddaeth yn amser i ninnau'i throi hi am y maes awyr er mwyn gadael Lisbon, dyna'r anogaeth ges i gan Fflur ar gyfer y siwrnai oedd o'n blân. Wedi wythnos yn yr haul, ro'n i wedi hen arfer a bwrw 'nyddiau mewn siorts a chrys hamddenol. Ond cymerais y cyngor a thaclu mewn trowsus deche a chrys a thei ar gyfer y daith. Fe ddysgais yn ddigon clou ei bod hi'n ddoeth gwrando ar yr ifanc weithiau – achos ar yr achlysur hwn fe dalodd ar ei ganfed.

Wrth giwio yn y maes awyr, daeth rhywun draw a gofyn inni ei ddilyn. Mowredd! meddyliais innau. Be sy'n bod nawr?

Ond trodd gofid yn orfoledd cyn pen fawr o dro, pan ddwedodd y boi wrthon ni ein bod ar fin hedfan sha thre mewn seddau dosbarth cynta. Roedd y cwmni awyr wedi gorwerthu'r tocynnau rhata, ond byddai lle i bawb ar yr awyren am fod 'da nhw lefydd gwag yn y dosbarth cynta. Trwy graffu ar y teithwyr oedd yno'n aros eu tro o flân y ddesg, fe ddaethon nhw i'r casgliad taw Fflur a fi oedd y ddau oedd wedi'u gwisgo'n fwya smart ac yn gweddu orau i'r dosbarth cynta. Fu dim rhaid inni ddychwelyd i gwt y ciw a cheson hedfan adre mewn bob o gadair foethus, ein traed lan a gwydryn o siampaen yr un yn ein dwylo.

"Iechyd da, Fflur!"

"Iechyd da, Dad! Nag wyt ti nawr yn falch iti wrando arna i?"

"Odw wir, bach!"

Ac nid dyna'r unig dro i Fflur fy annog i 'wisgo'n deidi' tra'n bod ni dramor chwaith. Ma mwy i ddod.

'Calonnau ar Dân'

Wrth i yrfa Fflur fynd o nerth i nerth, aeth ei chanu â hi i bob cwr o'r byd, a bues innau'n ddigon ffodus i gael ymuno â hi ar rai o'i gwibdeithiau. Un o'n teithiau cynhara gyda'n gilydd oedd i Los Angeles. Yn ogystal â bod yn unawdydd gwadd mewn sawl cyngerdd gyda Chôr Cymreig De Califfornia, roedd hi hefyd i weithio ymhellach ar CD y cyfansoddwr ffilm adnabyddus, Michael J Lewis (roedd hi wedi bod draw i Aberystwyth i'w weld diwrnod y ddamwain ddifrifol honno). Yn wreiddiol o Aberystwyth – lle cafodd ei eni yn 1939 – y ffilm gynta iddo weithio arni oedd *The Madwoman of Chaillot*, a gyfarwyddwyd gan Bryan Forbes, gyda Katharine Hepburn yn y brif ran. Cyfrannodd y gerddoriaeth i nifer o ffilmiau eraill – gan gynnwys *Theatre of Blood*, *Julius Ceasar* a *The Medusa Touch* – a sefydlodd ei gwmni recordio ei hun, Pen Dinas Records. Erbyn hyn, rwy'n deall iddo led ymddeol a symud i fyw yn Texas, ond 'nôl bryd 'ny roedd ei gartref yn North Hollywood ac fe ymwelodd Fflur a fi ag e yno yn ystod tair wythnos ein hymweliad.

Hearts Afire oedd teitl Saesneg y CD dan sylw, ac yn ogystal â Fflur, yr unawdwyr eraill oedd Catherine Ayres, Rhian Mair Lewis, Jill Padfield, Rhiannon Pugh, Judy Hur ac Aled Edwards. I wireddu'i weledigaeth, roedd Michael J Lewis hefyd wedi recordio nifer o gorau'n ôl yn ei famwlad – megis corau Ysgol Gymraeg Aberystwyth, Ysgol Penglais, Ysgol Castell-nedd a Chantorion Cwm Rhymni.

Wedi eu cyfuno â nifer o emynau a chaneuon traddodiadol Cymreig ar y record, mae cyfansoddiadau gwreiddiol ganddo, gyda geiriau Cymraeg wedi'u comisiynu'n arbennig gan Huw

Dafydd Jones a'r diweddar Brifardd Eluned Phillips. Roedd Eluned allan yng Nghaliffornia ar gyfer y perfformiadau yr un pryd â ni, a daeth Fflur a fi yn ffrindiau da â hi. A phan fyddwn i byth yn y gogledd, fe fues i hefyd yn aros gyda Huw yn Ninas Dinlle.

Rhwng sesiynau recordio a chyngherddau gyda'r côr, fe brofodd yn dair wythnos fishi iawn i Fflur – a chyffrous ac amrywiol iawn i'r ddau ohonon ni.

Pan yn LA

Er nad yw o dras Cymreig, roedd Peggy Spears yn weithgar iawn gyda Chôr Cymreig De California a chyda hi yr arhoson ni, yn Pasadena. Yn Llyfrgell a Gerddi Fotaneg enwog yr Huntington, yn San Marino roedd hi'n gweithio – lle sy'n gartre i nifer o lawysgrifau a llyfrau amhrisiadwy, ynghyd â thrysorau celf, gan gynnwys llun enwog Gainsborough, 'The Blue Boy'.

Ond nodwedd arall ar y safle yw'r gerddi hardd, a phwy welson ni'n cerdded ambythdi fan'ny yr un pryd â ni ond Billy Connolly ac Eric Idle. Es lan at Billy Connolly a dweud, "Excuse me, I know it's cheeky, but do you mind if I take a picture of you with my daughter?"

"Yes, it is cheeky," atebodd yr Albanwr, "but I don't mind." Ac yna ychwanegodd, "And this is Eric Idle!"

O'n i'n gwbod yn iawn pwy oedd Eric Idle, wrth gwrs. Onid oedd Monty Python wedi bod yn rhan o'm magwrfa i? Yn anffodus, fel ddigwyddodd hi yn y diwedd, dwi ddim i 'ngwel yn yr un o'r lluniau a dynnwyd y prynhawn hwnnw. Y rheswm am hynny, mae'n debyg, yw taw fi oedd yng ngofal y camera!

Ar ei liwt ei hunan, ac yn sgil ei gyrfa, cafodd Fflur ei llun wedi'i dynnu gyda digonedd o bobol adnabyddus dros y blynyddoedd – sêr byd opera, actio, comedi ac ati – ond mae'n dal i drysori'r llun hwnnw ohoni'n groten ifanc gyda Billy Connolly; yr un a dynnwyd gan ei thad.

Yn rhentu stafell yng nghartre Peggy Spears dros yr un cyfnod roedd gŵr ifanc a weithiai yn y Getty Centre yn

Brentwood – amgueddfa nodedig arall, a sefydlwyd gan J Paul Getty ac sy'n llawn enghreifftiau o gelfyddyd, cerfluniau a llawysgrifau clasurol. Trwy'i garedigrwydd e, fe drefnodd Peggy i Fflur a fi gael taith bersonol un i un o gwmpas y lle, gan gael mynediad i gilfachau nad oedd ar agor i bob Tom, Dic a Harri.

Er inni gael ein tywys o fan i fan yn y dyddiau cynta, fe logais gar wedyn – un mawr, Americanaidd gyda tho oedd yn gostwng. Fi oedd sioffyr Fflur am weddill ein harhosiad, yn gofalu ei bod hi'n cyrraedd y stiwdios recordio a'r neuaddau cyngerdd mewn da bryd. Ac yn naturiol, aeth yr un car â ni o gwmpas ar ein liwt ein hunain i weld y *sights*. A ninnau mewn cyngerdd un noson, gofynnodd rhywun imi i ble o'n i wedi bod y diwrnod hwnnw. Finnau'n ateb inni yrru o gwmpas Downtown LA.

"You did what?" ymatebodd. "You could be dead."

Eglurais wedyn taw dim ond gyrru o gwmpas am sbel wnaethon ni, i gael cip ar y lle.

"But what if your car had broken down?"

Wel! Trwy lwc wnaeth e ddim. Ond fe ges i'r argraff yn gryf nad oedd Downtown yn gymdogaeth y byddai'r rhai roedden ni'n cymysgu â nhw yn mynd iddi'n amal iawn.

Disneyland

Aelod arall o'r côr oedd Bill Fanning. Wrth ei waith bob dydd roedd 'dag e swydd uchel gyda'r Disney Corporation a thrwyddo fe, daeth gwahoddiad cyffrous arall i'n rhan, sef i ymweld â Disneyland, yn Orange County. Hwn yw'r parc pleser cynta agorodd Disney a'r unig un y buodd Walt ei hun yn bersonol yn goruchwylio'i gynllunio a'i ddatblygu. Felly, bant â Fflur a fi yn ein car llog.

"Oh yes! Mr Fanning told us to expect you, sir," cyfarchodd y ferch serchus ni yn nerbynfa'r gwesty, a chyn 'mod i'n cael cyfle i godi'n bagiau oddi ar y llawr, roedd rhywun wedi dod i'w cario a'n harwain at y lifft.

Gallwn weld inni gael anferth o stafell wrth gamu drwy'r drws – gwely anferth a lolfa helaeth, 'da stafell molchi braf a hyd yn oed cegin fechan. Gan mai Fflur oedd gwir seren y sioe, fe dybiais taw ei stafell hi oedd hon a dyma fi'n gofyn i'r boi a'n tywysodd yno ble oedd fy stafell innau.

"This is all yours, sir," eglurodd gan ein harwain drwy'r lolfa at ddrws arall yn ei phen pella.

Yr ochor draw i hwnnw roedd stafell wely fawr arall a stafell ymolchi foethus. Yn ymestyn i bob cyfeiriad allech chi edrych tuag ato, roedd ehangder y parc i'w weld drwy'r ffenestri. Hon oedd *suite* orau'r gwesty, ac roedd Fflur a fi yn wirioneddol ar ben y byd – mor bell ag oedd Disneyland yn y cwestiwn, ta beth.

Trannoeth, geson ni'n hebrwng at y clwydydd mawr a chael fod Bill a'i wraig, Donna, yno i'n cyfarfod. Yna, i mewn â ni i ymerodraeth Mickey Mouse i gael mwynhau'r holl ddanteithion ffantasïol sydd ar gael 'co. Wrth bob reid ac atyniad roedd 'na gwt hir o bobol yn disgwyl eu tro – ond fuodd dim rhaid sefyll yn yr un ciw. Byddai Bill yn arwain y pedwar ohonon ni at flân pob un. A doedd dim i'w dalu.

Nid hwn oedd y tro cynta imi fod mewn ffair heb orfod talu'r un ddime goch am bob reid a *hot dog*, fel y cofiwch chi. Ar lawer ystyr, ro'n i'n ôl ar y Banwen drachefn, yn bump neu chwech mlwydd o'd a holl rialtwch y ffair reit tu fas i ddrws y ffrynt. Doedd Disneyland ddim cweit fel Ffair y Gwter, a doedd Ffair y Gwtwr ddim cweit fel Disneyland chwaith. Ond teg dweud 'mod i wedi mwynhau'r ddau mas draw. Ac rwy'n ddiolchgar imi gael gwneud hynny heb orfod mynd i 'mhoced fawr ddim yn y naill ffair na'r llall.

Myra Thomas-Lawrence

Dim ond atgofion melys sda fi hefyd o gwmni a chroeso Myra Thomas-Lawrence yn ei chartre yn Santa Barbara. O blith y cannoedd o Gymry Cymraeg sydd wedi hen ymgartrefu yng ngogledd America, mae hi gyda'r mwya blaenllaw a hael. Dros y blynyddoedd, bu'n gefnogol iawn i'r Eisteddfod Genedlaethol ac yn ymweld â'r Brifwyl yn gyson. Er ei bod bellach yn 96 oed, mae ei llais i'w glywed yn amal ar Radio Cymru yn cynnig persbectif penodol ar yr hyn sy'n digwydd yn America.

Mae'n byw mewn tŷ ysblennydd ar un o'r cymunedau adwyog (*gated communities*) mwya egscliwsif yn yr UD a bu mor garedig ag estyn gwahoddiad i Fflur a finne am ginio un diwrnod. Un o'r pethe rwy'n ei gofio gliria yw fod 'da hi gegin anferth na fyddai hi, yn ôl ei chyfaddefiad ei hun, byth yn ei defnyddio.

Ces ar ddeall yn ddiweddarach iddi sibrwd wrth Fflur mlân llaw, "Gwnewch yn siŵr nad yw'ch tad mewn jîns a'i fod e'n gwisgo tei."

Wel, wrth gwrs! Roedd hi'n hen law ar ddwyn perswâd ar ei thad i 'wisgo lan' a phan gyrhaeddon ni gartre Myra Thomas-Lawrence y diwrnod hwnnw, dyna lle ro'n i'n drwsiadus iawn yr olwg, mewn pâr teidi o drowsus a thei am 'y ngwddwg.

Aethom mas i'r *clubhouse* i gael ein cinio. (Dyna pam y bu gofyn imi wisgo'n go ddeche. Roedd 'da nhw reolau llym ynglŷn â gwisg ac ymarweddiad.) Ond o leia doedd dim galw arnon ni i gerdded draw i'r *clubhouse*. Ac ni fu raid i neb arall yrru chwaith. Roedd *chauffeur* wrth law i'n tywys.

Un arall o reolau caeth y 'gymuned adwyog' oedd na châi'r un seren ffilm brynu cartre yno. Do'n nhw'n amlwg ddim isie haid o *paparazzi* yn hofran o gwmpas y lle. Chwaeth a disgresiwn oedd piau hi yno. Yn ôl y sôn, ceisiodd Michael Douglas brynu tŷ yno rywbryd (yn ôl cyn dyddiau Catherine Zeta-Jones, rwy'n tybio), ond cael ei wrthod wnaeth e. Ond yna, fe ddigwyddais weld wyneb cyfarwydd yn eistedd nid nepell i ffwrdd, yn mwynhau'i ginio, fel ro'n innau'n joio'n un i. Doedd hwn welwn i erio'd wedi bod ymysg rheng flaena'r sêr byd ffilmiau, efallai, ond roedd yn actor hynod adnabyddus serch 'ny – un gas yrfa hir ac a ymddangosodd mewn llwyth o Westerns. Dyna'n benna pam oedd ei wyneb mor gyfarwydd i fi – am i ffilmiau cowbois fod ymysg fy ffefrynne ers pan o'n i'n fach. Ysywaeth, profodd ei wep yn fwy cofiadwy na'i enw, achos alla i yn 'y myw gofio hwnnw!

"Shwt ma *fe* 'ma, 'te?" gofynnais i Myra.

Eglurodd hithau fod ei chyd-breswylydd wedi priodi arian. Ei wraig oedd wedi gwneud yr ymholiadau am y tŷ a welodd ar werth. Hi'n unig oedd wedi cysylltu â'r cwmni oedd yn rheoli'r stad, ac yn ei henw hi'r oedd yr eiddo wedi'i brynu yn y diwedd. Dim ond pan symudon nhw i mewn y daeth hi'n amlwg pwy oedd ei gŵr. Erbyn 'ny, roedd hi'n rhy hwyr i atal y sêl, a rhaid oedd bodloni ar gael o leia un seren Hollywoodaidd ar garreg eu drws. Enghraifft arall o'r modd y gallwch chi ddod o hyd i ffordd rownd popeth pan ma 'da chi ddigon o arian!

Marvis, fy nghyfnither

Ond wedyn, rhaid cofio nad arian yn unig all wireddu'r hyn chi am ei gyflawni mewn bywyd… ddim o bell ffordd. Gall cariad, ymroddiad, dychymyg, dyfeisgarwch a dogn da o ddyfalbarhad i gyd wneud y tric hefyd, heb sôn am ffydd. Wrth edrych i'r dyfodol ar ôl symud i Frynaman yn 1989, ac wrth i iechyd Anti Fran ddirywio'n ara, daethom i'r casgliad taw'r ffordd orau inni allu edrych ar ôl fy nghyfnither, Marvis, fyddai cael y pedwar ohonon ni i fyw mwy neu lai o dan yr un to.

Addaswyd y garej wrth dalcen y tŷ, er mwyn ei droi'n gartre i'r ddwy. Ac fe soniais yn barod am y drafferth gafodd yr adeiladwyr wrth ddymchwel un wal, am fod Dad wedi'i chodi mor gadarn. Ond fe geson ni'r maen i'r wal yn y diwedd – yn llythrennol. Mae'r 'estyniad' sydd wedi'i gysylltu â'n tŷ yn gartre twt, annibynnol i Marvis ers sawl blwyddyn. Ers colli ei mam ar 10 Mawrth 2010 mae wedi byw 'co ar ei phen ei hun. Daw gofalwyr ati bum gwaith bob dydd, a phan fydd angen help arni fel arall, gall wastad wasgu botwm hwylus sy'n canu yn ein cartre ni. Allwn ni ddim gwarantu y bydd un ohonon ni gartre bob awr o bob dydd, wrth reswm, ond mae gofynion ein gofal ohoni'n ystyriaeth gyson wrth ystyried cynlluniau'r ddau ohonon ni o ddydd i ddydd. Ni'n garcus nad yw hi byth gartre ar ei phen ei hun am yn rhy hir.

Pan ddaw gwyliau'r Nadolig a San Steffan, fe nodais eisoes ein bod yn ddi-ffael yn treulio'r ddwy noson hynny draw ym Mhont-iets gyda Carey a Lynette. Ond ers colli Anti Fran, rwy wedi gyrru adre'n hwyr bob nos Nadolig i fod wrth law, gan ddychwelyd at y teulu fore trannoeth i enjoio gweddill yr ŵyl.

Chwaraeodd fy nai Emyr, mab Gaynor, hefyd ran enfawr yng ngofal y teulu dros Marvis. Mi fydd e a'i fam yn mynd â hi ar wyliau gyda nhw tua dwywaith y flwyddyn. Gan fod arni angen help i wneud popeth bron, mae hyn yn amlwg yn gymwynas anferth â hi. Mae hefyd yn gymwynas fawr â Helen a fi. Mae 'na gwmnïau sy'n arbenigo ar wyliau i'r anabl, wrth reswm, ond mae'n dal yn dipyn o ymrwymiad ac yn cymryd cryn drefnu. O fewn y flwyddyn neu ddwy ddiwetha, cafodd Marvis y pleser o anadlu gwynt y môr o fwrdd llong bleser ar *cruise* rownd Môr y Canoldir, yn ogystal â gwynt iach yr Alpau wrth deithio trwy'r Swistir. Fel finne, rwy'n falch o allu dweud ei bod hithe hefyd yn cael gweld y byd.

Ychydig yn nes adre, ond llawn mor ddiddorol i Marvis, bydd hefyd yn mynychu cynadleddau blynyddol Plaid Cymru gydag Emyr, sydd wedi bod yn Gynghorydd gyda'r Blaid ar Gyngor Rhondda Cynon Taf ers sawl blwyddyn.

Daeth Marvis i nabod y bobol ryfedda, a chi byth yn gwbod pwy fydd wedi galw draw i'w gweld. Ymysg ei ffrindiau penna ac yn ymwelwyr cyson mae Gareth Edwards a'i wraig, Maureen.

Brwsel a 'rhamant' amheus Cyffordd 19 yr M4!

Fel y gwelwch chi o'r stori uchod, gall trefniadau teuluol Helen a finnau ymddangos braidd yn gymhleth ambell dro. Ac yn wir, mae cael popeth i redeg fel watsh yn dric eitha anodd i'w gyflawni. Bydd pobol yn edrych ddwywaith weithiau pan glywan nhw'r hanes.

Un tro, gyda Fflur bellach wedi ymgartrefu yn Llundain, derbyniodd wahoddiad i berfformio yn nhŷ opera'r Théâtre Royal de la Monnaie, ym Mrwsel. Yn naturiol, fel ei rhieni, roedd y naill a'r llall ohonon ni yr un mor frwdfrydig â'n gilydd i fod yno i'w chlywed. Ond shwt?

Fe yrrais i i lawr i Lundain ac aros dros nos yn fflat Fflur, gan adael y car yno fore trannoeth a chymryd Eurostar draw i Frwsel. Y noson honno es i'r opera, i ryfeddu drachefn ar ddoniau fy merch ac ymhyfrydu yn y derbyniad gwresog gafodd hi gan y Belgwyr. Yna'n ôl â fi i orsaf yr Eurostar ac yn ôl i Lundain. Dychwelyd i fflat Fflur wedyn i bigo'r car lan a gyrru'n ôl ar hyd yr M4.

Yn teithio i 'nghyfarfod o gyfeiriad arall yr M4 roedd Helen. Roedden ni wedi trefnu i gwrdd ar safle helaeth ger Cyffordd 19 y draffordd, ddim ymhell o Fryste, lle bydd llawer o lorïau'n parco dros nos. Aeth popeth fel watsh. Gwrddon ni ar amser. Trosglwyddais allwedd y fflat i Helen a'i thro hi nawr oedd dal yr Eurostar i Frwsel. Y noson honno, cafodd hithau fynd i'r Théâtre Royal de la Monnaie a mwynhau. Yn y cyfamser, es innau am Frynaman, yn ôl dros y bont – Pont Hafren fel y bydd hi bob amser i mi!

Yr unig wahaniaeth oedd i Helen aros mas ym Mrwsel am ychydig ddyddiau, i gael mwy o gwmni Fflur a gweld tipyn ar y ddinas. Ond yr hyn a diclodd y ddau ohonon ni oedd clywed gan rywun yn weddol glou wedyn fod y maes aros hwnnw wrth Gyffordd 19 yn ddiarhebol am fod yn gyrchfan i gyplau sy'n cael *affairs*. Wydden ni ddim. Ond daeth â gwên i wynebau'r ddau ohonon ni.

Anrheg annisgwyl yn Aix-en-Provence

Doedd hi ddim yn syrpréis cael ei bod hi'n heulog a chynnes yn ne-ddwyrain Ffrainc chwaith pan aethom yno ar wyliau i ddathlu 'mhen-blwydd, ychydig flynyddoedd yn ôl. Ond yn anffodus, buodd y tywydd geson ni 'co ar ddechrau'n hymweliad yn arbennig o glòs. Effeithiodd y tymheredd uchel a'r awyr dwym yn arbennig ar Helen, a dim ond ymhen amser y dethon ni i ddeall ei bod yn diodde o Mixed Connective Tissue Disorder. Yn y cyfamser, ces innau bwl cas o *tinnitus*, gyda'r sŵn mwya dirdynnol yn 'y nghlust yn barhaus. Mater o ddiodde yn ystod y dydd a methu chysgu'r nos oedd hi, a fel'na fuodd hi arnon ni am sawl diwrnod. Er inni wneud ein gorau glas i fwynhau'r ddinas a'r wlad o gwmpas, go brin y llwyddon ni i gwato'r ffaith nad hwnnw oedd yr amser gorau inni'i dreulio 'da'n gilydd fel teulu.

Ar ddiwrnod 'y mhen-blwydd, eson ni mas i dŷ bwyta cyfagos am swper, a thra oedden ni yno, fe ddaeth hi'n law. Nid unrhyw hen gawod o law, ond y dilyw mwya syfrdanol a welson ni erio'd, a hwnnw'n para am ddeg munud solet. Hen wragedd a ffyn go iawn. Wel, nid yn llythrennol, wrth gwrs, ond yn wir, byddai'n anodd gorliwio dwyster a ffyrnigrwydd y dŵr a ddisgynnodd mewn cyfnod mor fyr. Roedd y lle'n tasgu. Ac yna, bron mor ddisymwth ag y dechreuodd, fe dewodd. A dyna pryd y sylweddolais i fod y grwndi di-baid yn 'y nghlyw wedi tewi gyda'r glaw. Y pwysedd yn yr awyr wedi'i glirio. A'r *tinnitus* wedi mynd yn llwyr. Yr anrheg pen-blwydd gorau allen i fod wedi'i gael.

Damwain ffordd arall... a'r hyn na ddigwyddodd wedyn!

'Nôl yn 2005, a finne newydd gasglu Fflur o orsaf reilffordd Castell-nedd un dydd, daeth car rownd y gornel ar ras ac yn syth i mewn inni. Neidiodd dau foi mas o'r car. Rhedodd y gyrrwr bant, ond fe ddwedodd rhai o'r bobol a welodd y cyfan fod y llall wedi loetran yn eu mysg nhw am sbel, gyda pheint yn ei law. Darganfuwyd trwydded yrru yn y car ac fe glywais i rai o'r bobol fuodd yn dyst i'r ddamwain ddweud bod y boi oedd wedi jengyd yn gyfarwydd iddyn nhw a'i fod e'n adnabyddus am greu rhyw ddrygioni byth a beunydd.

Cyrhaeddodd ambiwlans i fynd â Fflur a fi i'r ysbyty ac fe gymerodd yr heddlu *statement*, gan ddweud y bydden nhw'n ôl i gymryd mwy o fanylion pan fydden i gartre. Aeth wythnos neu ddwy heibio – dim sôn am neb yn dod i 'ngweld i. Dyma fi'n ffonio cwpwl o weithiau a gadael neges ar beiriant ateb yn dweud 'mod i'n dal i ddisgwyl. Digwyddais sôn am y sefyllfa wrth rhywun sy'n gweithio yn Adran Newyddion y BBC, ac ar awgrym hwnnw, pan ffonies i'r trydydd tro fe ddwedais i fod newyddiadurwr wedi cysylltu â fi a bod ganddo ddiddordeb yn y stori.

Wel, y peth nesa oedd galwad ffôn gan Arolygydd yr Heddlu, yn ymddiheuro am yr oedi! Galwodd heddwas arall, unwaith eto'n llawn ymddiheuriadau ac esgusodion. Y boi oedd piau'r drwydded oedd perchennog y car ac roedd hwnnw'n honni bod y cerbyd wedi cael ei ddwgyd. Ar ben 'ny roedd rhai o nodiadau'r heddlu wedi mynd ar goll, yn ôl y sôn, ac felly doedd dim digon o dystiolaeth nawr i ddod ag achos yn erbyn y dyn.

Pan adroddais yr hanes wrth blismon oedd yn gyn-aelod gyda fi yn Pedair Heol, y cyfan ddwedodd e oedd, "Am Heddlu De Cymru ti'n sôn nawr, ife? Os taw e, sai'n synnu dim."

Roedd rhyw ddrwg yn y caws yn bendant. Ar wahân i'r gwynt drwg oedd yn codi o'r bennod, fe gostiodd yn ddrud imi hefyd. Doedd dim yswiriant ar y car aeth i mewn inni – sy'n drosedd ynddi'i hun. Oherwydd 'ny, bu'n rhaid i fi'n hunan fynd i weld ynglŷn â thrwsio'r car – ac ysgwyddo'r baich ariannol. *Write off* oedd y dyfarniad a bu'n rhaid imi fodloni ar dderbyn £500 amdano, sef Mercedes 190E, er i'r aseswr gydnabod y byddai wedi bod yn werth £1,500 petai'n dal yn y cyflwr yr oedd ynddo cyn y gnoc.

Moto-beics

Nid yn 'y mhoced yn unig y teimlais i'r ergyd. O ganlyniad i'r ddamwain honno yng Nghastell-nedd dros ddeuddeg mlynedd yn ôl, daeth diwedd ar ddiléit arall oedd wedi mynd â 'mryd erio'd – ond un na cheson ni fawr fwy nag ambell gip sydyn arno wrth fynd heibio cyn hyn. Ond y gwir yw i feiciau modur chware rhan bwysig yn 'y mywyd ers yn ifanc. Byth ers pan o'n i'n grwtyn bach, rwy wedi cael 'y nenu gan wefr moto-beics, achos roedd gan Danville un. Os o'n i am ddilyn 'y nhad trwy fynnu fod crofen o grefi dros 'y nghinio, mae bron yn anorfod y byddwn i moyn dilyn 'y mrawd mawr a ffoli ar yr un pethe'n gwmws ag yntau. Ond yn wahanol i'r grefi, fe barhaodd y diddordeb yn y moto-beics hyd heddi.

Trist dweud nad wy bellach yn berchen ar yr un. Wrth imi wella o'n anafiadau, daeth yn amlwg na fedrwn i bellach godi 'nghoes yn ddigonol i allu dringo i'r cyfrwy. Roedd hi wir yn ddiwedd cyfnod yn fy hanes, ac rwy'n dal i deimlo'r golled. (Mi fydda i'n mynd ar gefn beic yn gyson ac yn seiclo cymaint â fedra ar hyd rhai o lwybrau beics yr ardal, ond dyw e ddim yr un peth!)

Ymysg y moto-beics fuodd 'da fi yn ystod f'oes roedd Bantam, Honda, Yamaha 750, Moto Guzzi California 1100cc (ar gefen hwnnw es i EXPO Sevilla '92) a Honda Shadow 750. Tase gen i'r modd a'r gallu i'w farchogaeth, fe brynwn i Harley Davidson, hyd yn oed nawr, yr oedran ydw i, a finne'n methu'i yrru. Ond fi wastad wedi dwli ar eu sŵn nhw.

Unwaith yn unig y des i oddi ar feic trwy ddamwain, a hynny ar dro Gibea ym Mrynaman Uchaf. Enwyd y tro ar ôl capel yr Annibynwyr, sy'n sefyll yno ar y cornel – a rhaid bod yr hen adeilad mawreddog hwnnw wedi bod yn dyst i sawl codwm yn ei ddydd, achos mae'n hen dro cas. Yn y dyddiau cynnar ddigwyddodd 'ny, a thrwy lwc, ches i ddim niwed.

Flynyddoedd wedyn, yn ystod fy ngweinidogaeth ym Methesda, Glanaman, gofynnodd un pâr imi a fydden i'n fodlon cyrra'dd y capel ar gefen 'y moto-beic fore'u priodas. Cytunais innau a chwaraeodd y modur dwy olwyn ran flaenllaw yn llawer o'r lluniau a dynnwyd. Y fi oedd y *Rev. with revs* mae'n amlwg!

Eirian Elias

Menyw arall a ddwlodd ar y *revs* yw Eirian, merch Dewi ac Eileen Elias, oedd yn aelodau 'da fi yn Star. (Rwy eisoes wedi cofnodi'r profiad amheuthun o fedyddio'i mam un bore oer o aea mas yn yr awyr agored.) Mae Eirian yn ddall ers ei geni, felly roedd ei brwdfrydedd hi dros ddod gyda fi am reid ar gefen y beic yn dod o fan gwahanol, mi dybiwn.

Eglurais iddi mor bwysig oedd hi ei bod hi'n dal yn dynn, ond yn ymlacio ar yr un pryd, achos roedd e'n bwysig ei bod hi'n banco fel y byddwn i'n banco wrth fynd rownd pob tro – gan ogwyddo weithiau i'r dde ac weithiau i'r chwith.

"Paid â panico na ymladd yn 'yn erbyn i. Mi fyddi di'n iawn," dwedais i wrthi.

A rhaid dweud, fe fuodd hi'n ddewr dros ben, gan ddangos lot o ffydd yn ei gweinidog!

"Yn gynt! Yn gynt!" glywn i yn 'y nghlust a ninnau'n gwibio drwy lonydd gwledig bro'i mebyd.

Sai'n gwbod a gas hi'r wefr o deithio ar foto-beic neb arall yn ystod y blynyddoedd mawr sydd wedi mynd heibio ers 'ny, ond gobeithio'i bod hi'n cofio'r prynhawn hwnnw y buon ni am sbin mor glir ag ydw i.

Rheswm arall dros ddwyn Eirian i gof yw'r ffaith fod 'da hi oriawr *braille* – a'r ffordd ddes i i ddeall 'ny sydd wedi aros yn y cof yn arbennig. Pan fyddwn ym mhulpud Star, ac yn nesáu at ddiwedd pregethu, fe ddechreuais sylwi fod sŵn clic i'w glywed ym mhob oedfa. Ymhen sbel, fe sylweddolais taw sŵn Eirian yn gwasgu clasp y casyn ar wyneb ei horiawr oedd y glic a glywn. Roedd hi'n amlwg yn dechrau meddwl ei bod hi'n bryd imi dewi. Digwyddai hyn pan o'n i wedi bod yn traethu am ryw ugain munud, bron yn ddi-ffael. Rhaid fod ganddi gloc mewnol. Arwydd pendant imi ei bod hi'n bryd imi ddod â'r genadwri i ben. Ac er taw hel meddylie ydw i nawr yn hytrach na phregethu, mae jyst cofio am y glic ar watsh Eirian yn ddigon i wneud imi feddwl falle'i bod hi'n bryd tynnu rhan hon y llyfr tua'i therfyn hefyd.

Gwell dweud Amen... am y tro, o leia!

Hyd yn hyn...
a'r hud yn hŷn!

Olé! Gofalaeth newydd

O edrych yn ôl dros holl hanes Anghydffurfiaeth yng Nghymru, sai'n credu bod Torrevieja yn Sbaen wedi chwarae rhyw ran fawr a dweud y gwir – ddim tan haf 2002, ta beth. Hyd yn oed wedyn, wnaeth e ddim chwarae'r un rhan dyngedfennol. Ond fe drodd mas i fod yn arwyddocaol iawn yn 'yn hanes i. Dyna pryd yr es i mas i Alicante ar daith gyda Dawnswyr Pen-rhyd a Chôr Telynau Tywi. Fel arweinydd y nosweithiau, a gynlluniwyd i apelio at y brodorion yn ogystal â'n cyd-Gymry ac unrhyw un arall ddigwyddai fod 'co ar wyliau, ro'n i'n cyflwyno mewn tair iaith – Cymraeg, Saesneg a Sbaeneg.

Yn y gynulleidfa'r noson honno roedd y Parch. Derfel Richards a'i wraig, Gwyneth. Er fod ei wreiddiau yn yr un ardal â mi, roedd yn byw ac yn gweinidogaethu mas yn Sbaen bryd 'ny. Dyma ni'n siarad wedi'r cyngerdd a ches wahoddiad i fynd i'w gartre am ginio dydd Sul. Pwy gwrddais, am ei bod yn digwydd bod yno ar ei gwyliau, ond Mrs Dilys Williams, un o aelodau ffyddlona Seion Newydd, Treforus. Daeth y ddau ohonon ni mlân fel tŷ ar dân, a cheson ni i gyd brynhawn difyr dros ben yng nghwmni'n gilydd.

Ychydig ar ôl dychwelyd adre, cyrhaeddodd llythyr yn fy ngwahodd i fynd yno i bregethu un dydd Sul. A bod yn onest, wyddwn i ddim ai yno 'ar brawf' fyddwn i, neu jyst yn llenwi'r pulpud iddyn nhw am un Sul. Roedd yr eglwys heb fugail. Fe wyddwn i gymaint â 'ny. Ond do'n i ddim i wbod bod Dilys Williams wedi dod sha thre yn canu clodydd y gweinidog gwrddodd hi dros ginio Sul ar y Costa Blanca.

Derbyniais yr alwad i fod yn weinidog llawn ar yr eglwys ar 23 Tachwedd. Ar ôl tair blynedd ar ddeg o weinidogaeth a gâi ei chyfri fel un rhan-amser ar Bethesda, Glanaman a Chalfaria, y Garnant, ro'n i nawr yn barod am her newydd – ac i ddychwelyd at weinidogaeth lawn-amser. Eglurais nad oedd amgylchiadau teuluol yn caniatáu imi symud i Dreforus ac roedd pawb yn berffaith hapus gyda hynny. Rhwng hwylustod car a'r ffyrdd newydd sydd wedi'u codi yn ystod y chwarter canrif diwethaf, mater bach y dyddiau hyn yw teithio'n ôl a mlân rhwng Brynaman a Threforus. Ac ar ben 'ny, ma 'da fi swyddfa fawr braf yn Seion Newydd, i roi rhyw wedd 'broffesiynol' ar yr alwedigaeth. Mae dyddiau pwysigrwydd y Mans ym mhob cymdogaeth wedi hen ddod i ben.

Ar ôl dros bymtheg mlynedd, rwy'n dal i deimlo fel 'sen i ar fy mis mêl yma o hyd. A braf gallu dweud fod Mrs Dilys Williams, roedd Rhagluniaeth wedi'i danfon ar wyliau i Sbaen 'nôl yn 2002, yn dal ymysg yr aelodau. A hithau'n 99 mlwydd oed ar 19 Medi (ganwyd ar 19/9/1919), dyw ei hiechyd ddim yn gadael iddi fynychu'r oedfaoedd fel yr oedd hi, ond mae ei merch a'i mab yng nghyfraith ymysg y mwya ffyddlon – ac yn bendant ddigon, mae'i henw hithau i lawr.

Yn weddol fuan wedi cyrraedd Seion Newydd, daeth aelodau'r Tabernacl, Cwmrhydyceirw hefyd o dan fy ngofalaeth, wedi imi dderbyn gwahoddiad i fod yn weinidog rhan-amser arnyn nhw hefyd. Byddaf yno ddau Sul y mis yn cynnal oedfaon. Erbyn hyn, dwi hefyd yn mynd yn ôl i'm hen ofalaeth yn Salem, Pedair Heol, i gynnal cymundeb unwaith y mis. Eglwys deuluol iawn sydd wedi cynyddu mewn rhif aelodaeth.

Rhoi'r 'newydd' yn Seion Newydd

Codwyd y Seion gwreiddiol yn 1845 a chafodd ei ailadeiladu yn 1887. O'r tu fas, mae golwg fawreddog arno, er na chafodd ei bensaernïaeth hanner y sylw a roddwyd i'r 'Gadeirlan Anghydffurfiol' honedig, sef y Tabernacl, capel yr Annibynwyr, sydd lawr yr hewl a rownd y gornel. (Fe fuodd amser pan o'n i'n gyfarwydd iawn â pherfeddion hwnnw hefyd, achos dyna ble cynhaliwyd y rihyrsals ar gyfer *Rhian Perlog Li* adeg ei pherfformio yng Ngŵyl Ddrama Abertawe.)

Ond dewch trwy'r drysau, ac fe gewch fod Seion Newydd hefyd yn enghraifft hardd o oes aur y cyfnod o godi capeli a welwyd yng Nghymru yn rhan ola'r bedwaredd ganrif ar bymtheg. Cafodd ei ddyrchafu'n Adeilad Cofrestredig Gradd II yn 1993. Wel, dyw hynna i gyd ddim yn gwneud iddo swnio'n 'newydd' iawn, meddech chi. Falle wir! Ond dyw popeth ddim yn gwmws fel mae'n ymddangos bob tro. Nid unrhyw 'dric' ar 'yn rhan i na neb arall ddaeth â'r 'newydd' yn rhan o'i enw. Yn hytrach, dyfeisgarwch cynulleidfa unedig yn ymateb i amgylchiadau.

Pan gaeodd dau o gapeli'r ardal, Calfaria a Soar, eu drysau am y tro ola ddechrau'r '80au, ymunodd cynulleidfaoedd y ddwy eglwys â chynulleidfa Seion yn Nhreforus, gan ddod ynghyd i gydaddoli a chyd-ddatblygu, fel y gallai llewyrch yr adeilad a'r bywyd ysbrydol o'i fewn barhau i'r dyfodol. Yn sgil yr uno hwnnw y cafodd yr adeilad ei ailenwi'n Seion Newydd a chynhaliwyd yr oedfa agoriadol ar 20 Mai 1981, gyda gweinidog cyntaf yr egwyl unedig newydd, y Parch. RG Roberts, wrth y llyw. Ac rwy'n dra diolchgar i'n hen gyfaill y Parch. Ddr Dafydd Densil Morgan am fy ngoleuo ynglŷn â'r hanes pan droies i i bori yn ei gyfrol ddifyr, *Y Weledigaeth Hon: Hanes Bedyddwyr Treforus*.

Cadwyd urddas y capel ei hun, wrth gwrs, er mwyn parhau i wasanaethu anghenion yr aelodau. Ond yng nghefn y prif adeilad roedd festri sylweddol dros ddau lawr a gweddnewidiwyd hwnnw'n go sylweddol fel bo modd iddo wasanaethu'r gymdeithas ehangach yn ogystal.

Rosfa'n chwarae'i gardie'n agos at ei frest.

Rosfa'n llifio trwy ganol gwirfoddolwr yn un o sioeau'r Cleme Clerigol.

Rosfa a Plwmbo.

Tu ôl llwyfan rhyw eisteddfod, gyda Mici Plwm fel Plwmbo, Llywydd yr Hwyl, fel y dywed ei fathodyn.

Gydag Elinor Jones ar ddiwrnod recordio'i sioe.

Hwyl yr *Halibalŵ*, gyda Kevin Davies.

Hogia'r Wyddfa a fi'n mynd *I'r Gad!*

Panto i'r plantos – a fi ar glawr *Golwg*.

Pantomeim *Y Brenin Arthur a'r Blewyn Hir* – ac wele Myrddin yn ei holl ogoniant blewog. (Hapus nawr, DH?)

Stori bapur newydd am ffilmio *Dihirod Dyfed*. Fi yw'r un mae'r dryll wedi'i anelu ato!

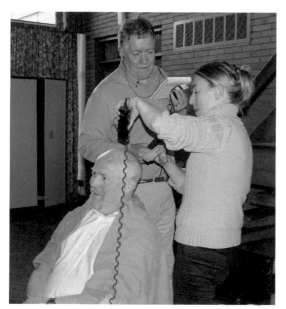

Eillio 'mhen ar gyfer *The King and I*, gyda Hywel Gwynfryn yn goruchwylio.

Yul Brynner Brynaman! Brenin Siam ar fin camu i'r llwyfan yn *The King and I* – cynhyrchiad a redodd am wythnos yn y Lyric, Caerfyrddin (2002).

Gyda Rhys Ifans – Mr Neis ei hun!

Fi a David Thewlis ar set y ffilm *Mr Nice*.

Fi fel ficer *Mr Nice* gyda William Thomas a Sara Sugarman.

Gwawr Davies a fi'n ymarfer un o sawl pasiant y buon ni'n cydweithio arnyn nhw.

Y criw oedd yn gyfrifol am recordio *Arwyr Ancora*.

Rheolwr Llawr i gigs Gŵyl Cil-y-cwm yn 2008.

Mrs Dilys Williams, y Parch. Derfel Richards a Gwyneth ei wraig, Torrevieja, 2002.

Angharad ac Owain Edmunds ar gefn y Moto Guzzi California.

Ar gefn y moto-beic, gyda Beibl yn fy llaw.

Newydd orffen rhedeg Hanner Marathon y Great North Run.

Diwrnod o falchder ac anrhydedd a finne'n Llywydd Undeb Bedyddwyr Cymru 2013.

Fflur gyda Richard Attenborough ym Mrwsel? Nage wir! Gyda'i thad mae hi! (Ond rwy wedi cael fy nghamgymryd am RA fwy nag unwaith!)

Fi yn Is-Gadeirydd Pwyllgor Gwaith Eisteddfod yr Urdd Abertawe a'r Fro 2011, gyda Dyfrig Elis a Dr Gwyn Jones.

Fflur, Simon Callow a fi yn stafelloedd newid Theatr Richmond.

Fflur gyda Billy Connolly ac Eric Idle – fi oedd y ffotograffydd.

Cartre Peggy Spears yn Pasadena – Fflur a fi'n cael hoe fach ar garreg ei drws.

Fi gyda'r car a logais i fynd â fi a Fflur o gwmpas LA.

Mair, Irfon ac Owain Roberts ym mhriodas Elen, eu merch, â Barry.

Priodas Alys Edmunds a Daniel, gyda'i brawd a'i chwaer, Owain ac Angharad, un ochr iddi a'i rhieni, Carey a Lynette, ar y llall.

Gydag Andrew Thomas a Catherine Beer ar ddydd eu priodas.

Gyda charfan Abertawe – ddim cweit mor wyllt â Hogia'r Wyddfa, ond *I'r Gad!* yw'r gri o hyd.

Fi a Roberto
Martinez.

Diwrnod llawen arall
– priodas Angel a
Nikki.

Yng Nghatalonia –
Sarina, Xavi, Eirian a'i
chwaer fach, Sarina.

Un llun, dau Eirian! Fi ac Eirian Cruz Rangel (Ionawr 2012).

Wayne Routledge, fi, Nathan Dyer a Jordan Brian Dyer yn sêt fawr Seion Newydd.

Gwasanaeth cyflwyno Shae Anton Dyer – a sylwer ar yr iPad!

Y pump ohonom fu'n pregethu yng Nghymanfa Rhoshirwaun.

Gydag Andrew Edwards a Clive Williams,
y ddau aeth â fi i'r ysbyty... ond ar achlysur
hapusach.

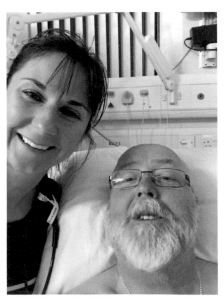

Dr Gemma a fi wedi'r llawdriniaeth.

Fflur yn ei fflat yn Llundain,
gyda fi a Trystan Elis-Jones,
adeg ffilmio'r rhaglen *Perthyn*.

Helen, Fflur a fi.

Dros gyfnod, buwyd yn ddiwyd iawn yn diweddaru'r adnoddau sydd ar gael. Erbyn hyn, mae'n hynod o ddeniadol a chyfoes. Ma 'da ni dri tŷ bach, gydag un yn benodol addas ar gyfer yr anabl, a thair stafell y mae modd eu defnyddio ar gyfer pob math o weithgaredd. Cynhelir pwyllgorau a chyfarfodydd gwahanol gymdeithasau yno – pawb o Ferched y Wawr i'r Darbys. (Hanner yr hen gymdeithas adnabyddus Darby & Joan yw'r Darbys. Yn Nhreforus, mae'n well 'da nhw rannu'r ddau ryw. Sa i'n siŵr pam... Ma'r Joans yn cwrdd yn Crypt Eglwys Dewi Sant yn Nhreforus, ond daw'r Darbys at ei gilydd yn Seion Newydd.)

Ar y llawr ucha (ar yr un lefel â'r capel ei hun) y mae prif ofod y festri a thros y blynyddoedd, gwelwyd (a chlywyd!) corau fel Côr Meibion Clwb Rygbi Treforus ac Only Boys Aloud yno'n ymarfer. Canodd Fflur yno hefyd, mewn noson a drefnwyd gan yr eglwys ac roedd y lle'n orlawn.

Yn ystod y dydd, bydd amrywiaeth dda o bobol o bob oed a chefndir yn ôl a mlân, gan fod Cymunedau'n Gyntaf (Communities First) yn cynnal eu sesiynau 'co. Corff sy'n cynorthwyo a chynghori'r rhai sy'n chwilio am waith 'yn nhw, gan ddarparu'r cyfarpar angenrheidiol i'w galluogi i syrffio'r we ac ati. (Ymhlith y selogion sy'n gweithio gyda nhw mae Rachel a Lisa, a chawn glywed fel y camodd y ddwy i'r adwy ar adeg o argyfwng yn fy hanes i'n bersonol maes o law.)

Cynhelir dosbarthiadau mam a'u babanod yno hefyd – yn dysgu pob math o sgiliau sylfaenol fel coginio, sut i ymolchi a gwisgo'r plant ac ati.

Os yw crefydd gyfundrefnol i oroesi, rwy'n credu ei bod hi'n bwysig addasu i gwrdd ag anghenion y gymdeithas mae'n ei gwasanethu. Pan fydda i'n dod i'n swyddfa bob dydd, rwy wrth fy modd yn gweld pobol Treforus a'r cylch yn cyrraedd i fwrw iddi gyda phob math o waith a gweithgaredd. Rwy'n gwbod nad dod 'co i addoli maen nhw am ddeg o'r gloch y bore yn ystod yr wythnos, ond yn y dyfodol, wrth yrru neu gerdded heibio Seion Newydd, mae 'na o leia siawns y gallan nhw deimlo bod y lle'n berthnasol i'w bywydau.

Llais Cymraeg y Liberty

Fel Seion Newydd, bu cae'r Vetch a Maes San Helen hwythau'n lleoliadau eiconig i ardal Abertawe ers blynyddoedd lawer. Ond pan ddaeth hi'n amser iddyn nhw hefyd i addasu i ofynion yr oes, bu'r ymateb ychydig bach yn fwy drastig! Penderfynodd cyngor y ddinas fod angen stadiwm aml-bwrpas newydd sbon i'r ddinas a dechreuwyd ar y gwaith o'i godi yn go glou wedi troad y ganrif. Y bwriad oedd y byddai'n gartre newydd i Glwb Pêl-droed Dinas Abertawe a Chlwb Rygbi'r Gweilch (yn ogystal â bod yn ganolfan gynadledda ac ati). Un diwrnod, pan oedd y gwaith ar y gweill, fe ddigwyddais fynd lawr i'r safle i fusnesa a gweld shwt siâp oedd ar bethe. (Fel Stadiwm White Rock y byddwn i wedi cyfeirio ato bryd 'ny, siŵr o fod, achos yn ddiweddarach y cafodd ei fedyddio'n Stadiwm Liberty.) Pwy ddigwyddais i ddod ar ei draws y prynhawn hwnnw ond Dr Terry Stevens – dyn adnabyddus iawn ymysg Cymry Cymraeg y ddinas a gŵr Catrin Stevens, yr hanesydd a'r awdures. Wrth i ni drafod shwt roedd y gwaith yn dod yn ei flân, fe holodd tybed faint o le gâi'r Gymraeg yno unwaith y byddai'n orffenedig. Cyngor Dinas Abertawe adeiladodd Stadiwm Liberty a nhw piau'r lle.

Mwya i gyd o bobol fyddai'n eu siarsio nhw i wneud defnydd teilwng o'r iaith, gore i gyd. Roedd y ddau ohonon ni'n gytûn ar hynny, ac ar ei gymhelliad e es lan i'r swyddfeydd i leisio 'marn. I dorri stori hir yn fyr, 'na lle o'n i, brynhawn Sadwrn, 23 Gorffennaf 2005, i lawr ar ochor y pitsh. Fi'n cyhoeddi yn y Gymraeg, Kev Johns yn Saesneg a Jules Buckley yn cyhoeddi'r sgôr yn ystod y gêm. Oedd, roedd yr adeiladu drosodd a'r lle'n edrych yn ysblennydd ar gyfer ei agoriad swyddogol – gyda'r Swans yn chwarae Fulham mewn gêm gyfeillgar. A finne yno i gyfarch a chroesawu pawb yn Gymraeg.

Kenny Jackett oedd Rheolwr tîm Abertawe ar y pryd, gyda Chris Coleman yn Rheolwr ar Fulham. Dau Gymro, fel mae'n digwydd. Erbyn hyn, wrth gwrs, mae Chris Coleman wedi bod yn Rheolwr y tîm cenedlaethol. Gêm gyfartal oedd hi, un gôl yr un. Darn bach arall o hanes y ces y fraint o fod yn rhan ohono. A dechrau ar gyfnod hapus arall yn 'yn hanes – yn cyfarch a gwneud y cyhoeddiadau i'r dorf ar gyfer pob gêm gâi ei chwarae yno, boed fawr neu fach.

Kevin Johns fyddai'n ymuno â fi i groesawu a chyhoeddi yn Saesneg adeg gemau pêl-droed, gyda Paul Tabram (neu Tabs fel y câi ei adnabod) yn gwneud y gwaith ar gyfer pob gêm rygbi. Fe ddysgais dipyn o Gymraeg i Paul – geiriau fel 'cais' a 'throsiad' a'r rhifolion. Yr hwyl fwya geson ni oedd ei gael i ynganu enwau lleoedd; er enghraifft, 'Caerlŷr' am Leicester. Chwarae teg iddo, pan ddaeth fy nghyfnod i yno i ben, fe barhaodd i wneud llawer o'r cyhoeddiadau yn ddwyieithog wrth i'r gêm fynd rhagddi – megis 'Cais gan rif deg' ac ati.

Cyrraedd yr Uwch-gynghrair – canu'n iach i'r Gymraeg?

Pan ddyrchafwyd Clwb Pêl-droed Abertawe i'r Uwch-gynghrair yn 2011, daeth diwedd ar fy rôl i fel 'Llais Cymraeg y Liberty' – er fod erthygl wnaethon nhw arna i, o dan y teitl 'na, yn dal lan ar wefan y BBC. Ches i byth wybod yn iawn pam ddaethon nhw i'r penderfyniad hwnnw. Teimlad nad o'n nhw isie pwysleisio'u Cymreictod i'r un graddau, gyda Sky nawr yn rhan o'r ddêl ac ati.

Ar ôl chwe mlynedd o gydweithio, gallai Tabs wastad lenwi bwlch a gwneud y gwaith mwy neu lai yn ddwyieithog ar ochor y rygbi. Ond pêl-droed oedd hyn a thrwy ein bod ni nawr yn chwarae yn yr Uwch-gynghrair, golygai fwy o gêmau ar y Sul, ac roedd hynny'n mynd i fod yn lletchwith i mi.

Er i'r newid fuodd yn y defnydd o'r Gymraeg, ddiflannodd yr iaith ddim yn llwyr pan ddaw'r Elyrch mas i'r cae. Er mai prin yw Cymraeg Kevin Johns, fe ddanfonodd ei blant i ysgolion Cymraeg a bydd yn mentro ambell air o groeso o hyd.

147

Àngel Rangel

Yn sgil 'y ngwaith yn cyhoeddi a chyfarch, ro'n i'n ôl a mlân yn y Liberty yn gyson, ac yn naturiol fe ddes yn gyfarwydd â nifer dda o'r chwaraewyr – a hefyd gydag uwch aelodau staff y clwb. Fel dilynwr selog, ro'n i'n gwbod yn iawn pwy oedd Roberto Martinez, gan iddo chwarae dros Abertawe am dair blynedd, a chael ei ddyrchafu'n gapten y tîm, tan iddo adael yn 2006. O fewn blwyddyn, dychwelodd i groeso brwd pan gafodd ei benodi'n Rheolwr yn 2007.

Fe wyddai fod gen i ryw gymaint o Sbaeneg – *pidgin Spanish* fel y bydda i'n ei alw – a chan ei fod yn bwriadu dod â nifer o chwaraewyr newydd draw o'i wlad enedigol i ymuno â'r tîm, gofynnodd a fyddai 'da fi ddiddordeb edrych ar eu hôl nhw. Cytunais innau'n llawen – a dyna shwt y des i'n gymaint o ffrindiau 'da Àngel Rangel. Fel drodd hi mas, dyw Sbaeneg ddim mwy o iaith gynta iddo fe ag yw Saesneg i fi. Gas e ei eni yn Sant Carles de la Rapido, ger Tarragona yng Nghatalonia, a Chatalaneg yw ei iaith gynta. Pedair ar hugain oed oedd e pan welodd Abertawe am y tro cynta yn 2007.

Cefnwr de yw e ar y cae pêl-droed, a bachan hyfryd arno ac oddi arno fel ei gilydd. Cafodd gryn sylw yn y cyfryngau'n ôl yn 2013 pan sylwodd e a'i wraig, Nikki, fod y siop goffi ro'n nhw'n digwydd bod ynddi un noson anghyffredin o oer ar fin cael gwared ar fynydd o frechdane do'n nhw ddim wedi llwyddo i'w gwerthu. Wedi llwytho'r bwyd mewn i'r car, fe yrrodd y ddau rownd yn chwilio am bobol ddigartre oedd yn cysgu'n ryff ar hyd a lled y ddinas. Gyda help Twitter fe gyrhaeddon nhw loches elusennol o'r diwedd. Mawr fu'r croeso gafodd y brechdane. A 'sen i'n meddwl taw mawr fu'r syrpréis hefyd, o weld pwy ddoth â nhw.

Merch o Aberpennar yw Nikki ac mae ganddyn nhw bellach dri o blant, Bailey, Àngel Noa ac Isabella. Yn 2012 y priodon nhw, a bwriad gwreiddiol y ddau oedd priodi yn Seion Newydd. Oherwydd gwaeledd modryb Nikki – chwaer ei mam – fe benderfynon nhw symud y dyddiad ynghynt, ac yn anffodus roedd y capel wedi'i orchuddio â sgaffaldiau erbyn 'ny. Yn Eglwys Capel Clyne y cynhaliwyd y gwasanaeth yn y diwedd a chymerais ran trwy weddïo yn Sbaeneg. Ie, yn Sbaeneg. Nawr, 'se José, 'nôl yn 1992, wedi dod o Gatalonia yn hytrach na Galisia, fe allen i fod wedi offrymu'r weddi ym mamiaith y priodfab.

Yr un enw bedydd â'i dad sydd gan Àngel a ches y fraint o gwrdd ag yntau a'i fam Pepita nifer o weithiau. Maen nhw hyd yn oed wedi'n gwahodd ni mas i aros atyn nhw. Am wahanol resymau teuluol, dyw Helen a fi ddim wedi gallu gwneud 'ny eto, ond mae trip i Gatalonia yn bendant ar ein rhestr o bethe i'w gwneud.

Ar ddiwedd tymor 2017/18, fe gyhoeddodd Àngel ei fod e'n gadael yr Elyrch ac roedd e'n bendant yn ddiwedd cyfnod iddo fe a'r clwb. Yr hyn ddwedodd e wrtha i oedd ei fod e'n dal isie chwarae'n rheoledd am ei fod e'n teimlo fod rhai blynydde ar ôl 'dag e eto. Gyda safon yr ienctid sy'n dod lan y rhengoedd nawr, ei ofid e oedd nad oedd *guarantee* y câi e gêm bob wthnos.

Ar ôl yr holl flynydde, ac ynte wedi bod yn was da i'r clwb, mae e nawr wedi cwpla – ynghyd â Leon Britten, er y bydd hwnnw'n parhau â'i gysylltiad â'r clwb gan taw fe fydd yn arwain y Legends Lounge newydd yn y Liberty. Mae Àngel erbyn hyn wedi llofnodi i chwarae i QPR, hyd at y flwyddyn newydd o leia.

Eirian bach arall yng Nghatalonia

Go brin i'r diweddar Barch. Eirian Davies byth freuddwydio y byddai'i enw'n cael ei drosglwyddo i faban yng Nghatalonia un dydd, o'n achos i. Ar ei ôl y ces i'n enwi, fe gofiwch. A nawr mae 'na grwt bach arall wedi'i enwi ar fy ôl innau, mewn canrif newydd, ac mewn gwlad wahanol, sef Catalonia. Cadwyn o gysylltiadau sy'n clymu tair cenhedlaeth a dwy genedl mewn ffordd annisgwyl iawn.

I Xavi a Sarina mae'r diolch, mewn gwirionedd. Hi yw chwaer Àngel a chwrddais â hi gynta pan ddaeth draw i Gymru i ymweld â'i brawd. Gallwch ddychmygu'r syndod ges i o glywed yr enw ddewison nhw ar gyfer yr un bach. Ody wir, mae Eirian Cruz Rangel yn rheswm da arall dros gymryd awyren i Gatalonia pan ddaw'r cyfle.

Cydlynydd y masgots

Mae'n draddodiad bellach fod plentyn yn rhedeg ar y cae gyda'r tîm ar ddechrau pob gêm o bwys. Y fe neu hi yw'r masgot, sy'n cael serennu am 'bymtheg munud o enwogrwydd', fel y dwedodd Andy Warhol mor enwog 'nôl yn y '60au. A phan ddechreuais i weithio yn y Liberty, dyn o'r enw Major Reg Pike oedd yn gyfrifol am gydlynu'r ymweliadau hyn – croesawu'r plant a'u teuluoedd a'u tywys o gwmpas. Roedd e mewn cryn oedran ac yn dechrau mynd braidd yn anghofus, a gofynnwyd i fi a fydden i'n fodlon ei gynorthwyo – bod gyda fe wrth iddo fynd trwy'i bethe a hwyluso popeth i bawb.

Pan benderfynodd e ymddeol o'r diwedd, ges i wedyn gynnig i gymryd drosodd y gwaith. Ro'n i wrth 'y modd. A chan 'mod i wedi cysgodi Reg am beth amser, fe wyddwn i'r drefn i'r dim. Byddwn yn cwrdd â'r teulu pan fydden nhw'n cyrraedd, yn cael cinio 'da nhw ac yna'n mynd â'r masgot i gwrdd â'r chwaraewyr yn y stafelloedd newid. Cyfle gwych iddyn nhw gwrdd â'u harwyr a chael eu llofnod. Ond roedd gwaharddiad ar fynd â chamerâu i mewn yno. Am ennyd, ro'n i'n rhoi pluen arall yn fy nghap trwy fod y 'ffotograffydd swyddogol'. Fi fyddai'n tynnu llun o'r masgot gyda'r tîm yn yr ystafell newid, ac ychydig ddyddiau wedi'r ymweliad, fe gelen nhw gopi ohono drwy'r post. Rhywbeth iddyn nhw'i drysori, momento ffurfiol o'r diwrnod pan geson nhw'u trin fel VIPs yn Stadiwm Liberty.

Ond doedd popeth ddim yn mynd yn ôl y disgwyl bob amser. Rwy'n cofio un tro'n arbennig, arwain merch fach lan at Dennis Lawrence a Jason Scotland. O Drinidad a Thobago mae'r ddau yn deillio ac wrth inni nesu, gallwn eu clywed nhw'n wilia â'i gilydd yn *patois* y Caribî. Doedd hi ddim yn hawdd gwneud na phen na chwt o'u siarad. A deallais yn syth fod y cyfan yn rhy ddierth o lawer i'r un fach. Glynodd ata i fel 'se arni ofn ei bywyd. Yn naturiol, wrth imi ei chyflwyno, fe drodd y ddau i siarad â hi'n siriol, gan drial tynnu sgwrs a gwneud jôcs, ond fuodd 'na fawr o gyfathrebu, rwy'n ofni. O leia, fe gas hi lun, a gobeithio nad yw hwnnw'n codi gormod o fwganod iddi nawr wrth edrych 'nôl.

Roberto Martinez a Dorus de Vries

Fe fuodd perthynas dda rhyngo i a Roberto bob amser. Pan oedd e'n ceisio swcro'r gôl-geidwad, Dorus de Vries, i'w ddenu i ymuno â Dinas Abertawe, gofynnodd imi un diwrnod a fydden i'n fodlon ei yrru draw i Faes Awyr Bryste y prynhawn hwnnw. Wedi bod yn cwrdd â gwahanol bwysigion y clwb a gweld cyfleusterau'r safle oedd yr Iseldirwr, ond roedd hi'n amlwg ei fod yn dal yn gyndyn i arwyddo.

"You can take my car," dwedodd e. "And on the way, tell him how good Swansea is."

Sdim isie i fi ddweud wrthoch chi, rwy'n siŵr, ond roedd y cyfle i yrru car mawreddog Roberto ar hyd yr M4 i Fryste ynddo'i hun yn ddigon i selio'r fargen i mi. Bonws difyr oedd cael treulio dwy awr yng nghwmni Dorus. Ac wrth gwrs, unwaith inni ddechrau ar ein siwrne wnes i ddim byd ond canu clodydd Abertawe – y ddinas ei hun a'r clwb – a Chymru gyfan.

Ymhen hir a hwyr, fe gytunodd i daro'i enw ar gytundeb gyda Dinas Abertawe o'r diwedd. Yn ei eiriau anfarwol, "It was Eirian that sealed the deal!"

Rhaid fod y daith honno i'r maes awyr wedi bod yn un gofiadwy i'r ddau ohonon ni.

Priododd Roberto ei gariad Beth, sy'n Albanes, yn 2009 a chafodd Helen a minnau wahoddiad i'r parti. Gadawodd yr Elyrch yn yr un flwyddyn ac erbyn hyn y fe yw rheolwr tîm cenedlaethol Gwlad Belg. Yn ystod Cwpan y Byd yn Rwsia eleni – haf 2018 – mi fues i'n dilyn ffawd Gwlad Belg yn fwy manwl nag arfer. Er iddyn nhw golli'u gêm gynderfynol i Ffrainc, gas Roberto wobr gysur go dda trwy arwain tîm Gwlad Belg i'w buddugoliaeth dros Loeger, a chipio trydydd safle'r bencampwriaeth wrth wneud 'ny. Ychydig funude wedi i'r gêm fennu, heles i neges ato fe a Greame, ei is-reolwr, i'w llongyfarch – a ches neges yn ôl oddi wrth y ddau'n syth yn diolch am y gefnogaeth.

Mwy o sêr y Swans...

Mae wedi bod yn amheuthun dod i nabod shwt amrywiaeth o bobol yn rhinwedd yr holl swyddi rwy wedi'u dal 'da Chlwb Dinas Abertawe. Dau sy'n dod i gof yn syth yw Joe Allen a Ben Davies. Dau Gymro Cymraeg – y naill yn gyn-ddisgybl Ysgol Uwchradd y Preseli yng Nghrymych, a'r llall wedi bod i hen ysgol Fflur, sef Ystalyfera. Erbyn hyn, mae Joe yn chwarae i Stoke City a Ben gyda Tottenham Hotspur. Ac mae'r ddau'n aelodau o'n tîm cenedlaethol, wrth gwrs.

Ymysg y teuluoedd eraill rwy wedi dod yn agos atyn nhw mae un yr asgellwr, Nathan Dyer, a'i wraig, Laura. Fe briododd y ddau yn 2013 ac mae ganddyn nhw bellach ddau fab. Pan aned yr hyna, Shae Anton, mynegodd y ddau ddymuniad i gynnal Gwasanaeth Cyflwyno, ac fe ofynnon nhw i fi a fyddwn i'n fodlon cymryd gwasanaeth o'r fath.

... a rhoi mwy o'r 'newydd' yn Seion Newydd

Mae gwasanaeth o Gyflwyniad (Service of Dedication fyddan nhw'n ei ddweud yn Saesneg) yn ymdebygu i fedydd – ond heb y trochiad. Yn hynny o beth, nid yw'n dilyn un o gredoau sylfaenol y Bedyddwyr. Mae hefyd yn gwahaniaethu mewn ffordd sylfaenol arall, gan nad yw'n rhoi'r pwyslais ar yr unigolyn ei hun, fel oedolyn, i ymrwymo i Grist a'i ddysgeidiaeth. Yn hytrach, y rhieni sy'n gwneud yr ymrwymiad. Mae'n wasanaeth y mae modd ei gyflawni ac felly croesawyd Nathan, Laura, Shae a'u teuluoedd i Seion Newydd dydd Sul, 19 Tachwedd 2014.

Yn hytrach na thad neu fam fedydd, mewn Gwasanaeth Cyflwyno defnyddir y term 'Gwarchodwr' i ddynodi'r rhai sy'n ymrwymo i fod yn gefn ac yn faeth i'r un bach – ac i ofalu y caiff e neu hi ei fagu neu'i magu yn unol â gwerthoedd Cristnogol. Dewis Nathan a Laura oedd taw Benjamin Lafeyette, Kimberley Triggs a Mika Izekor fyddai Gwarchodwyr Shae. Ond gwaetha'r modd, allai Mika ddim bod yno. Nid yn unig doedd hi ddim yn sêt fawr Seion Newydd, doedd hi ddim ar gyfyl Treforus o gwbwl. Yn wir, roedd hi'n ddigon pell o wledydd Prydain yn gyfan gwbwl – yng Nghanada.

Ac eto, trwy 'wyrth' y dechnoleg gyfoes, fe lwyddodd hi i fod 'co wedi'r cwbwl – ar iPad! Diolch i anghenion y cyrff allanol sy'n dod atom i ddefnyddio adnoddau'r hen festri yn benna, mae 'da ni gyswllt WiFi. Ond profodd yn fendithiol iawn yn y capel y bore Sul hwnnw. Trwy fynd ar Skype, gallai Mika weld a chlywed y gwasanaeth i gyd. Roedd hi'n rhan ohono. A phan ddaeth hi'n amser imi ofyn y cwestiwn tyngedfennol i Mika, a oedd hi'n addo cyflawni'r dyletswyddau yr oedd gofyn iddi gadw atynt, fe glywodd pawb ei "I do" yn glir fel cloch.

Roedd yn sicr yn *first* i Seion Newydd. Ac i minnau. Sai'n gwbod am yr un gweinidog arall sydd wedi cynnal gwasanath gydag iPad wrth ei benelin fel y gallai rhywun wneud ei chyfraniad i'r gwasanaeth hwnnw o Ganada. Arwydd arall, rwy'n meddwl, o'r modd mae'n rhaid i grefydd gyfundrefnol gymryd mantais ar yr holl gyfleodd sydd wedi dod yn sgil y dechnoleg gyfoes, ac addasu os am barhau'n berthnasol i fywydau pobol.

Ar Sul, 7 Mai 2017 cynhaliwyd Gwasanaeth Cyflwyno arall, i Jordan Brian y tro hwn, ail fab Nathan a Laura. Ymysg y Gwarchodwyr bryd 'ny roedd un arall o sêr y Swans, Wayne Routledge – cyd-chwaraewr a chyfaill i Nathan. Y ddau warchodwr arall oedd Paul Watts ac Ashleigh Sherwin. Dathliad arall. Ond roedd hi eisoes yn ddathliad yn tŷ ni, gan taw'r 7fed o Fai yw pen-blwydd Helen.

Arwyr Ancora

Lai na mis wedyn, ar 29 Mai, cafwyd rheswm arall i ddathlu, achos dyna pryd lansiwyd ap 'Arwyr Ancora' – enghraifft arall o ddefnyddio'r dechnoleg ddiweddara i ddod â chymeriadau'r Beibl o fewn cyrraedd pawb. Yn yr achos hwn, plant a phobol ifanc yw'r gynulleidfa dan sylw, gan fod yr ap – sy'n addasiad Cymraeg o *Guardians of Ancora* – wedi'i anelu at rai rhwng 7 ac 13 oed, ac mae'n enghraifft prin o ap sy'n cynnig gêmau ac anturiaethau y gall yr oedran yma eu chwarae trwy'r Gymraeg. Scripture Union gynhyrchodd y deunydd gwreiddiol, gydag Aled Davies o'r Cyngor Ysgolion Sul yn gyfrifol am yr addasiad Cymraeg.

Yn darparu'r lleisiau Cymraeg mae Beti Wyn, o Gaerfyrddin, a finne. A 'na braf oedd cael bod ar Faes Eisteddfod Genedlaethol yr Urdd ym Mhen-coed, ger Pen-y-bont ar Ogwr, i gymryd rhan yn y lansiad.

Un drws yn cau… un arall yn agor

'Nôl yn 2009, yn dilyn ymadawiad Roberto o Glwb Dinas Abertawe, daeth Paulo Sousa yn Rheolwr am gyfnod ac yna Brendan Rodgers. Ar 17 Mehefin 2012, cymerodd Michael Laudrup yr awenau. Daeth yn amlwg yn weddol glou nad oedd e'n rhy hapus gyda'r drefn oedd yn bodoli ynglŷn â'r masgots. Ei ofid penna oedd fod sylw'r chwaraewyr yn cael ei dynnu oddi ar baratoi'n feddyliol ar gyfer y gêm wrth i fi a'r plant fynd i gwrdd â nhw yn y stafelloedd newid. Roedd darpariaeth y clwb yn mynd i gael ei gwtogi'n sylweddol.

Ces innau 'ngalw lan i lawr cynta'r Liberty. Diolchwyd imi am 'y nghyfraniad, ond roedd y swydd yn cael ei diddymu. A dyna a fu. Mas â fi drachefn ac am y lifft. Agorodd y drysau. Es innau i mewn ac aeth y lifft sha lawr. Un llawr yn is, agorodd y drysau drachefn a phwy ddaeth i mewn ata i ond Tony Thomas, Swyddog Addysg yr Academi. Soniodd ei fod e a Tony Pennock, Pennaeth yr Academi ar y pryd, wedi bod yn trafod y posibilrwydd o benodi Caplan i'r Academi ac wedi cytuno y byddwn i'n ddelfrydol i lenwi'r swydd. Oedd 'da fi ddiddordeb?

"Oes wir," atebais innau. "Rhowch amser imi feddwl."

Cadwais 'y ngheg ynghau am rhyw bum eiliad cyn ychwanegu, "Fi wedi meddwl. Diolch yn fawr. Rwy'n derbyn."

Roedd 'da fi swydd newydd.

Caplan Academi'r Elyrch

'Ysgol feithrin' y clwb yw'r Academi. Mae 'na fechgyn mor ifanc â'u harddegau cynnar ymysg y rhai sy'n dod i ymarfer a hyfforddi'n rheolaidd, yn enwedig ar Sadyrnau. Ond mae'r Academi'n cynnwys pêl-droedwyr ifanc hyd at 23 oed, gan ei fod wedi'i rhannu'n Under 13s, Under 16s, Under 18s ac Under 23s ac ati. Mae'n amlwg fod 'da nhw i gyd eu doniau neu fydden nhw ddim yno. Ond bydd personoliaeth pob un yn unigryw. Eu cefndir. Eu hanian. A'u huchelgais. A'r un modd, eu gallu i ymdopi â'r pwysau anochel sy'n codi o fod mewn byd mor gystadleuol.

Yn anad dim, rôl y caplan yw 'bod ar gael'. Gwrando. Sdim pwynt pregethu. Nid gweinidogaeth mewn ystyr eglwysig yw hi.

Mi fydda i'n treulio tipyn o amser gyda'r chwaraewyr ifanc a'u hyfforddwyr – gan drial meithrin perthynas dda ac ymddiriedaeth gyda phawb. Rhaid cofio y bydd pob carfan bron yn cynnwys bois o wahanol grefyddau ar wahân i Gristnogaeth, a llawer na fuodd 'da nhw unrhyw berthynas ysbrydol â'r un grefydd. Ac eto, rwy'n Gaplan ar yr Academi gyfan. Gall profedigaethau bywyd ddod i ddrysu rwtîn arferol pob un ohonon ni yn ddisymwth. Bydd problemau teuluol yn y cartre yn amharu ar dawelwch meddwl rhai, tra bo eraill yn ffaelu ymdopi â phwysau'r gêm neu'r sylw a all ddod o du'r cyfryngau. Mae mynd yn gaeth i alcohol neu gyffuriau neu gamblo yn fagl gyffredin, ac yn un hawdd cwympo iddi pan gewch chi'n sydyn fod 'da chi fwy o arian yn eich poced na fuodd 'da chi erio'd o'r blân.

Pan chi'n byw o dan chwyddwydr yn barhaus, problemau bach bywyd yn aml yw'r rhai sy'n edrych waetha. Mae cael rhywun wrth law y gwyddoch chi y gallwch ymddiried ynddo, yn help gwerthfawr inni i gyd ambell waith, er mwyn gweld pethe o bersbectif gwahanol. Am resymau amlwg, alla i ddim ond sôn yn fras yma am rai o oblygiadau'r gwaith. Ond fe alla i ddweud â'n llaw ar 'y nghalon ei bod hi'n fraint cael cymysgu 'da chymaint o bobol ifanc ddiddorol o wahanol ddiwyllianne a chrefydde, a theimlo eu bod nhw'n gwerthfawrogi 'mod i yno, pe byth y bydde angen. Mae'n rôl fendithiol y mae ei chyflawni yn rhoi boddhad di-ben-draw imi.

Gwesteiwr Diwrnod Gêm

Dyma rôl arall sy'n golygu cymdeithasu gydag amrywiaeth dda o bobol ac sy'n bleser pur. Yn y bôn, mae'n golygu pêl-droed, pobol a pharablu. Sdim rhyfedd 'mod i wrth 'y modd! Swyddogion Stadiwm Liberty ofynnodd imi a fyddai gen i ddiddordeb bod ar ddyletswydd yn Lolfa Sinclair (sydd ar yr Ail Lawr) a Lolfa Penderyn (sydd ar y Trydydd Llawr) pryd bynnag y câi gêm Uwch-gynghrair ei chynnal.

Rwy'n cyfarch pawb gyda gair o groeso wrth iddyn nhw gyrraedd, yn gofalu eu bod nhw'n cael rhaglen yn rhad ac am ddim ac yn nodi beth yw'r trefniadau o ran bwyd ac ati. Wedyn, pan fydd y dewis terfynol wedi'i wneud ynglŷn â phwy sy'n chwarae, rwy'n cyhoeddi enwau'r tîm. Yn ddiweddar, mae tueddiad i gael gŵr gwadd a bydda i'n cael gair ar y meic gydag e a'i wahodd i ddweud gair.

Yn dilyn y gêm, rwy'n cynnal cwis arni ac yn cael sesiwn holi ac ateb gyda'r Man of the Match. Yn y dyddiau cynnar, byddai Àngel Rangel yn aml yn tynnu 'nghoes i trwy ddweud, "One day, you will have to interview me as Man of the Match." Ond yn eironig ddigon, pan ddaeth ei dro i dderbyn yr anrhydedd, do'n i ddim yno. Ro'n i mewn priodas. Mewn tair blynedd ar ddeg, dwy gêm yn unig rwy wedi'u colli. Hen dro'n wir fod un o'r troeon rheini ar yr union Sadwrn pan gafodd Àngel ei awr fawr.

Mae'r gwaith hwn hefyd yn gyfle delfrydol i ddod ar draws pobol annisgwyl, ac un o'r ymwelwyr mwya annisgwyl imi ddod ar ei thraws oedd Delia Smith. Roedd yr Elyrch yn chwarae yn erbyn Norwich City y diwrnod 'ny, mae'n amlwg. O feddwl 'nôl, mi ddylwn i fod wedi dweud wrthi fod crysau melyn a gwyrdd ei thîm wedi ysbrydoli'r rhai ges i wedi'u gwneud ar gyfer bois y Meinciau flynyddoedd ynghynt. Ond a dweud y gwir, ches i fawr o gyfle.

Am iddi 'nglywed i'n siarad Cymraeg â rhywun roedd Delia wedi dod draw i siarad â fi yn y lle cynta.

"My mother speaks perfect Welsh and she's over there," dwcdodd, a chyn pen dim, roedd hi wedi tynnu'i mam draw i 'nghyfarfod.

Tan 'ny, wyddwn i ddim fod 'da'r gogyddes enwog wreiddiau Cymreig. Ond cafodd Etta a finne glonc ddigon difyr ym mamiaith y ddau ohonon ni, er na chofia i fawr ddim am beth fuon ni'n ei drafod. Ond rwy yn cofio na ches i rysáit am ddim 'da naill ai'r fam na'r ferch!

Diddorol nodi taw Delia Smith yw'r drydedd seléb imi dreulio peth amser yn ei chwmni heb imi sylweddoli cyn eu cwrdd eu bod nhw o dras Gymreig. (Rwy eisoes wedi crybwyll bod yng nghwmni Alison Steadman a Paul Daniels.) Ond, wrth reswm, aelodau'r clwb yw prif fynychwyr y ddwy lolfa. Felly, gallwch fentro mai'r gorau o bopeth fydd pob rhan o'r arlwy, achos dyw aelodaeth ddim yn rhad – ddim o bell ffordd. Maen nhw'n dod er mwyn gwerthfawrogi'r pêl-droed, wrth gwrs, ond hefyd gobeithio i fwynhau'r gwmnïaeth. Ar wahân i Catherine Thomas, Rebecca Giggs ac Anneliese Foulkes, sy'n gyfrifol am y trefnu – a thair y mae'n bleser pur cael cydweithio â nhw'n gyson – des hefyd yn gyfarwydd dros ben â nifer o'r selogion. Cymaint felly, fel bo sawl un ar hyd y blynyddoedd wedi gofyn imi gymryd angladd gwahanol anwyliaid iddyn nhw oedd wedi ein gadael.

Dyfodol yr Elyrch?

Yn naturiol ddigon, rwy'n siomedig inni ddisgyn i'r Bencampwriaeth ar ôl bod yn yr Uwch-gynghrair am ryw saith mlynedd, ond doedd e ddim yn sioc chwaith. Wrth i dymor 2017/18 fynd yn ei flân o'n i'n gallu gweld nad oedd pethe'n gw'itho mas ar y cae fel dylen nhw. Tasen ni wedi ennill y dair neu bedair gêm ola, fe alle pethe wedi bod yn wahanol, ond nid fel'na fuodd hi. A walle wir y gwneith e fyd o les inni fod yn y Bencampwriaeth am nawr, gan obeithio y bydd y Rheolwr newydd, Graham Potter, a'i griw yn dod â ni ynghyd unwaith eto, fel bod ni'n chware'r hen Swansalona, fel o'n nhw'n arfer gweud flynydde'n ôl – chware â geirie trwy asio'r Swans 'da thîm Barcelona i'r rhai na ŵyr! Siawns na welwn ni Ddinas Abertawe yn dychwelyd i'r Uwch-gynghrair eto cyn bo hir iawn. Mae wastad yn bwysig ca'l rhywbeth i edrych mlân ato!

Ochor arall Eirian

Y Parch. Eirian Wyn (gweinidog), Rosfa (consuriwr), Eirian Rosfa (actor). Gall pob un ohonyn nhw gymryd at ei rôl gyhoeddus heb ofid yn y byd, mae'n ymddangos. Ac fe allech chi'n rhwydd ychwanegu'r caplan, y cyflwynydd radio, y *compere* sioeau, y tywysydd a'r gwesteiwr sy'n cadw pawb yn hapus yn lolfeydd y Liberty at y rhestr. Ond beth tybed am y boi sy'n llenwi sgidie'r rhain i gyd? Do, rwy wedi dweud o'r dechrau y gallwn i gamu mas o flân tyrfa fawr o bobol a theimlo'n gwbwl gysurus, byth ers pan o'n i'n fach. Ac nid celwydd yw 'ny. Mae'n ddigon gwir.

Ond gydol f'oes, rwy wedi mynd trwy gyfnodau pan fydda i'n gweud wrth 'yn hunan nad wy'n ddigon da, nad wy cystal â phobol er'ill. Y tu ôl i'r hyder ymddangosiadol mae fel 'se 'na Eirian arall yn llechu – un sy'n cwato y tu ôl i fwgwd – ac sy'n mynd i gael ei ddatguddio fel *fraud* unrhyw funud.

Rhaid fod rhyw ran fach ohono i sydd wastad wedi teimlo'n annigonol. Fel pan fyddwn i mewn pulpud ambell dro, yn ofni 'mod i'n gwneud ffŵl ohono'n hunan. Rhyw deimlad o israddoldeb, wedi'i gladdu'n ddwfwn y tu mewn i mi, fel 'sen i ddim yn deilwng.

Daw'r teimlad cudd 'ma trosta i'n arbennig os digwydd imi fod yng nghwmni academics, neu rywrai rwy'n eu styried yn well na fi, rywsut. O dan y brafado mae 'na lot o ansicrwydd. Dwi erio'd wedi'i ystyried e'n ddolur go iawn – nid fel iselder clinigol gwirioneddol. Rwy'n sôn amdano yma am 'mod i'n meddwl ei bod hi'r un mor bwysig cynnig cip o'r hyn sydd yn y 'dyfnder' ag yw hi i ddarlunio'r hyd a'r lled.

Bues i'n byw gyda'r ymdeimlad achlysurol 'ma am flynyddoedd heb sôn gair wrth neb, ond fe dda'th i ryw fath o benllanw tua tair blynedd yn ôl pan es i weld ein meddyg teulu, Dr MacGowan. Mae hi'n fenyw hyfryd ac yn hawdd iawn siarad â hi, ac yn ddisymwth dechreuais fwrw 'mol iddi. Ar ei hawgrym hi, fe fues wedyn i weld cwnsler yn Llanelli. Rhyw chwe gwaith y gwelais i c i gyd – a'i rôl yn benna oedd gwrando. Dieithryn llwyr, wrth gwrs – ac rwy'n meddwl i hynny chwarae rhan allweddol i 'nghael i i siarad am bethe nad oedd wedi gweld gole dydd 'da fi ers blynydde, neu na welodd olau dydd erio'd, a gweud y gwir.

Arweiniodd fi i wrando ar dapiau penodol o synau a miwsig, ac i wneud ymarferion ymlacio. Mae'n od faint o les all ddod o siarad â dieithryn. Erbyn hyn, mi fydda i weithiau'n defnyddio'r un technegau gyda'r rhai sydd o dan 'y ngofal i trwy 'ngwaith fel caplan. Mae'n hawdd iawn i iselder gymryd drosodd pan ry'ch chi dan bwysau, fel y bydd yr hyfforddwyr a'r chwaraewyr fel ei gilydd ym myd chwaraeon.

Felly, nid yn ofer y daeth y cyfnodau 'na o amheuaeth i'm rhan. Roedd 'na bwrpas iddyn nhw, sef i 'ngalluogi i helpu eraill yn well. Rwy'n grediniol fod pob cyfnod yn 'y mywyd i wedi dod i'n rhan i bwrpas.

Llwyddiannau Fflur

Prin fod angen imi ddweud fod Fflur yn rhan fowr o'n stori i. Rwy wedi nodi eisoes fel mae ei llwyddiant fel cantores wedi mynd â hi i lwyfannau ar hyd a lled y byd. Ond fe gyrhaeddodd yr uchelfannau gartre yn ei mamwlad yn ogystal, ac fel gyda'i theithiau tramor cafodd Helen a fi'r fraint o fod yn dyst i lawer o'r pinaclau rheini hefyd.

Yn 2001 cafodd ei dewis yn unawdydd yn y perfformiad cynta o waith nodedig Robat Arwyn, *Atgof o'r Sêr*. Gyda hi roedd Bryn Terfel – Syr Bryn bellach, wrth gwrs – Côr Rhuthun a'r Cylch ac Annette Bryn Parri. Pafiliwn yr Eisteddfod Genedlaethol yn Ninbych oedd y lleoliad ac ar ddiwedd y perfformiad fe gododd y gynulleidfa fel un gŵr i gymeradwyo, a'r gymeradwyaeth honno'n fyddarol.

Mis Ionawr y flwyddyn ganlynol, daeth y criw i gyd ynghyd drachefn yn Stiwdio Sain, Llandwrog, a chyhoeddwyd CD llwyddiannus dros ben. Wrth i'r Nadolig nesáu, gallwch fentro y clywch chi Fflur yn canu 'Sêr y Nadolig' ar Radio Cymru fwy nag unwaith.

Trwy gydweithio gyda llu o ddoniau creadigol, gwnaeth Fflur lawer o ffrindiau da hefyd ar hyd y ffordd. A 'mraint i fel tad yw bod yn browd ohoni – er y gall mynegi'r balchder hwnnw droi mas mewn ffordd annisgwyl weithiau.

'Nôl ar Faes Eisteddfod Genedlaethol Sir Fôn, yn Llanbedrgoch, yn 1999, roedd Fflur yn canu gyda Chôr Ieuenctid Cenedlaethol Cymru mewn perfformiad o *Requiem* Gabriel Fauré, gyda Bryn Terfel yn unawdydd. Seti yn ôl sha cefn y pafiliwn oedd 'da Helen a fi, ond da'th Elfed Roberts, y Trefnydd, draw a'n tywys i ddwy sedd tipyn yn nes at y llwyfan. Pan ddaethon ni at y 'Pie Jesu', Fflur gamodd o rengoedd y côr i'w ganu. Cyn dechrau, cafwyd cyhoeddiad, yn egluro bod llais y crwt oedd fod i ganu'r darn enwog hwnnw wedi torri, a bod Fflur Wyn wedi cytuno i lenwi'r bwlch ar y funud ola.

Er mai ifanc iawn oedd hi ar y pryd, roedd hi eisoes wedi ennill sawl cystadleuaeth yn y Genedlaethol a dechrau magu enw iddi'i hun. Ac yn groes i gonfensiwn – dyw cynulleidfa ddim fel arfer yn curo dwylo ar ddiwedd 'Pie Jesu' – cododd bonllef o gymeradwyaeth drwy'r pafiliwn ar y diwedd. Tra oedd Fflur yn sefyll yno'n derbyn gwerthfawrogiad y dorf, a Bryn Terfel wrth ei hymyl wedi rhoi ei fraich ar draws ei hysgwyddau i ddangos ei falchder yntau, dyma fi – fel tad gyda phen mawr – yn troi at y dyn a eisteddai nesa ata i, a sibrwd yn falch, "Y ferch!"

Gan bwytio i gyfeiriad y llwyfan, trodd y dyn ei ben ata innau a sibrwd yn ôl, "Y mab!"

Gallwch ddychmygu fy syndod – er na ddylwn i synnu o gwbwl fod rhieni Bryn yno'n ymlawenhau yn llwyddiant eu mab. Daethom yn gyfarwydd iawn â chwrdd â Hefin a Nesta dros y blynyddoedd, a bydd Hefin yn dal i chwerthin dros y ffordd y torron ni'r garw y tro cynta hwnnw – ac yn siŵr o'n atgoffa i. Mae Nesta a finnau'n dilyn hynt a helynt ein gilydd ar Facebook yn lled gyson.

Supraventricular tachycardia

Fel SVT y caiff hwn ei adnabod yn gyffredin, neu 'anhwylder ar y galon' efallai i chi a fi! Mae'n gyflwr rwy wedi gorfod dysgu byw gydag e erbyn hyn. Ond daeth ar fy nhraws i ddechrau rhyw dair blynedd yn ôl, a hynny mewn modd digon dramatig a brawychus. Gêm rhwng rhai dan 21 oedd ar ei hanner yn Stadiwm Liberty a finnau wrth 'y ngwaith yn sylwebu ar y meicroffôn, a phopeth yn mynd yn lled dda. Neu o leia, 'na shwt o'n i wedi tybio ar y pryd. Newydd ddechrau oedd yr ail hanner, pan yn sydyn, buodd raid i fi alw ar David Jones, oedd yn gyfrifol am y twnnel sy'n arwain i'r maes (a lle'r o'n i'n sefyll yn mynd trwy 'mhethe), a gofyn iddo nôl y parafeddyg oedd ar ddyletswydd.

"Fi'n teimlo'n anhwylus," meddwn i, ac ro'n i wir yn poeni 'mod i ar fin llewygu.

Y meddyg a ddaeth i fy helpu oedd Dr Iestyn Glynog, oedd yn gyfarwydd iawn imi, gan taw brodor o Frynaman yw yntau – ac roedd hefyd yn yr un dosbarth â Fflur yn yr ysgol. (Mae'n fab i Glynog Davies, y darlledwr – a'r un Glynog Davies yn gwmws â'r un fuodd yn cyd-actio â fi flynyddoedd maith yn ôl yng Ngŵyl Ddrama Abertawe.)

Ces 'y nghymryd i stafell gyfagos a'n strapo lan gyda'r

161

gwifrau pwrpasol i wirio'r galon. Gwelwyd yn syth ei bod hi'n curo 200 curiad y funud ac er imi wneud gwahanol ymarferiadau yn ôl y gofyn, allen nhw ddim cael y galon 'nôl i fihafio'n iawn. Galwyd am ambiwlans i 'nghael i i'r ysbyty cyn gynted â phosib ac erbyn iddi gyrraedd, gallwn weld fod y gêm drosodd a phobol yn gadael y stadiwm.

"Pwy enillodd?" gwaeddais wrth iddyn nhw gau drws y cerbyd.

"Ni," ges i'n ateb – olygodd 'mod i'n cael 'y nghludo bant yn dawel fy meddwl, o leia.

Rown i'n lwcus iawn fod dau gyfaill agos iawn yno'n gwmni ac yn gefn imi – sef Clive Williams, Rheolwr Sinclair Volkswagen, ac Andrew Edwards, Rheolwr Sinclair Mercedes ym Mhen-y-bont ar Ogwr. Arhosodd y ddau yn Adran yr A&E Ysbyty Treforus gyda fi gan fod Helen ddim hyd yn oed yn y wlad; roedd hi wedi teithio i Baris i glywed Fflur! Ymhen rhyw bum awr fe ddychwelodd y galon i'w phriod gyflymdra a hynny a fu. Tynnwyd y gwifrau oedd wedi bod wrthi'n monitro popeth a ches fynd sha thre yng nghwmni Clive ac Andrew.

Tair wythnos yn ddiweddarach, ro'n i wrth fy ngwaith yn swyddfa Seion Newydd un diwrnod, pan ddechreuodd y galon ddychlamu drachefn.

Wrth imi gamu mas i chwilio am gymorth, dyna lle'r oedd Rachel Berry a Lisa Clark, dwy o'r rhai oedd yno yn y festri'r bore hwnnw, yn rhedeg gwasanaethau Cymunedau'n Gyntaf. Fe welon nhw'n syth fod golwg welw ddychrynllyd arna i ac unwaith eto rhaid oedd galw am ambiwlans. Cyrhaeddodd honno ymhen hir a hwyr a bant â fi i Ysbyty Treforus drachefn, gyda'r ddwy gymwynaswraig yn gwrthod yn deg â 'ngadael.

Gan 'mod i nawr wedi cael dau bwl o'r fath, ces fy hela i weld arbenigwr, Dr Tarvinder Dhanjal. Bu'n rhaid dweud y gwir wrtho, sef i mi i gael ambell bwl o *palpitations* tebyg dros y blynyddoedd. Gallwn gofio imi gael un pan o'n yn fyfyriwr ym Mangor, ac eto yn fy nhridegau cynnar. *Supraventicular tachycardia* oedd y diagnosis, ac un o'i nodweddion, mae'n debyg, yw ei fod yn gyffredin cael cylch o tua deg mlynedd rhwng pob pwl o'r symptomau cynnar. Eglurodd imi taw'r hyn mae'n ei olygu'n fras yw fod y wythïen sy'n pwmpo cynyrfiadau trydanol i'r galon fel yr M4, ond fod 'da fi hewl arall gyfochrog, fel yr A48, oedd yn golygu fod y cynyrfiadau'n cael eu gyrru'n ôl eilwaith, gan achosi i'r galon orweithio.

Rhaid cau'r ail hewl honno. Dyna'r dyfarniad. Enw'r llawdriniaeth a ddilynodd oedd *ablation*. Y bwriad oedd llosgi un pen o'r 'ffordd arall' (yr A48 fel petai) yn y galon, i atal y cylchdro oedd yn achosi iddi orweithio. Ond er mwyn gwbod yn gwmws ble i serio'r wythïen, rhaid oedd 'y nghadw i ar ddi-hun trwy gydol y driniaeth. Aethon nhw i mewn trwy wythïen yng nghesail y morddwyd a gweithio'u ffordd lan tua'r galon. Y bwriad oedd imi gael pwl arall yn y theatr, fel eu bod nhw'n gallu gweld ble'n gwmws i serio a chau'r 'hewl'. Ac ar ôl peth trafferth, dyna'n gwmws a ddigwyddodd. Rhybuddiwyd fi taw'r rhan lle y gallwn o bosib deimlo poen oedd pan fydden nhw'n gwneud y llosgi. I'r perwyl hwnnw, rhoddwyd morffin i mi, i 'nghadw i'n ddedwydd.

Pan oedd y cyfan drosodd, nid pwythau gafodd eu defnyddio i gau'r clwy bychan ar dalcen y fforddwyd. Yn hytrach, roedd Gemma, y Cofrestrydd, yn gorfod gwasgu'i dwrn arno, gan roi holl bwysau'i chorff i'r ymdrech. Ar ôl rhyw ugain munud, fe ddefnyddiodd hi'i phenelin, achos roedd y dwrn wedi dechrau blino. Fe gymerodd gryn amser i'r gwaed geulo ac ar ôl dychwelyd i'r ward, rhaid oedd gorwedd yn llonydd am tua pedair awr. Gadawodd ymdrechion glew Gemma i gau'r clwy glais dramatig – ac mae'r lluniau 'da fi i brofi hynny byth.

Un ffaith fach ddiddorol arall am Gemma: roedd hi'n gyn-ddisgybl i Helen. Erbyn hyn mae'n feddyg yn Llundain, yn gweithio gyda'r cardiolegydd blaenllaw, yr Athro Sanjay Sharman, sy'n ymchwilio i risg clefydau'r galon ymysg yr ifanc, a'r rhai sy'n gwneud chwaraeon yn arbennig, er mwyn atal marwolaeth sydyn. Alla i ond gobeithio i'r cymorth fuodd hi i fi y diwrnod hwnnw fod o ryw gymorth bach iddi hithau hefyd wrth ddilyn ei gyrfa.

Llywydd Undeb Bedyddwyr Cymru

Yn 2013 derbyniais y fraint o fod yn Llywydd Undeb Bedyddwyr Cymru. Golygai hynny deithio cryn dipyn, yn mynychu pwyllgorau a chymanfaoedd y gwahanol ardaloedd. Rhan waetha 'nyletswyddau oedd gorfod bod yn bresennol adeg cau capeli. Caiff 'oedfa olaf' ei chynnal fel arfer, fel defod i ddwyn yr achos i ben, a byddai disgwyl i mi ddweud gair – gorchwyl ddiflas ac anodd bob tro.

Mae'n gyfnod hefyd pan gododd llawer o'r 'iselder' a'r amheuon rheini y soniais amdanyn nhw ynghynt i'r wyneb. Teimlwn yn amal 'mod i yng nghanol llu o bobol oedd yn fwy hyddysg o lawer na fi. Dwi ddim yn ddigon galluog i hyn, meddwn i wrth 'yn hunan. Sda fi mo'r deallusrwydd angenrheidiol.

Ro'n i wir yn teimlo pwysau'r cyfrifoldeb yn gwasgu, ac ar yr un pryd, do'n i ddim am adael neb lawr.

Atgof sydd wedi aros yn fyw yn 'y nghof yw o orfod llywyddu pwyllgor dwyieithog arbennig un diwrnod, ar y cyd â Llywydd Adran Saesneg Bedyddwyr Cymru. Wrth ragbaratoi a tharo llygad dros yr agenda mlân llaw, gallwn weld fod un o'r pynciau dan sylw'n mynd i fod yn ddigon dadleuol.

Mi fydd popeth yn iawn, cysurais 'yn hunan. Fe adawa i i 'nghyd-Lywydd lywio'r drafodaeth arbennig honno.

Aeth y cyfarfod rhagddo, a phan ddaethon ni at yr eitem anodd, fe nododd ein bod ni wedi ei chyrraedd, cyn dweud,

"And Eirian will deal with the proceedings now!"

Wel, rhaid fod fy nghyfaill lawn mor awyddus i osgoi'r orchwyl ag o'n i! Ond cymryd yr awenau fu'n rhaid. Ac fe ddes trwyddi'n weddol, rwy'n meddwl. Mae Duw yn rhyfedd mewn cymaint o ffyrdd, ac mae e'n garedig, yn ffeindio ffordd o adael ichi wybod fod popeth yn iawn. Yn yr achos hwn, daeth sawl un lan ata i wedyn i'n llongyfarch ar gadw'r ddesgl yn wastad mor llwyddiannus. Braf iawn oedd clywed 'ny, wrth gwrs – ond dal i gnoi tu mewn wnâi'r israddoldeb.

Claddu

Wrth edrych 'nôl ar dros ddeugain mlynedd o weinidogaethu, rwy wedi cael y fraint a'r cyfrifoldeb o fod yn rhan o fywydau rhai cannoedd o bobol; eu huchelfannau a'u hiselfannau fel ei gilydd. Ac yn naturiol, does yr un orchwyl yn fwy dwys – weithiau'n ddirdynnol felly – na chymryd angladd. Y rhai rwy wedi'u cael anodda o bell ffordd yw pan fydd rhaid claddu plentyn. Beth yn y byd all dyn ei ddweud sy'n mynd i wneud unrhyw synnwyr i rieni ar ddiwrnod o'r fath?

Ond, a bod yn onest, mi fydda i wastad yn teimlo'n brudd a blinedig wedi cynnal angladd, sdim ots pwy sydd wedi marw – nid yn unig am eu bod nhw, o'u hanfod, yn achlysuron trist, ond am fod pob un yn drist a heriol yn ei ffordd ei hunan. Wedi'r cwbwl, unigolion ydyn ni i gyd... reit lan tan y diwedd.

Fel cyw weinidog ddeugain mlynedd 'nôl, rwy'n cofio imi wfftio'r arfer o gael 'te angladdol' wedi'r gwasanaeth – nid yn gyhoeddus, ond i fi'n hunan. Ar y pryd, ro'n i'n gweld rhywbeth amharchus am bobol oedd wedi bod yn sychu deigryn chwarter awr ynghynt, nawr yn bwrw iddi i loddesta ar bice bach a brechdanau. Gydag amser, fe ddes i werthfawrogi pwysigrwydd y 'seiadu' hwnnw. Bydd pobol fel arfer yn hel atgofion am yr ymadawedig, neu'n siarad ag aelodau o'u teulu – unigolion 'dyn nhw ddim wedi'u gweld ers peth amser yn aml – gan holi am hwn a llall ac arall. Yn gymysg â'r hel atgofion, bydd holi am gynlluniau pobol i'r dyfodol, ac wrth gymdeithasu'n gymharol ddiffwdan mae lle i normalrwydd ddychwelyd i'w bywydau. Mae'n bwysig cofio gwerth gwên a chwerthiniad wrth alaru. Mae hiwmor yn eli i luniaru dolur. Rhan bwysig o'r broses o dderbyn a dygymod â rhagluniaeth.

Gyda hynny mewn golwg, ar fy ail ymweliad â theulu mewn profedigaeth, mi fydda i wastad yn mynd â llyfr bach i ysgrifennu ynddo gyda fi, yn enwedig os nad yw'r galarwyr eisoes yn gyfarwydd imi. (Bydd yr ymweliad cynta jyst i gyflwyno'n hunan, cynnig gair o weddi os dymunan nhw, ac egluro taw fi fydd yn cymryd yr angladd.) Os ydyn nhw'n gyndyn i agor mas a siarad am yr ymadawedig, mi fydd 'y ngweld i fan'ny gyda phin ysgrifennu yn fy llaw yn barod i nodi'r hyn maen nhw am ei ddweud fel arfer yn sbardun iddyn nhw ddechrau manylu – ac weithiau i fwrw'u bol.

Amal i dro, ar ôl imi dalu'r deyrnged yn angladd rhywun diaelod, mae rhywun neu'i gilydd wedi dod lan ata i wedi'r gwasanaeth i ddweud pethe fel, "Do'n i ddim wedi sylweddoli eich bod chi'n nabod fel-a-fel cystal â 'ny!" Finnau wedyn yn gorfod eu goleuo nhw, trwy egluro nad o'n i'n nabod 'fel-a-fel' o gwbwl. Dim ond gweinidog o'n i, yn gwneud 'y nyletswydd.

Priodi

Ar nodyn tipyn hapusach, rwy hefyd wedi priodi ugeiniau o barau. Ac mi fydda i'n amal yn dwyn i gof yr amser pan o'n i ar fin priodi Helen. Mynnodd Mam fy nhynnu o'r neilltu un dydd, i gael 'gair bach 'da fi', fel y mynnai hi. Finnau'n ofni'n 'y nghalon ei bod hi am wneud yn siŵr 'mod i'n gwbod popeth ddylwn am y *birds and the bees*. Mewn gwirionedd, roedd ei chenadwri'n fwy barddonol na 'ny.

"Wedi iti briodi, mi fyddi di'n dal i ddod ar draws gerddi hardd, ac mi fyddi di'n dal i ga'l dy ddenu gan ambell flodyn pert weli di'n tyfu fan hyn a fan 'co," meddai. "Nawr, ma perffeth hawl 'da ti i edrych ar y blode, ond nid ti pia dim un ohonyn nhw. Sdim un ohonyn nhw'n perthyn i ti. Ti wedi dewis dy flodyn di yn barod. Paid ti byth â mynd i mewn i ardd i bigo blodyn arall. Ti'n deall fi?"

O'n, ro'n i'n deall. Fe allai Mam wneud ei hun yn eglur dros ben. Ac weithiau, pan ddaw parau sydd wedi dyweddïo ata i i drafod eu dyfodol, mi fydda i'n dal i ddefnyddio'r un ddelwedd. Nid 'da pawb – dim ond pan rwy'n meddwl bod hynny'n berthnasol.

Amhosib imi fyddai cofio pob priodas gynhaliais i erio'd. Ond wrth gwrs, mae llwybrau bywyd yn golygu 'mod i'n dod ar draws llawer iawn o bobol sy'n dal i wisgo'r fodrwy roddwyd ar eu bysedd yn 'y ngŵydd flynyddoedd ynghynt. Mae un neu ddau (neu ddwy) wedi dod i'r amlwg yn barod yn y gyfrol, ac un arall y mae'n berthnasol iawn imi ei chrybwyll fan hyn yw Meinir Edwards – neu Meinir Jones fel ag yr oedd hi slawer dydd. Chi gofiwch iddi hi a'i chwaer Delyth a finne fod ymysg y criw ar benwythnos ieuenctid yn Sgleddau ger Abergwaun, un tro. Bryd hynny, roedd y ddwy'n enwog am ganu ac adrodd, gan ennill yn gyson mewn eisteddfodau mawr a mân. Erbyn hyn, mae Meinir yn fwy adnabyddus fel golygydd yng ngwasg y Lolfa, a hi yw'r un a gysylltodd â fi gyda golwg ar roi'r gyfrol hon ynghyd.

Yn ôl ar 28 Gorffennaf 1990 ces y fraint o'i phriodi hi a Huw – y Prifardd Huw Meirion Edwards erbyn hyn – a hynny yng Nghapel Blaenffos. Go brin iddi ddychmygu'r diwrnod hapus hwnnw y bydde hi un dydd yn golygu'n hunangofiant i. Wnes i ddim breuddwydio shwt beth, ma hynny'n siŵr!

Danville a'i deulu

Fel brawd mawr rwy wedi edrych ar Danville erio'd – a chan ei fod e ddwy flynedd ar bymtheg yn hŷn na fi, mae e'n llythrennol wedi bod gryn dipyn yn 'fwy' na fi o'r dechrau. Fe soniais eisoes taw ei ddiddordeb e mewn moto-beics sbardunodd fy niléit inne, a rhaid 'mod i'n go agos ati pan ddweda i imi ddilyn sawl trywydd arall pan o'n yn ifanc am 'y mod i'n edrych lan at 'y mrawd mawr. Mae'n anorfod bron.

Serch 'ny, fe ddilynodd y ddau ohonon ni alwedigaethau a gyrfaoedd gwahanol iawn. Yr unig beth cyffredin rhyngon ni o ran shwt y buon ni'n ennill ein bywoliaeth yw mor amrywiol y llwybrau a ddewison ni. Wedi'i gyfnod yn y Merchant Navy, a ddechreuodd drannoeth y diwrnod y ces i 'ngeni, gwnaeth ei National Service yn y fyddin, lle bu'n *chef* ymysg pethe er'ill yn y Second Tank Corps. Bu'n byw yn y gogledd. Bu'n nyrs seiciatrig yn Ysbyty Meddwl Dewi Sant, Caerfyrddin. A dilynodd ein tad fel glöwr am gyfnod hefyd. Mae bellach wedi troi ei bedwar ugain ac wedi hen ymddeol.

Ffaith arall sy'n gyffredin rhyngon ni yw iddo briodi merch

o'r gogledd – neu 'Northen', fel y byddai ein tad wedi ei ddweud am y ddwy. Trist gorfod nodi fod fy chwaer yng nghyfraith hefyd ymhlith y rhai a chwaraeodd ran 'yn y mywyd i a'n gadawodd yn ystod cyfnod llunio'r gyfrol hon. Un o Gyffordd Llandudno oedd Mair yn wreiddiol a chafodd hi a Danville bump o blant. Cyfeiriwyd eisoes at Sandra, y ferch hyna. Ei brawd mawr hithau yw Peter, a hyfforddodd fel *master butcher* yn wreiddiol, cyn dilyn Danville (a'i Dad-cu cyn hynny) dan ddaear. Wedyn, yn iau na Sandra, mae Nigel, Wendy a Donna. Yn ei dro, fe fuodd Nigel yn *master baker* a hefyd yn lowr am gyfnod wedi 'ny, bu'n rhedeg tafarn y Crown ym Mrynaman – y dafarn lle magwyd Eireen, un o'r merched oedd yn gyfrifol am y ddamwain honno ges i gyda'r gadair olwyn, flynyddoedd maith yn ôl. Fel yr ysgol, caeodd y Crown ei ddrysau hefyd, ers peth amser, ac mae golwg drist ddychrynllyd ar y lle. Oddi yno, aeth i redeg y Derlwyn wrth dra'd y Mynydd Du.

Gaynor a'i theulu hithau

Ymgartrefodd fy chwaer yn y Rhondda yn weddol gynnar yn ei hanes. Bu'n athrawes yno am dros 30 mlynedd, gan briodi Robert Webster, brodor o'r cwm, a magu'u mab, Emyr. Fel Danville, mae hithau bellach wedi hen ymddeol, a thrist cofnodi i Robert ein gadael ac yntau'n dal yn gymharol ifanc. 68 oed oedd e pan gafodd ei gladdu ar 2 Mai 2014. Y fi gymerodd yr angladd.

Byddwch wedi casglu ein bod i gyd fel teulu wedi cadw'n glòs – ac mae'n wir dweud bod teulu, a phwysigrwydd teulu, wedi bod yn ganolog i 'mywyd i erio'd. Yn hynny o beth, fel gyda llawer o bethe eraill, rwy'n dilyn yr esiampl a ddysgais gan 'yn rhieni. Rwy'n siŵr y byddai'r ddau yn ddedwydd iawn o feddwl fod y 'mistêc' geson nhw chwe deg pum mlynedd yn ôl nawr yn gallu brolio fod 'dag e chwech o neiaint a nithod a sawl gor-neiant a gor-nith hefyd. Mae hen deulu'r Rhosfa'n dal yn frith ar hyd y fro, ac yn debyg o fod 'ma am genedlaethau i ddod.

Fel'na fuodd hi!

Eleni, a finne eisoes wedi cael 'y mhen-blwydd yn chwe deg pump mlwydd o'd, siawns nad oedd hi'n naturiol imi gymryd hoe i edrych 'nôl a hel meddylie fel hyn. Wedi'r cwbwl, i bawb 'yn oedran i, a phawb sy'n hŷn, hwn oedd yr oedran ymddeol traddodiadol. Ac fe allwch fentro i ambell un gymryd mantais ar y cyfle i dynnu 'ngho's, gan ddishgwl taw 'slipyrs a thra'd lan' fydde hi arna i o hyn ymlân. Ond ma deiaconiaid Seion Newydd, a sawl aelod arall, wedi gweud wrtha i yn blwmp ac yn blaen, "'So chi'n ca'l ymddeol – ddim nes bod chi'n saith deg, o leia!"

Rwy'n cymryd hwnna fel compliment hyfryd, achos rwy wrth 'y modd gyda'r eglwysi 'ma ac yn ddiolchgar tu hwnt iddyn nhw am eu cefnogaeth ar hyd y blynydde.

Waeth pa oedran y'ch chi, mae bywyd yn mynnu mynd yn ei flân, wrth gwrs. Dyna'r drefn. A daeth sawl magl ar 'y nhraws inne tra o'n i'n fishi'n crafu pen i gael y gyfrol hon ynghyd – gyda phryderon am iechyd gwahanol aelode'r teulu, gan gynnwys Helen, yn benna yn eu plith.

Ym mis Ebrill 2017, bu galw arna innau i ddychwelyd i'r ysbyty am ddiwrnod, i gael *angiogram*. Prawf pelydr-x yw hwnnw, lle maen nhw'n chwistrellu lliw i mewn i wythiennau sy'n bwydo'r galon i allu gwneud gwell asesiad o'i chyflwr. Y deiagnosis o *Supraventricular tachycardia* olygodd ei bod hi'n ddoeth gwneud gwiriad o'r fath.

Trwy wahanol amgylchiadau, mae nifer o gyflyrau iechyd wedi chwarae'u rhan yn 'yn hanes i, ac un peth ddylwn i'i wneud yn glir cyn cloi yw mor ddyledus ydw i i'r Gwasanaeth Iechyd. Tra o'n i'n nesu at gau pen y mwdwl ar yr holl atgofion, talwyd llawer o sylw yn y cyfryngau i'r ffaith fod y Gwasanaeth Iechyd yn 70 oed eleni. Ac alla inne wneud dim llai nag ychwanegu at y clod. Dyw popeth ddim yn rhedeg yn llyfn bob amser, mae'n ddigon teg dweud. Ond ar ddiwedd y dydd, sda fi ddim byd ond canmoliaeth i'r gofal rwy wedi'i dderbyn ers pan o'n i'n grwtyn bach. Mae'n destun rhyfeddod, a dweud y gwir, ac mae popeth sydd wedi'i gofnodi yma yn dyst i ba mor ddygn ma'r staff yn gweithio, ar bob lefel, a pha mor ymroddedig y'n nhw yn eu gwahanol arbenigedd. Wrth edrych 'nôl, rwy wedi dod i sylweddoli cymaint o ddoctoriaid a nyrsys ac eraill sy'n britho'n stori i – cymeriadau cofiadwy sydd wedi lliwio 'mywyd – a hyd yn oed ei achub ar brydiau. O waelod calon, mae arna i ddyled o ddiolch iddyn nhw i gyd.

A wedyn, ble fyddwn i heb Frynaman, gwedwch? O'r gore, am unwaith, rwy'n fodlon ymestyn ffiniau 'bro fy mebyd' draw i gyfeiriad Cwmllynfell hefyd... a lawr sha'r Garnant a Chwmgors! Dyma'r ardal lle rwy wedi cael y fraint o fyw rhan fwya o 'mywyd. Ac o edrych 'nôl, mae nawr yn haws gweld fel roedd rownd la'th Data slawer dydd, yn ddiarwybod imi bron, yn dynodi hyd a lled fy milltir sgwâr, fwy neu lai.

Un peth sy'n fy nharo wrth gofio'n ôl, yw gweld cymaint sydd wedi newid yn yr hen ardal – o ran gwaith pobol, cyflwr crefydd, diwylliant ac iaith. Ond tybed ai dyma lle y bydd Helen a fi am dreulio gweddill ein dyddiau? Fe gawn weld!

Daeth cyfleoedd i grwydro tipyn hefyd, gan gwrdd ag amrywiaeth fawr o bobol ar hyd y ffordd, o bob lliw a llun, crefydd, credo ac anian. Ces hefyd y pleser o gydweithio gyda phobol ddawnus dros ben, mewn amrywiol feysydd. A dysgais o brofiad fod yr hen ystrydeb yn ddigon gwir – ma 'da pawb ei gleme!

Ond mae hefyd yr un mor wir dweud bod gan bawb gyfraniad i'w wneud. Rwy mor falch imi gael y cyfle i wneud 'y nghyfraniad bach unigol i.

Wrth ddod at ddiwedd edrych 'nôl, mae'n dda cael digonedd o bethe i edrych mlân atyn nhw hefyd. Pwy a ŵyr nad oes 'da fi dric neu ddou arall yn dal ar ôl, lan 'yn llewys yn rhywle? Dal ati sydd raid. Ac fe gaf yr iechyd a'r nerth i wneud 'ny, gobeithio. Dal i weinidogaethu. Dal i ddiddanu. Ac yn bendant, dal i gredu... am taw un fel'na ydw i!

Hefyd o'r Lolfa:

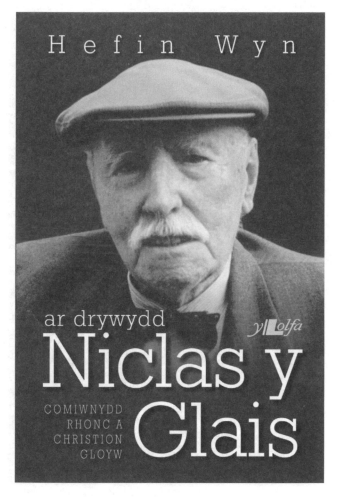

£14.99

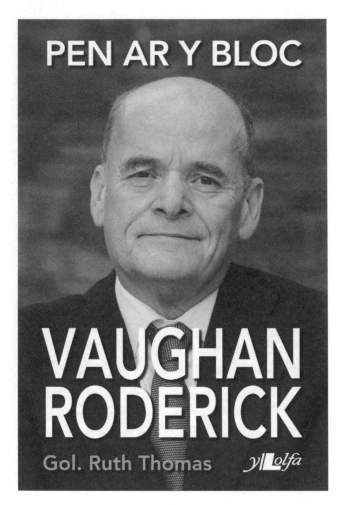

PEN AR Y BLOC

VAUGHAN
RODERICK

Gol. Ruth Thomas

y Lolfa

£14.99

DYDDIADUR
DEWI
LLWYD

PAWB A'I FARN

£9.99

Am restr gyflawn o lyfrau'r Lolfa, mynnwch
gopi am ddim o'n catalog
neu hwyliwch i mewn i'n gwefan

www.ylolfa.com

lle gallwch archebu llyfrau ar-lein.

TALYBONT CEREDIGION CYMRU SY24 5HE
ebost ylolfa@ylolfa.com
gwefan www.ylolfa.com
ffôn 01970 832 304
ffacs 832 782

Holwch am bris argraffu!
01970 832 304